KB186410

우리는
그렇게
늦지
않는다

우리는 그렇게 늙지 않는다

마흔 이후, 우리 앞에는 어떤 삶이 펼쳐질 것인가

마이클 거리언 지음 | 윤미연 옮김

MICHAEL GURIAN

유노

●

새로운 호흡으로 숨 쉬어라

2008년 봄 쉰 살 생일을 맞이하기 얼마 전, 내 삶은 달라졌다. 몇 년 전부터 쑤시던 오른손이 더 심하게 욱신거렸고, 몇 년 동안은 그저 간간이 아프던 목이 이제는 아프지 않은 때가 없었다. 오른팔 어깨 쪽이 계속 아프더니 목에서부터 등을 따라 척추 한가운데까지 통증이 퍼져 내려갔다. 예전에는 거뜬히 들어 올렸던 것들을 들 수 없었고, 오른팔을 몇 초 이상 들고 있기도 힘들었다. 펜을 쥐고 뭔가를 쓰기는커녕 타이핑조차 고통스러웠다.

도대체 왜 이런 일이 일어난 걸까? 나는 HMO*에서 소개한 의사를 여럿 만나보았다. 그중 한 의사가 내 증상을 근육 경련 때문으로 보

---

* Health Maintenance Organization. 미국의 보건 기관. 자발적 가입자들에게 미리 약정한 의료 서비스를 제공하는 공공 또는 민간 조직.

고 3개월 동안 물리치료를 받으라고 했다. 물리치료를 받는 동안 나는 오른쪽 삼두근과 흉근이 줄어들고 있는 것을 깨달았다. 하지만 몇 주일이 흐르도록 통증은 전혀 나아지지 않았고, 근육이 약해지고 위축되는 것도 그대로였다. 화가 나고 우울했다. 나는 신경과나 신경외과 전문의에게 진찰을 받아보는 것이 낫겠다는 확신으로 HMO에서 다시 의사를 소개받았다. 신경과에서 MRI 검사를 받은 뒤에야 내 증상의 정확한 원인이 밝혀졌다. 나는 경추 추간판 탈출증, 이른바 목디스크를 앓고 있었다. 뼈의 협착 때문에 튀어나온 디스크에 신경이 짓눌려, 아프고 쑤시고 저리면서 근 위축이 발생하고 있었던 것이다. 통증의 근본적인 원인이 밝혀지고 나서 나는 곧바로 경추 유합 수술을 받았다. 문제가 된 디스크가 제거되었고, 뼈 사이에 티타늄 판이 삽입되었다. 나는 척추 뼈들과 티타늄 판이 제대로 붙도록 6주 동안 목 보호대를 착용해야 했다.

하지만 상황은 더 심각해져갔다. 담당 의사가 일부 증상에만 집중했던 것이다. 수술 후 5년이 지난 지금, 나는 여전히 끊임없는 통증에 시달리고 있고 삼두근과 흉근 역시 예전으로 회복되지 않았다. 오른팔은 여전히 왼팔보다 힘이 없고 이제 더 이상 예전처럼 운동을 할 수가 없다. 수영은 2분 이상 할 수 없고, 물건을 들어 올리지도 못하고… 늘어놓자면 끝이 없다. 수술하기 전에 이미 신경 뿌리가 너무 많이 손상되었기 때문에 몇몇 증상은 결코 사라지지 않을 것이다.

이런 사실을 어떻게 받아들여야 할까? 불평만 늘어놓으면서 하루하루를 견뎌야 할까? (그건 할 만큼 했다.) 화를 내고 우울해하고 인생을 비난하면서 남은 인생을 보내야 할까? (나는 참담함과 분노와 상심으로 가득 차서 아주 음울한 날들을 보냈다.) 늙어간다는 이유로 나의 욕망, 인생의 목표, 인생이 주는 강렬함을 포기해야 할까? 내 어머니는 여든두 살에 돌아가셨고, 여든네 살인 아버지는 여전히 살아 계신다. 양가 조부모님들은 팔순을 넘어 구순까지 사셨다. 그러므로 별다른 일이 없는 한 나는 앞으로도 지금까지 살아온 만큼을 더 살아야 한다. 하지만 지금까지 살아온 것처럼 신체적으로 혈기왕성하게 혹은 고통 없이 살아갈 수는 없을 것이 불 보듯 뻔하다. 인생의 남은 절반을 나는 어떻게 살아야 할까?

이 책을 읽고 있는 당신이 현재 40대 후반이거나 그보다 많은 나이라면(이 책에서 나는 편의상 '50세 이상'이라는 표현을 자주 사용할 것이다) 사실상 당신은 인생의 남은 절반을 살고 있다. 그 사실을 당신이 그다지 심각하게 신경 쓰지 않는다고 해도 말이다. 이 시기를 보내면서 당신의 몸과 영혼은 당신만의 내력을 갖게 될 것이다. 당신은 이제 곧, 나이 들어가는 것을 긍정적인 경험으로 받아들일지 아니면 자아에 맞서는 전쟁 같은 끔찍한 여정으로 받아들일지를 결정해야 할 순간을 맞게 될 것이다. 결국 우리는 누구나 인생에서 가장 중요한 선택 하나와 맞닥뜨려야 한다. 늙어가는 것을 회피할 것인가, 아니면 적극적으로 받아들일 것인가. 만약 후자를 선택한다면, 나이 드는 것의 경이로움을 깨달아가면서 역경을 넘어 성숙해지지 않으면 안 된다. 이 책은 바로 그에 관한 이야기이다.

당신은 인생의 새로운 단계에 와 있는가

만일 다음과 같은 물음을 품고 있다면, 당신은 이미 인생의 남은 절반에 들어서 있다.

- 우리 아이들은 10대이거나 이미 다 컸다. 이제 무엇을 해야 할까?
- 나는 샌드위치 세대다. 모두가 다 내가 돌봐야 할 사람들뿐인데 이 스트레스를 어떻게 다스릴 수 있을까?
- 부상을 당했거나 질병을 앓고 있어서 몸과 마음이 쇠약해졌다. 활력을 잃지 않고 살아가려면 어떻게 해야 할까?
- 전에 없던 새로운 자유를 느끼고 있다. 이 느낌은 뭘까? 어떻게 하면 그 자유로 나 자신을 충족시킬 수 있을까?
- 인터넷에 떠도는 노화에 관한 온갖 정보들을 어떻게 추려내야 할까?
- 모든 것에 단계가 있는 것처럼 노화에도 단계가 있을까?
- 나는 갑자기 혼자가 되었고 더 이상 젊지도 않다. 이제 어떻게 해야 할까?
- 은퇴를 했다. 앞으로 나는 무엇을 목적으로 삼고 살아야 할까? 나한테 인생의 목적 같은 게 필요할까?
- 남자와 여자는 다르게 늙어갈까?
- 어떻게 하면 멋있는 할아버지 또는 할머니가 될 수 있을까?

지금 우리에게 인생의 남은 절반에 관한 이런 질문들을 던질 수 있는, 제2의 인생이 주어졌다는 사실은 놀라운 기적임에 틀림없다. 약 백 년 전인 1912년의 평균 수명은 49세였다. 그런데 현재의 평균 수명은 그때보다 30년 가까이 늘어났다. 몇십 년 후에는 아마도 기대 수명이 두 배로 늘어날 것이다. 2012년에 국제 연합은 다음과 같이 보고했다. "2030년이면 전 세계적으로 60세 노년층이 거의 20억에 달할 것으로 예상된다. 이 수치는 현재 북아메리카, 유럽, 인도의 인구를 합친 것과 같다." 불과 몇 세대 만에, 인류의 가장 야심 찬 목표 가운데 하나인 '수명 연장'이 선진 국가들에서 실현되고 있다. 즉, 인류 역사를 통틀어 불가능할 것만 같았던 제2의 반평생을 살아간다는 목표가 현실로 이루어진 것이다. 이 기적에 대해 우리가 경외심과 경이감을 느끼는 것은 분명 당연한 일이다.

내가 50대로 들어설 무렵, 내 어머니 줄리아 거리언은 죽음의 여정을 시작하셨다. 아래쪽 척추가 수십 년에 걸쳐 악화되면서 어머니는 끊임없는 극한의 고통을 겪었다. 어머니는 70대 후반에 이르러서는 거의 휠체어에 의지해 생활했고, 그러다가 2010년에 한쪽 폐가 완전히 망가진 뒤로 주로 침대에 누워 지내야 했다. 노인학 학자였던 어머니는 생의 마지막 몇 달을 보내면서 이렇게 말씀하셨다. "너희 베이비붐 세대에서 새로운 사고의 물결이 일어날 거야. 우리 세대는 사회적 역할, 성역할, 죽음과 죽어가는 과정에 대한 정의를 다시 정립했지. 그런데 너희 세대는 노화를 재정의해야 할 기로에 서 있어. 엘리자베스를 비롯한 우리 세대는 노화에 큰 관심을 갖긴 했지만, 그에 대한 연구를 거의 해내지 못했지. 하지만 너희 세대에겐 그걸 해내도록 뒷받침해줄 과학이 있잖니. 그 어느 때보다 필요성도 크고."

어머니가 언급한 엘리자베스는 『성장의 마지막 단계, 죽음*Death:*

The Final Stage of Growth*』을 비롯해 심리학과 노인학 분야에서 많은 책을 써낸 정신과의사 엘리자베스 퀴블러 로스 박사*였다. 어머니는 1970년대에 호놀룰루 병원 설립을 위해 일하면서 퀴블러 로스 박사를 만나 친구가 되었다. 당시 50대의 중년 여성이었던 퀴블러 로스 박사는 우리 집에 자주 찾아와 저녁식사를 함께하며 죽어가는 과정과 죽음, 영성과 종교뿐만 아니라 가족들, 아이들 키우는 것에 대해 대화를 나누곤 했다. 어머니가 삶의 마지막 단계에 다다랐을 때, 어머니와 나는 1976년 어느 날 저녁 퀴블러 로스 박사와 디저트를 먹으며 나눴던 특별한 대화를 떠올렸다. 작은 몸집이었지만 무척 단단했던 그녀는 키만 훌쩍 커선 늘 무슨 생각에 빠져 있는 열일곱 살 남자아이에게 이렇게 물었다. "마이크, 넌 늙는다는 게 어떤 거라고 생각하니?" 어머니는 침상에서 그 질문을 떠올리면서 싱긋 웃었다. "그때 넌 뭐에 대해서든 할 말이 참 많은 아이였지. 그래도 엘리자베스가 하는 말은 묵묵히 듣기만 했어."

당연히 열일곱 살짜리가 늙어가는 것에 관해 할 말은 아무것도 없었다. 그러나 2011년 4월 16일 어머니가 돌아가셨을 때, 그리고 지금 이 책을 쓰면서, 일종의 경이감을 가지고 노화에 관한 연구에 접근했던 두 여인의 현존을 또렷이 느낀다. 노화의 단계들을 연구하고 시험하고 발전시키게 된 것은 퀴블러 로스 박사의 단계 분석 덕분이며, 죽어가는 과정과 죽음에 관한 연구의 어떤 측면들은 내 어머니의 죽어가는 과정에 빚지고 있기 때문이다.

---

* 『인생 수업』의 작가. 호스피스 운동의 선구자이며 '죽음학'으로 유명한 정신의학자.

우리는 어떻게 늙어가는가?

사회철학자이자 정신건강 상담자로서 지낸 25년 동안, 나는 사회인류학적 데이터들과 현장 상담에서 얻은 결과들, 그리고 두뇌과학과 심리학 이론을 통합하는 작업을 해왔다. 그리고 이 작업은 지난 15년 동안 기리언 연구소에서 양적·질적 데이터 조사, 초점 집단 조사, 온라인 설문 조사, 사례 연구 등의 현장 실험을 거쳤다. 이 책에서 소개되는 과학적 연구, 새로운 패러다임들, 실천에 옮길 수 있는 지혜들은 내담자들을 비롯해 많은 사람들을 통해 검증된 것이다. 여러분 역시 인생을 살아가면서 필요할 때 그것들을 이용하기 바란다.

한 가지 당부하고 싶은 것은, 이 책을 읽으면서 여태껏 기대어 살아왔던 이 문화의 경직된 부분들을 과감히 밀쳐내야 할 순간에 맞닥뜨리더라도 놀라지 않기를 바란다는 점이다. 우리의 문화는 유년기, 성년기, 중년기, 그리고 죽음과 같은 인생의 단계들에 대해서는 많은 연구와 지식을 쌓아왔지만, 노년기에 대해서만큼은 그렇지 않다. 오히려 우리는 노화에 대항하는 강력한 방법들로 벽을 쌓아왔다. 주위에서 흔히 들을 수 있는 대화들만 살펴봐도 그렇다. 우리의 문화가 인생의 남은 절반을 언급할 때 '늙어가는 것' 또는 '연로해지는 것' 또는 상황에 따라서 '말년'이나 '노령'이라는 표현을 쓴다는 사실이 그렇다. 우리 문화는 신체와 인지의 노화를 다루는 방법에 대해서는 지나치게 많은 지식(서적, 기사, 웹사이트)을 제공하고 있다. 그러한 것들은 모두 잠재적으로 도움이 되긴 하지만, 노화를 새롭게 정의하지는 못한다. 노화를 새로운 시각으로 재정의하는 것은 의학, 심리학, 인류학, 그리고 영성을 통합할 때 이룰 수 있는 강력하고 아름답고 자유로운 어떤 것이다.

이 책에서 제시된 노화에 대한 문화적 재정의는 다른 많은 사람들이 이미 완성해놓은 작업에 기초해 한층 더 발전시킨 것이다. 나는 최신의 과학적 연구 결과를 바탕으로 신체적, 인지적, 정신적 측면을 모두 포괄하는 전체적인 관점에서 노화를 다시 정의해보려고 했다. 이 책에서는 의학이나 식이요법 관련 서적들에서 이미 잘 다루어놓은 영역들은 언급하지 않을 것이다. 나의 작업은 신체적인 측면에서건 인지적인 측면에서건 기적적인 치료에 관한 것이 아니며, 또한 나는 의사도 아니기 때문이다. 나의 목적은 건강한 신체적, 인지적 노화에 관해 이미 알고 있는 것들을 새로운 패러다임과 통합하여 인생의 남은 절반에서 성장의 단계들을 스스로 조절해갈 수 있도록 하는 것이다. 특히, 여자와 남자는 노화를 각기 다르게 겪어나가기 때문에, 나는 우리의 남은 반평생에서 나타나는 성 차이들에 관해 과학에 근거한 정보를 제공하고, 그 정보를 이용해 여성적 정신과 남성적 정신을 더 유연하고 행복하게 만들 수 있는 여러 방법들을 소개할 것이다. 우리가 서로의 성 차이들을 완벽하게 이해할 때, 나머지 절반의 인생에서 새로운 자유로움을 발견할 수 있으리라고 굳게 믿기 때문이다.

세상은 50세가 넘은 당신을 필요로 하고 있다

이 책을 읽어나가면서 무엇보다 당신이 나이가 들어갈수록 자신의 존재를 더 뚜렷하게 드러내야 한다는 사실을 부디 유념하기 바란다. 나이 들어가는 사람으로서 자신의 목소리를 발견하고, 세상에 그 목소리를 내기 바란다. 가정, 이웃, 공동체, 문화 속에서 흐름을 바꿔놓을 만한 중요한 역할을 하는 사람이 되도록 노력하기 바란다. 지금 명망 있는 직업을 갖고 있다 하더라도, 거기에 그칠 게 아니라 당신의 나이에 걸맞은 모습을 드러낼 수 있어야 한다. 필요할 때는 내면으로 들어가서 타인들이 보고 배울 수 있는 당신만의 예술과 인생을 가지고 다시 밖으로 나오길 바란다. 현명한 사람, 사려 깊은 사람, 스승이 되어야 한다. 세상은 50세가 넘은 당신을 필요로 하고 있다. 당신이 세상을 인도하고 만들어나갈 것이기 때문이다.

50세가 넘으면 적에 대항해 검을 휘두르거나 왕자나 공주를 만나 결혼하는 것처럼 청춘의 가치를 추구하는 '영웅'이 되는 건 이제 거의 불가능하다. 우리는 이미 그 시절을 지나왔다. 하지만 현재의 우리는 그만큼이나 중요한 것을 추구하고 있다. "그대의 노래가 끝나기 전에 그대의 물음에 대한 답을 찾아낼 것인가?" 독일 시인 릴케는 오르페우스에게 보내는 두 번째 소네트에서 그렇게 물었다. 세 번째 소네트에서 릴케는 스스로 그에 답한다. "완전한 삶은 청춘의 사랑 속에서만 발견되는 것이 아니다. 진정으로 당신의 노래를 부르기 위해서는 다른 종류의 호흡, 거대한 빈 공간 속에서의 호흡이 필요하다." 이 '다른 종류의 호흡'이란 텅 빈 공간, 즉 무(無)에서 호흡하는 것으로, 이제 남은 절반의 인생에서 개척해나가야 할 호흡이다. 죽음을 피할 수 없다는 사실을 우리는 나날이 새롭게 느끼고 있기에 하루하루가 특권이라는 사실을 깊이 이해하게 된다. 우리는 가까운 사람들과 이별을 경험했으며, 많은 상실과 실패를 겪었고, 또 그것들을 극복했다. 나이가 들어갈수록 자신의 존재가 점점 더 흐릿해져간다고 느껴서는 안 된다. 배우자가 있든 혼자 살든, 자식이 있든 없든, 인종이나 종교적 신념, 성적 취향이 무엇이든 간에 말이다. 이 세상은 그 어느 때보다도 바로 지금, 우리의 애정 어린 돌봄을 필요로 하고 있다. 만일 우리의 여정이 하찮고 주변적이며 세상이 우리의 여정에 대해 무감각하다면, 결국 젊음에 대한 숭배가 문명을 파괴할 것이다. 세상은 우리가 목적의식을 갖고 뚜렷하게 존재를 드러내기를 원한다. 그리고 그것은 우리 자신에게도 필요한 일이다. 우리는 지금 다른 종류의 새로운 호흡으로 숨을 쉬고 있다. 그 호흡을 온전히 경험하고, 그 경이로움으로 새롭고 성숙한 노래를 부를 때, 우리가 얼마나 멋진 여정을 만들어갈 수 있는지 지켜보기로 하자.

3부

죽음을 선택하기 위하여

8장 그 일이 나에게는 언제 일어날까

1부

·
·

당신의 삶은

어떻게

변해가고 있는가

1장

우리 앞에 놓인
절박한 질문들

혼돈을 넘어서고 싶다면, 50년을 산 뒤에도 계속 눈을 뜨고 있어야 한다.

—잘랄 앗 딘 알 루미, 13세기 이슬람 신비주의 시인이자 철학자

2011년, 우리 연구팀은 2,753명을 대상으로 50세 이후의 삶에 관한 통찰을 이야기해달라는 부탁과 함께 세 가지 조사를 실시했다. 먼저 기본적으로 베이비붐 세대를 대상으로 '나이 들어갈 때 필요한 새로운 태도'를 정의해달라고 말했다. 이에 대해 로스앤젤레스 출신의 크레이그 (53세)는 간결하지만 설득력 있는 대답을 했다.

이제 내가 어디쯤 와 있는지 잘 압니다. 나는 이제 내 접시에 담긴 것들을 잘 다룰 수 있게 되었어요. 내 접시에 담긴 것은 지금까지의 삶에서 그 어느 때보다 내게 더 큰 의미가 있죠. 내가 특별하게 하고 있는 한 가지 일은 인생에 귀를 기울이는 것입니다. 내 마음속에 이런 비유가 떠오릅니다. 지금 나는 멋진 2주일간의 휴가 중에서 절반을 보낸 것이라고요. 비행기는 다음 주 일요일에 떠날 겁니다. 그러면 휴가도 끝이 나겠지요. 그 사실을 의식하지 않는 건 아니지만 앞으로도 휴가가 일주일 더 남아 있다는 것 또한 분명하게 의식합니다. 나는 내 인생의

이다음 한 주를 '아직 오지 않은 크리스마스'라고 부릅니다.

나중에 직접 대화를 나누게 되었을 때, 크레이그는 현재 50대인 사신이 추구하고 있는 새로운 자유에 관해 말했다. 그것은 탈출을 의미하기보다는 인생과의 새로운 약속이었다. 40대에 결혼해 가정을 이룬(그의 딸은 여섯 살이었다) 크레이그는 몸담고 있던 비즈니스 세계를 떠나 교사가 되기 위해 대학에 진학하기로 결심했다. 그는 또한 딸이 다니는 학교에서 자원봉사를 하고 있고, 금융 분야에서 번 돈의 일부로 교육재단을 시작했다. 크레이그는 인생의 남은 절반에 대한 전망과 기대를 품은 채 힘차게 나아가고 있었다. 마시(56세)는 좀 더 긴 사연을 적어냈다.

이제 열아홉 살이 된 우리 딸은 대학 2학년이고, 스물세 살인 아들은 대학을 졸업했어요. 아들도 나도 좀 더 자유로워지기 위해서 나는 아들을 품에서 떼어놓으려고 노력하고 있어요. 작년 8월에는 딸이 학교 때문에 집을 떠났고, 5월에는 기르던 개가 저세상으로 떠났습니다. 그래서 강아지를 한 마리 입양하기로 했어요. 셰퍼드로요. 함께 산책하고 하이킹도 하고 여러 가지 훈련을 시키면서 바깥 활동을 할 생각이었죠. 함께 지내보니 기대 이상으로 좋았어요. 그 덕분에 여러 연령대의 새로운 사람들을 만날 수 있게 되었으니까요. 그런 생활을 하면서 나도 그에 맞춰 변했어요. 더 느긋해지고, 화장도 하지 않았죠. 개들이 함께 노는 것을 지켜보면서 개 주인들과 이런저런 이야기를 나누며 즐거움을 느꼈고요.

9년 전만 해도 어머니는 뉴잉글랜드에서 혼자 살고 계셨어요. 그런데 외동딸인 나는 조지아 주에서 살고 있었기 때문에, 88세인 어머니한테 위급한 상황이 발생할 경우 비행기를 타고 날아간다 해도 소용이 없다는 것을 깨닫게 되었어요. 그래서 어머니에게 내가 있는 곳으로 이사를 오시라고 졸랐습니다. 결국 어머니는 이곳으로 이사를 오셨고, 현재 97세입니다. 어머니와 함께 있다 보면, 나도 저렇게 늙게 되겠지 하는 생각에 때때로 두려워집니다. 즐거움이라고는 찾아볼 수가 없으니까요. 더구나 내가 앞으로 30년에서 40년은 더 살게 되리라는 걸 깨달은 후로는 더욱 겁이 납니다. 하지만 그와 동시에, 어머니와 함께 살게 되면서 새로운 것들을 더 많이 해보고 싶고 도전도 해보고 싶어졌어요. 어머니를 돌보면서 나는 내가 늘 되고 싶었던 사람, 두려움을 모르는 자유로운 사람이 되고 싶어졌고, 지금 나에게는 그런 사람이 될 수 있는 충분한 시간이 있다는 생각이 듭니다.

"나는 내가 늘 되고 싶었던 사람, 두려움을 모르는 자유로운 사람이 되고 싶습니다." 얼마나 많은 이들이 수십 년간의 청년기와 중년기를 보내면서 이와 비슷한 말을 했을까? 어쩌면 우리 모두 그런 말을 했을지 모른다. 나도, 연구팀의 그 누구도 설문에서 '자유'라는 말을 언급하지 않았음에도 많은 대답들에서 자유라는 말과 그 의미들이 나타났다. 설문조사에 응한 사람들은 지금 더 행복하고 완숙하고 용감해지고 싶고, 활기찬 생활방식을 원한다고 털어놓으면서, 자신들이 새로운 '자유감(sense of freedom)'을 개발할 수 있는 인생의 새로운 시기를 살고 있는 듯한 기분이 든다고 이야기했다. 그들은 '그 어느 때보다 더 지금 이 순간을 살고 있다는 느낌'에 관해 말했다. 설문조사 내용을 읽으면서 나는 사람들이 수준 높은 정신적 성장의 한 표지로서 '자유'라는 단어를 사용하고 있음을 알 수 있었다. 이들은 '문제'가 '도전'이 되고, 인생의 힘든 부분들이 더 이상 싸워야 할 적들이 아니라 정신적으로 의미 있는 것이 되고 나아가 스스로의 완성을 위한 과정이 될 수 있도록 삶을 재징립하기를 바라고 있었다.

이런 주제를 다루고 있는 〈베스트 이그조틱 메리골드 호텔The Best Exotic Marigold Hotel〉이라는 매력적인 영화가 있다. 영화에서 주디 덴치가 맡은 인물은 노화와 새로운 모험들에 관해 이렇게 말한다. "여긴 아주 새롭고 다른 세상이야…. 그 도전은 단지 맞서 싸우는 게 아니라 즐겨야 하는 것이야." 영화 속에서 덴치와 몇몇 등장인물들은 영국을 떠나 인도의 자이푸르에 있는 은퇴자 호텔로 간다. 그들은 도전으로 가득 찬 완전히 새로운 세계로 들어가게 되고, 이를 통해 마침내 인생의 새로운 의미를 발견하게 된다. 그리고 어느 순간 활기 넘치는 방식으로 타인과 자신을 자유롭게 보살피는 지혜 같은 것이 생겨나게 된다. 과거의 성공이나 사랑이 하찮게 느껴졌을 때, 그들은 현재에서 가치와 사랑을 발견한다. 마침내 그들은 자신들이 평생 동안 많은 기적의 씨앗들을 뿌려오며 살았다는 사실을 깨닫는다. 그리고 앞으로 뿌려야 할 기적들은 더 많다는 사실도. 그들은 고통과 슬픔은 목적을 지니고 살아온 한 평생의 훌륭한 증거라고 느낀다.

이 장을 쓰고 있던 즈음 나는 아내 게일과 함께 이 영화를 보면서 늙어가는 우리에게 자유가 왜 그렇게 중요한지, 긍정적으로 노화를 받아들이며 삶의 경이감을 지속적으로 느끼거나 재발견하는 데 있어 자유가 왜 그렇게 결정적인 역할을 하는지 이해할 수 있었다. 우리는 성년기와 중년기를 거치면서 유년기의 경이감을 대부분 잃어버리게 된다. 하지만 나이가 들어가는 지금, 그 어느 때보다 다시 경이감 속에서 살아갈 기회를 얻게 된다.

마치 우연처럼(만일 우연의 일치라는 게 있다면) 영화를 본 그날 저녁 여든세 살 되신 아버지와 전화 통화를 했다. 아버지는 1960년대에 나와 어머니를 데리고 인도로 가셨다(우리는 자이푸르에서 멀지 않은 곳에서 살았다). 아버지와 나는 영화에 관해 이야기를 나누었고, 80대인 아버지가 어떻게 살아가고 계신지에 관해서도 대화를 나눴다. 최근에 아버지는 여러 번 넘어져 부상을 당했고, 그래서 필요할 때 즉시 보살핌을 받을 수 있는 은퇴자 공동체로 들어가셨다. 그날 나는 이 책에서 하나의 주제로 모습을 드러내고 있는 자유에 관해 아버지와 이야기를 나눴다. 아버지는 이렇게 말씀하셨다.

사람들은 은퇴자 공동체가 자신들을 쪼그라들게 만든다고들 하지. 하지만 난 그렇게 생각하지 않아. 나는 지금 완전히 새로운 인생의 시기를 살고 있어. 많은 걸 하고 있고, 많은 친구들을 새로 사귀었고, 온라인으로 성인 교육과정을 가르치고 있어. 그리고 식당에서 사람들을 관찰하는 아주 재미있는 오락을 하루에 세 번씩이나 즐기고 있지! 내가 갑자기 쓰러져서 집에서 홀로 죽게 되는 건 아닐까 하는 그런 걱정 따원 이제 할 필요가 없어. 분명히 새로운 자유를 느끼고 있다. 마이크, 성장이란 끝나지 않는 거란다. 아무리 나이가 많이 들어도 말이다.

블루존에서 발견한 네 가지 질문

자유는 노화에 관한 사례 연구뿐만 아니라 여러 정신적 측면의 연구에서도 나타나는 다면적인 단어이다. 이탈리아의 사르디니아, 일본의 오키나와, 코스타리카의 니코야 반도, 그루지야 내의 아브하즈 자치공화국, 캘리포니아의 로마 린다 등 세계 곳곳의 '블루존(blue zones)'이라 불리는 장수 마을에서 과학에 기초해 실시된 연구 결과가 있다. 이곳들에서 연구원들은 인생의 나머지 절반—백 세 이상까지—을 만족스럽게 살고 있는 남자와 여자 들을 연대순으로 조사 연구했다. 연구원들은 다음과 같은 것을 알고자 했다. 이 도시와 지역 들에는 어떻게 그렇게 많은 사람들이 그처럼 높은 삶의 질을 누리며 장수할 수 있는 걸까?

아브하즈 자치공화국의 장수 노인들은 새로운 태도로 노년을 맞고 있다. 오랜 세월 동안 그들과 함께 살면서 그들의 삶을 연구한 인류학자 술라 베넷은 "우리에게는 신이 필요하지만, 연장자들(elders)도 필요하다"라는 격언에 따라 사는 문화를 보았다고 말한다. 가령, 그들은 농담을 즐기고, 사람들과 어울리고, 즐겁게 일을 한다. 생각이 비슷한 친구 모임을 비롯해 영향력 있는 소집단에서 보내는 시간을 늘리고, 의식적으로 젊은이들에게 멘토링을 하려고 노력한다. 무엇보다 살아가면서 겪는 스트레스를 확실하게 해소한다. 몇 년 동안 아브하즈 공화국 사람들을 연구한 의사 알렉산더 리프는 아브하즈의 연장자들은 가능한 한 바쁘게 뛰어다니는 것을 의식적으로 피하려고 하는 것을 발견했다. 그들은 사실 바쁘게 시간을 보내지 않는 것에 집중한다. 느긋하게 이곳 저곳을 걸어다닐 수 있도록 넉넉하게 하루 일과를 계획한다는 것이다.

정신없이 바쁜 일상을 보내는 우리에게 블루존 연구는 우리가 나이 들어가면서 건강과 자유에 더 큰 비중을 두도록 도와줄 다음과 같은 질문들을 자문해보게끔 한다.

- 일상의 스트레스를 풀고 복잡한 문제를 해결하고 싶다는 욕구를 깊이 느끼는가? 하루 중 일정한 시간에 약간 속도를 늦추고 나의 감각과 '지금 이 순간'을 온전히 만끽하고 싶은 생각이 드는가? 스스로가 이 욕구를 느끼도록 지켜보는가, 아니면 그렇게 느끼거나 거기에 따르기에는 계속 너무 바쁜가?

- 지금이 노화, 건강, 그리고 '남아 있는 시간'에 대한 '좋은 태도'와 '나쁜 태도'가 어떤 것인지 살펴볼 시기라고 느끼는가? 어떤 점이 불만스러운가? 나는 낙천적인가? 나는 내 나이를 실감하지 못할 정도로 낙천적인가, 아니면 어떻게든 늙지 않는 것처럼 보이려 애쓰면서 노화에 맞서려 하는가?

- 나이가 들어가기 때문에 의지할 수 있는 가족이나 친구들에게 더 큰 애착을 느끼는가? 친한 친구들이 있는가? 만일 아니라면, 왜 그런가? 친구를 잘 사귀는 사람이었던 배우자가 지금 곁에 없다면, 나는 앞으로 어떻게 혼자서 친구들을 사귈 수 있을까?

- 연장자가 나에게 어떤 의미인지 살펴볼 마음이 있는가? 나는 나름

대로 열심히 살아왔다. 열심히 일했고, 주변 사람들을 돌봤고, 봉사도 하고, 성취도 이뤘다. 지금 나는 지혜를 나눌 수 있는 연장자가 되어가고 있는가, 아니면 그저 나이만 먹은 노인네가 되어가고 있을 뿐인가? 내가 속한 공동체는 내가 연장자가 될 수 있도록 해주는가? 나는 어떻게 연장자가 될 것인가?

각자 개인적인 여정에서 현재 어디에 와 있건, 50세라는 중대한 시점 언저리에 있다면 심리적으로 새로운 노년을 향해 달려가고 있는 셈이다. 단지 50세에 그 요청을 느끼기 시작할 뿐이다. 60세, 그다음엔 70세, 그리고 80세 무렵엔 그 요청이 훨씬 더 커질 것이다. 블루존의 사람들은 그러한 요청을 느꼈고, 나와 당신도 느끼고 있다. 어디에 살고 있든 우리는 인생의 남은 절반을 시작하는 문턱을 지날 때 그러한 요청을 강하게 느낄 수밖에 없다. 그리고 이 요청은 곧 자신의 영혼을 탐색하고 발견할 자유로 이어진다.

블루존의 노인들에 관한 설문조사를 살펴보면 많은 대답들이 긍정적인 사고와 행동의 선택, 그리고 정신적 성장의 원칙과 관계된다는 사실을 발견할 수 있다. 블루존에 사는 노인들은 자신들의 삶에서 더 많은 자유를 확보하면서 나머지 반평생으로 옮겨가는 경우가 많다. 그들은 우리가 앞서 자문한 네 가지 질문에 대한 새로운 혹은 특별한 답을 갖고 있고, 우리 연구팀 역시 설문조사, 초점 집단 연구, 인터뷰 결과에서 이 답을 발견했다. 나는 이 답들이 '나이듦의 경이로움'의 토대를 이룬다고 생각한다. 이제 이 요소들을 하나하나 살펴보도록 하자.

스트레스, 당신의 현실을 알려준다

노화와 스트레스에 관한 연구는 오히려 우리 모두가 늙어가면서 느끼는(설령 무의식적이라 해도) 갈망, 다시 활기차게 살아가고 싶고 새로이 집중할 수 있는 관심사를 개발하고 싶은 갈망을 들여다보는 심오한 창이된다. 스트레스는 때 이른 죽음이나 질 낮은 삶의 원인이 될 수 있는 반면, 풍요로운 자유와 깊은 행복감을 가져다주는 동인이 될 수도 있다.

환경과 생활양식이 우리의 두뇌와 신체에서 노화해가는 세포들에 미치는 영향을 연구하고 있는 록펠러 대학의 신경과학자 브루스 맥쿠엔은 인간이 늙어가면서 지속적으로 심한 스트레스를 받게 되면 그것이 교감신경계와 시상하부의 뇌하수체 부신피질 축(몸과 뇌를 연결하는 시스템)에서도 똑같이 세포들을 공격한다는 사실을 발견했다. 그리고 이러한 공격을 받게 되면 인격과 정신의 성장을 강요하는 신호가 뇌의 전두엽에 보내진다. 그러므로 만일 당신이 어떤 부정적인 스트레스를 지속적으로 받고 있다면(수면 부족에서부터 건강을 해치는 식단, 관계 문제, 과로에 이르기까지), 당신의 전두엽과 감정 센터인 변연계가 스트레스에 맞설 새로운 해결책들을 강구하도록 당신을 밀어붙이면서 부정적 스트레스를 해소하려 애쓸 것이다. 물론 당신은 몸이 내리는 항스트레스 결정을 압도해버릴 선택을 할 수도 있다. 다시 말해, 세포들이 받는 만성적 스트레스가 당신에게 계속 나쁜 영향을 미치도록 그런 신호들을 무시할수도 있다는 뜻이다. 그럼에도 당신의 세포, 몸, 전두엽은 새롭게 재생하는 방향으로 당신을 계속 밀어붙일 것이다. 만일 당신이 너무 오랫동안 자신의 노화를 인정하지 않으려 한다면, 즉 당신의 세포들이 알려주는 현실을 회피한다면 몸 여기저기서 한계가 드러날 것이고, 정신은 훨씬 더 흐릿해질 것이며, 잠을 제대로 자지 못해 차로 가로수를 들이받는 일이 일어날 수도 있다. 마음에 병이 나거나 뇌졸중에 걸릴 수도 있음은 말할 것도 없다.

우리의 몸과 뇌는 유전적으로 이런 종류의 자기 지시를 내리도록 설계되어 있다. UCLA의 신경과학자 스티브 콜은 유전학을 스트레스 연구와 결합시켰다. 그는 신체 세포들은 유전자의 성장을 반영하며, 신체 유전자들은 특히 50세를 넘어설 때 정신적, 관계적, 영적 부분에 영향을 미치는 스트레스 요인에 취약하다는 사실을 밝혔다. 50세가 넘은 사람들의 몸과 뇌는 과거처럼 자연스러운 회복력을 갖고 있지 않고, 면역체계 또한 청년기나 중년기만큼 강하지 않기 때문이다. 따라서 건강을 담당하고 있는 전두엽과 측두엽의 센터들이 활성화될 필요가 있다. 이 활성화는 나이 들어가는 것에 대한 새로운 태도, 새로운 자유, 단순한 생활을 추구하는 쪽으로 의식적(또는 무의식적)으로 이끌려가는 데서 나타난다.

이러한 끌림은 스트레스가 전혀 없는 삶에 대한 욕구가 아니다. 그런 삶은 존재하지 않는다. 스트레스가 전혀 없는 상태 혹은 위기에서 자유로운 삶이란 있을 수 없다. 심지어 이런저런 스트레스를 없애려고 노력하는 동안에도 50대인 당신은 나와 내가 아는 대부분의 사람들처럼 일주일에 40시간 이상 일하고, 자녀들을 10대, 20대, 그 이상까지 계속 뒷바라지하고, 당신의 부모와 배우자의 부모를 돌보고, 그리고 이 모든 영역에서 위기가 발생할 때 그것을 해결하면서 스트레스를 받을 것이다. 스트레스에 대한 새로운 접근 방법을 찾는 것은 장밋빛 안경을 쓰는 것이 아니다. 스트레스와 위기는 우리가 껴안고 살아야 할 인생의 한 부분이다.

그러나 만일 내면에서 스트레스를 없앨 방법을 찾아내려는 욕구를 느꼈다면, 그것은 곧 당신의 세포와 신체와 신경계가 당신을 새로운 자유를 향해 끌어당기는 것을 느낀 것이다. 그것들은 이렇게 압박을 가하고 있다. "앞으로 수십 년 동안 건강하게 살아가려면, 삶의 여러 부분에서 나를 파괴하고 있는 스트레스를 없애야만 한다. 만일 이 진로를 선택하지 않는다면 나이가 들어갈수록 병에 걸릴 가능성이 더 크다." 스티브 콜 박사는 우리의 유전적 현실을 다음과 같이 지적하고 있다. 우리가 더 젊었을 때는 스트레스로 파괴된 많은 세포들이 재생될 수 있었지만, 현재 노화되어가는 세포들 중 대부분은 스트레스로 인해 파괴되면 다시는 재생될 수 없다. 그리고 훨씬 더 골치 아픈 사실은, 스트레스를 받는 세포들은 일부 유전자를 돌연변이로 만든다는 것이다. 노화와 관련된 이 돌연변이는 정신병의 증가를 초래한다. 50대에 계속 극도의 스트레스를 받으며 살아간다면, 그 스트레스가 우리를 계속 공격해 이른 나이에 죽거나, 그전까지는 적어도 부분적으로 피할 수 있었던 우울증, 격렬한 분노, 치매 같은 정신병들과의 싸움으로 남은 반평생을 보낼 확률이 커진다. 그러므로 나이가 들어갈수록 인생을 변화시키고 싶은 욕구를 느끼는 것은 매우 자연스럽고 본능적인 것이다. 그것이 바로 블루존에 사는 아주 많은 사람들이 그처럼 의식적으로 자유를 추구하는 이유이다.

50세라는 중대한 전환점을 거칠 때, 우리의 마음은 성년기와 노년기라는 두 세계 사이의 경계에 있다. 우리의 세포와 몸과 뇌는 그 경계를 하나의 정신적 상태, 지극히 실제적이지만 한편으로는 다소 모호한 상태로 느낀다. 우리가 이 새로운 시기를 통해 변화를 이룬다면, 생리적으로 그리고 신경적으로 스트레스를 덜 받는 것처럼 느끼게 되고, 이는 정신적인 자유처럼 느껴질 것이다.

"우리 부부는 생활을 유지히기 위해 손을 놓지 못하고 있는 노동에 지쳤습니다. 아이들은 다 커서 집을 떠났고, 그래서 이제 집을 팔려고 내놨습니다. 앞으로는 규모를 줄여서 살려고 합니다." 일라인(59세)은 설문조사에서 그렇게 대답했다. 폴(62세)은 이렇게 썼다. "나는 '내가 항상 옳다는 생각'을 어느 정도 버리려 노력하고 있습니다. 그런 태도가 사람들을 나에게서 멀어지게 하니까요. 남의 말에 더 귀를 기울이고, 한때 중요하다고 생각했던 것들로부터 벗어나려고 합니다. 돌이켜 생각해보면, 내가 왜 그런 것들 때문에 이렇게까지 스트레스를 받으면서 그렇게 많은 시간을 보냈는지 이해가 가지 않습니다." 55세의 한 내담자는 이렇게 말했다. "나는 이제 참을성이 많아졌습니다. 그럴 수밖에 없었어요. 불같은 성격 때문에 언제 어떻게 될지 알 수 없으니까요." 또 다른 61세의 내담자는 "내 직업이 말 그대로 내 목을 조르고 있습니다. 나는 거기서 벗어날 방법을 찾아야 합니다"라고 말했다. 51세의 또 다른 내담자는 이렇게 썼다. "우리는 서로를 위해서라도 이혼을 해야 합니다. 스트레스는 나에게나 그에게나 좋지 않아요." 이 조사 참여자들과 내담자들은 자신들의 태도를 변화시킬 필요성을 느꼈고, 어떤 경우에는 관계를 변화시킬 필요성까지 느꼈다. 그들은 자신들이 느끼는 것, 말 그대로 자신들의 목을 조르는 것으로부터의 자유, 그리고 새로운 인생을 향한 자유를 찾는 것을 소명으로 여겼다.

바다를 향해 하루 종일 걸어가서 물가에 앉아, 몸에 난 종기와 고름집을 칼로 잘라냈다는 중국 고대의 현자가 있다. 그는 그것들을 하나하나 잘라내어 바다에 던진다. 종기와 고름집은 바닷물에 닿는 순간 아가미와 지느러미가 자라나 헤엄을 쳐서 멀리 사라진다. 몸을 깨끗이 하고 난 그는 새로 태어난 기분을 느끼면서 일상생활로 되돌아간다. 나는 이 현자가 자유를 향한 매우 현실적인 내적 욕구를 느끼기 때문에 매일같이 바다로 갔다고 생각한다. 그런 '욕구'를 느끼기에 그는 '행동'한다. 즉, 이전 자아의 종기와 고름집(만성적인 스트레스들)을 제거하는 것이다. 이 중국 현자는 자신의 스트레스에 관해 '조치'를 취함으로써 이전과 다른 사람이 되었다.

우리 역시 마찬가지다. 럿거스 대학에서 실시한 발생기구학(發生機構學) 분야의 연구는 나이가 들어가면서 스트레스를 받지 않을 경우 우리의 신체와 두뇌가 일부 세포들을 재생시킬 수 있다는 사실을 확인했다. 따라서 50세 이후에 그 나이에 합당한 원초적 생존 욕구, 즉 현재의 자신과 자기가 나아가고자 하는 지점을 스스로 조종하고자 하는 욕구를 따르면서 스트레스를 낮추고 삶의 질을 더 높일 수 있는 방식들로 인생을 계획한다면, 우리의 몸은 새로운 세포들을 성장시킬 수 있고, 그렇게 함으로써 우리는 말 그대로 다시 태어날 수 있다.

우리가 할 수 있는 크고 작은 일들이 무엇이 됐든 간에, 우리는 그런 일들을 행동에 옮겨야 한다. 스트레스는 점진적이든 극적이든 결국 우리를 장악하고 만다. 음식에서건, 수면에서건, 관계나 일에 있어서건 또는 그 모든 것에 있어서 스트레스는 하나의 요인이 된다. 가까운 사람들끼리의 대화에서 또는 내면의 대화에서 스트레스 수치에 대한 주제를 더 빨리 꺼낼수록, 우리는 내면의 중요한 자기방어력과 추진력을 더 빨리 끌어 모으게 된다.

현실적 낙관주의, 인생이 우리를 공격할 때

긍정적인 태도는 유전과 다소 연관성이 있다(다른 사람보다 선천적으로 더 낙천적인 사람들이 있다). 물론 누구나 주어진 상황에서 좀 더 낙관적인 태도를 취할 수 있도록 자신의 태도를 바꿀 수 있다. 하지만 그러기 위해서는 각자 개인적으로 '긍정적인 태도'와 '낙관주의'가 의미하는 게 무엇인지 결정해야 한다. 여기에 대해 좀 더 깊이 살펴보기로 하자.

당신이 알고 있는 누군가가 머리 염색하는 것을 그만두고 그냥 희끗희끗한 채로 놔두었다. 이는 그 사람에게는 "이게 내 모습이다. 나는 준비되었다. 쉽지만은 않겠지만 나는 이 현실을 즐길 것이고, 있는 그대로 받아들이고 겪어나가면서 어떤 일이 일어나는지 볼 것이다. 나는 늙어가는 것에 대한 두려움에서 벗어날 것이다"라고 말하는 상징적인 제스처이다. 그는 자신의 방식으로 노화에 관해 현실적인 동시에 낙관적이다. 이 모든 것이 그에게는 자유를 향한 자연스러운 욕구이며, 본질적으로 긍정적인 욕구이자 낙관적인 사고의 일부분이다. 지금까지 인생의 모든 것이 그러했듯이, 분명히 상황은 늘 계획한 대로만 풀리지 않는다. 그러나 무슨 일이 일어나건 그 일들은 흥미로울 것이다.

현실주의(바라는 만큼 순조롭게 돌아가지만은 않을 것이다)와 낙관주의(분명히 좋아질 것이다)의 이러한 결합은 아주 큰 가치가 있다. 그것은 현실과 소망 양쪽 모두에서 노화를 받아들이는 태도이다. NBC 투데이와 NBC 뉴스에서 의학전문 기자로 활동하는 내과의이자 인후전문의인 낸시 스나이더맨(60세)은 직업상 세계 곳곳을 여행했다. 그녀는 수백 명의 과학자들과 연구자들을 인터뷰하면서 '현실적 낙관주의'라는 용어를 '나이 들어갈 때 무척 중요한 태도 조정'을 의미하는 것으로 이해하게 되었다. 낸시에게 그러한 태도를 정의해달라고 부탁하자 그녀는 이렇게 대답했다.

그것은 똑같은 비중으로 행복한 동시에 현실적이 되는 것입니다. 만약에 당신이 젊음을 잃지 않으려 애쓰고 있다고 해도, 당신에게 잘못된 건 아무것도 없습니다. 지극히 자연스러운 행동이니까요. 당신은 젊은 시절에 이뤄낸 성공, 열심히 뛰어다니며 온갖 스포츠를 즐기는 기분, 사람들의 흘끔거리는 시선을 받을 때의 그 느낌을 여전히 아주 좋아합니다. 하지만 지금 건강하기 위해서 당신은 '젊음의 샘'이라는 신화를 깨부수어야 할 겁니다. 호르몬의 도움을 받고, 머리칼을 염색하고, 영양 보충제를 먹는 것도 아주 유익할 수 있겠지요. 하지만 그런 일들을 하는 의도가 무엇인지가 중요합니다.

당신이 하고 있는 행동의 이유를 의사와 상의하면서 자신의 의도를 스스로 결정하도록 도움을 받아야 합니다. 만일 당신의 의도가 건강하다면, 영양 보충제를 먹고 염색을 하는 것도 나쁘지 않을 겁니다. 하지만 그 의도가 당신의 노화를 부정하거나 회피하려는 것이라면, 다시 생각해볼 필요가 있다는 겁니다. 자신의 노화를 인정하고 받아들인다는 것은 자신을 완전히 방치하라는 의미가 아닙니다. '난 이제 퇴물이 되어버렸어'라고 생각하는 게 아니라, 오히려 정반대의 것을 뜻합니다. 연구 결과에 따르면, 스스로 '이제 끝났다', '한물갔다', '다 살았다'라고 생각한다면 그것은 정서에 부정적인 영향을 미치고, 나아가 신체적 건강에 악영향을 미칠 수 있습니다. 자신의 노화를 받아들인다는 것은 현실적인 것과 정말로 자신을 행복하게 해주는 것을 스스로 조절할 수 있다는 것을 의미합니다.

낸시의 이 말을 정리해보자면, 현실적이면서도 낙관적인 방식으로 노화를 받아들인다면 그것이 영혼을 자유롭게 할 수 있다는 뜻이다. 언뜻 젊은 상태를 유지하는 것이 곧 '자유로워지는 것'이라고 생각할 수 있다. 특히 질병에 시달리거나 고통에 빠져 있을 때는 계속 늙어가고 있는 현실에서 벗어나지 못한다고 생각할 수도 있다. 그러나 사실상 그것은 현재의 자신을 회피하는 것에서 벗어나지 못하는 일이다. 자기정체성을 회피하는 것은 언제나 타인이나 어떤 이상(理想)에 사로잡혀 있는 것을 의미한다.

생화학과 신경학과 관련된 행복에 관한 새로운 연구 결과는 이런 생각이 사실임을 보여준다. 행복은 감정적으로 영적으로 느끼는 엄청난 자유감이다. 함께 있는 사람들 옆에서 있는 그대로의 자신이 되는 자유. 행복은 긍정적인 태도와 현실적인 목표들에 자신을 맞추어 조정하는 것과 직접적으로 연관된다. 늙어갈수록 행복은 회피보다는 포용에서 얻어진다. '행복 지수 발달'에 관한 과학적 연구가 지난 10년에 걸쳐 입증한 대로, 우리는 특히 행복의 기본적인 요소들, 즉 항상 감사하는 마음, 세상에 참여하기, 의미의 발견, 그리고 믿음을 통해 행복감을 느낄 수 있다.

- **감사** 낙관적으로 노화를 받아들이는 과정에서 현재 갖고 있는 것들에 더 큰 고마움을 느끼고, 앞으로는 가질 수 없거나 잃어버린 것들—가령 젊은 몸—에 더 이상 관심을 갖지 않게 되었다는 사실을 깨닫게 된다.
- **참여** '샷건 어프로치'* 식으로 '모든 것'을 겨냥하려는 경향이 덜해지고 인생에서 가장 소중한 것들과 사람들에게 직접적으로 접근하는 경향이 더 많아지는 생활, 즉 목적의식이 있는 생활에 자신의 에너지가 끊임없이 관여하고 있는 것을 느끼게 된다.
- **의미의 발견** 길가의 꽃향기를 맡는 것에서부터 인생에 의미를 가져다주는 사람들과의 교류에 이르기까지, 크건 작건 간에 매순간을 충분히 시간을 들여 경험할 때, "나는 다람쥐 쳇바퀴 돌 듯 살고 있지만 그걸 멈출 수가 없다"는 느낌이나 허무감에서 벗어나 의미 있는

---

* shotgun approach. 사냥감을 망원경이 달린 총으로 조준 사격하지 않고 산탄총을 사용해 잡는 방식.

삶을 살고 있다는 느낌을 더 크게 느끼게 된다.

- **믿음** 몇 년, 심지어 몇십 년에 걸쳐 마침내 죽음이라는 피할 수 없는 선물을 완전히 받아들이게 되는 과정에서 정신과 영혼, 신과 신앙으로 인생의 초점을 옮겨가면서 새로운 영적 사고, 마음 챙김, 의식(儀式)들에 진지하게 몰두하려 하는 자신을 발견할 수 있다.

일상생활에서 이런 요소들이 활발할수록 현실적인 낙관주의는 더 탄탄해진다. 비록 아주 바쁜 삶을 살고 있고 지금 당장 변화를 이룰 수 없다고 느낀다 하더라도, 일상의 시간과 에너지를 감사, 참여, 의미, 믿음에 조금 더 집중하여 쓸 수 있을 것이다. 우리는 그렇게 할 수 있다. 명상을 하면서, 걷거나 달리면서, 책을 읽으면서, 친구와 대화하면서, 또는 기도하면서 이런 일들에 집중한다면 자신이 그 어느 때보다 더 자유롭고 행복하고 용감하다는 느낌을 얻게 될 것이다. 나이가 들어갈 때 인생은 공격적으로 우리에게 덤벼든다. 그럴 때 현실적인 낙관주의가 우리를 보호하고 앞으로 나아갈 수 있도록 도와줄 것이다.

거리언 연구소의 실무책임자인 캐시 스티븐스(62세)는 지난 2년 동안 암과 싸워왔다. 그런 그녀가 어느 날 이런 말을 했다.

지금 나는 많은 힘든 일들을 겪고 있습니다. 하지만 오늘 아침 화학치료를 받기 위해 집을 나섰을 때 이 블로그의 이야기(아래에 소개된 것)가 떠올라서 걸음을 멈추고 내가 받은 축복들을 다시 한 번 헤아려보았습니다. 지난 2년 동안 나를 계속 살아 있게 해준 치료를 받은 것, 자식들과 손자들과 함께 시간을 보낸 것, 지난 인생과 현재의 생활에 관한 내 생각들을 돌이켜볼 시간을 가질 수 있게 된 것, 그런 것들에 대해 생각해보게 되었죠.

캐시가 언급한 블로그 게시물은 다음과 같다.

나는 무남독녀인 내 딸 베스와 딸아이 배 속에 있던 하나뿐인 손녀를 몇 주일 전에 한꺼번에 잃었습니다. 2011년 12월 1일, 그날은 사친회가 있던 날이었습니다. 교사였던 내 딸은 어떤 학부모와 이야기를 나누던 도중에 갑자기 어지럼증을 느끼고 쓰러져 더 이상 숨을 쉬지 않았습니다. 누군가가 911에 연락했고, 응급차가 금방 도착했습니다. 병원에서 베스의 몸에서 종양을 발견했습니다. 대혈관에 자리 잡고 있던 종양은 초음파 검사에서도 나타나지 않았습니다. 그 종양이 터지면서 엄청난 내출혈을 일으켰던 겁니다. 베스를 살리기 위해 온갖 방법을 동원했지만 모든 시도가 실패로 돌아갔습니다. 출혈로 인해 뇌에 산소가 제대로 공급되지 않았고, 그래서 딸아이가 병원에 도착했을 때는 이미 뇌 기능이 정지된 상태였습니다. 응급실 의사들이 아기를 살리기 위해 제왕절개 수술을 실시했습니다. 하지만 아기 역시 너무 오랫동안 산소가 공급되지 않았기 때문에 작은 기관들이 하나씩 기능을 상실하기 시작했습니다. 결국 몇 시간 뒤, 나의 손녀 나탈리 다니엘은 엄마 베스가 먼저 간 하늘나라로 따라갔습니다.

캐시는 다음과 같은 말로 끝을 맺었다.

그런 일을 겪은 사람도 있는데 내가 무슨 불평을 할 수 있겠어요? 이런 비극들을 보면 진심으로 사람들을 대하는 내 태도를 변화시키고 싶어요. 이 세상은 내게서 부정적인 생각들보다는 사랑을 훨씬 더 많이 필요로 해요. 내가 얼마나 많은 고통을 느끼건, 암에 대해 얼마나 큰 두려움을 느끼건 간에 부정적인 생각들은 이 세상에 별로 도움이 되지 않아요.

캐시는 몇 달 뒤인 2012년 4월 1일, 결국 암으로 세상을 떠났다. 그녀는 죽기 직전까지 연구소에서 시간제로 일하면서, 자신이 12년 전에 공동으로 설립한 자선단체를 통해 여러 학교와 어린아이들을 위해 계속 봉사활동을 했다. 캐시의 추도식에서 추모사를 낭독한 사람들은 하나같이 캐시가 끊임없이 긍정적인 태도를 가지려 노력하고 가치 있는 삶을 살기 위해 최선을 다했던 사람이었다는 말을 잊지 않았다.

친구들은 우리를 더 강하게 만들어준다

톨스토이는 다음과 같이 말했다. "인간은 작은 변화가 일어날 때 진정한 삶을 살게 된다. 작은 변화를 이룬다면 큰 변화는 저절로 이루어진다." 자신의 스트레스를 살피고, '현재 나에게 자유란 무엇을 의미하는가?'를 자문하고, 노화에 대한 태도를 변화시키고…. 이러한 크고 작은 변화들은 물론 혼자의 힘으로 이루어낼 수 있다. 그러나 그에 못지않게 함께 시간을 보내는 사람들이 누구냐에 따라 그만큼 강력하게 향상될 수 있다. 우리가 늙어가고 자식들이 장성했을 때, 어느 선까지는 친구들이 가족의 역할을 대신할 필요가 있다. 과학은 우리에게 그 이유를 분명히 말해준다.

하버드 대학의 신경정신병학자 존 레이티는 '사회적 두뇌(social brain)', 즉 사회적 동물인 인간의 뇌가 어떤 모양인지에 관해 연구했다. 나는 콜로라도에 있는 우리 연구소에서 레이티 박사를 처음 만났다. 반바지와 알로하셔츠를 입고 기조연설을 하는 그는 낙천적이고 자유분방한 과학자였다. 우리는 '사회적 두뇌'에 관해 함께 이야기를 나누었다.

인간이 가질 수 있는 최고의 덕목은 타인과의 연결입니다. 사회적 활동은 건강과 행복의 토대가 되죠. 우리의 뇌는 탄생의 순간부터 다른 인간들을 찾도록 프로그래밍되어 있으며, 사회적 교류를 계속하는 것은 살아가는 동안 정상적인 발달을 위해 지극히 중요합니다. 생존하기 위해 싸우거나 달아날 수 있는 능력이 필요한 것 못지않게, 사회성 역시 생존을 위해 필요합니다. 우리는 타인에 대한 기본적인 의존성을 갖고 있습니다. 집단생활을 하도록 운명 지어져 있는 것입니다.

존의 연구는 사회적 관계가 뇌에 미치는 영향에 관한 다른 많은 과학자들의 연구와 맥을 같이하고 있다. 이 연구는 중요한 두 가지 사실로 이루어진다. 첫째는 나이가 들어가면서 외톨이가 되는 사람들은 건강한 사회집단에서 더 많은 시간을 보내는 사람들에 비해 조기 사망률이 더 높다. 둘째는 건강한 사회집단은 여러 정신질환들 가운데 특히 우울증을 완화시켜준다. 우리는 혼자 있고 싶어 할 때도 있지만, 그럼에도 인간은 함께 살아가도록 만들어져 있다.

좋은 친구들로 이루어진 친목 모임을 한두 개 정도 발전시키고 유지하는 것은 노년을 위해 반드시 필요하다. 이는 어느 연령에서나 건강한 삶을 위해 필요하지만, 노년층에게는 더욱 각별한 중요성을 가진다. 우리는 나이가 들어가면서 이전보다 더 많은 도움을 필요로 한다. 특히 비슷한 연령의 친구 모임이 제공해줄 수 있는 사랑, 자유가 중요하다. 도파민, 옥시토신, 세로토닌, 그 외의 사랑과 행복의 내적 경로가 되는 뇌 화학물질들의 쇄도가 필요하다. 존이 나에게 말했던 것처럼 "친구들은 우리를 더 강하고 더 행복하게 해준다."

아내 게일과 나는 각자 다른 모임에 참여하고 있다. 게일은 '좋은 여자친구들'의 모임, 나는 '좋은 남자친구들'의 모임. 이 모임들은 우리가 나이 들어갈 때 마치 혈육처럼 서로 의지하고 도울 수 있는 사람들로 이루어진 애정 어린 '친족체계(kinship system)'이다. 우리 부부는 각자 이들과 특별한 계획 없이 자연스럽게 만나기도 하고 점심식사나 저녁식사, 독서 모임 같은 정기적인 모임을 통해 인생의 힘든 시기나 중대사를 거쳐나갈 때 서로를 격려하고 지원해준다. 모임에서 우리는 어떤 주제건 가리지 않고 자유롭게 이야기하는 편이지만, 남을 비방하는 쑥덕공론 같은 것으로 시간을 허비하지 말자는 데는 의견의 일치를 보이고 있다. 우리는 또한 허물없이 이런 농담을 하기도 한다. "아, 건강 이야기는 이제 지긋지긋해요. 그런 거 말고 다른 얘길 합시다!" 무엇보다 우리는 서로에게 항상 도움이 되는 존재가 될 수 있도록 노력한다.

친구들과의 친목 모임은 자유의 시간, 열정적인 활력의 원천이다. 수술이나 질병에 관해 서로 실질적인 도움을 주고받을 수 있고, 나쁜 습관들을 솔직하게 지적해줄 수 있으니 친구 모임은 건강에 유익하다. 또한 인생의 여러 문제들과 난관을 헤쳐나갈 때 서로에게 도움을 주기 때문에 정서 생활에도 아주 유익하다. 친구 모임은 또한 희망의 원천이기도 하다. 늙어가는 것, 죽음에 대해 근심이 일어날 때, 친구들은 옆을 지키면서 삶의 의미를 일깨운다. 이야기를 나누고 요리를 하고 음식을 먹고 게임을 하는 등, 많은 것들을 '함께할' 때 우리는 심층적으로 서로 '함께 있다'고 느낀다. 대체로, 이런 모임을 갖고 나면 무척 자유롭고 충족된 기분을 느끼는 자신을 발견하게 된다. 당신이 인생을 긍정하는 낙관적인 친구 모임을 이미 갖고 있다면, 이를 자축하면서 관계를 더욱 돈독하게 키워나가길 바란다. 만일 지금 당신이 노화를 회피하거나 비관주의에 사로잡혔거나 외로움을 느끼고 있다면, 당신 스스로 친구 모임을 만들어 함께 저녁식사를 하고, 영화를 보러 가고, 재미있는 여가 활동을 함께하고, 운동경기를 관람하고, 함께 여행을 가고, 가볍게 산책을 하길 권한다. 만약 그것이 여의치 않다면, 당신 집 거실이나 뒷마당에서 나이 들어가는 것을 마치 흥미진진한 모험을 즐기는 것처럼 생각하면서 이야기를 나눌 한두 사람을 지금부터 주변에서 찾기 바란다.

나는 그저 나이만 들어가고 있는가

한 가족이 나에게 도움을 요청했다. 우리는 어머니와 딸 사이에 지속되고 있는 갈등을 풀기 위해 여러 차례 만나서 이야기를 나누었다. 어머니(75세)는 딸 폴린(48세)과 사위 행크(49세)가 자기를 존경하지 않고, 그래서 자기가 '어머니라면 마땅히 받아야 할 대우'를 제대로 받지 못한다는 이유로 딸과 사위에게 단단히 화가 나 있었다. 우리가 그들의 상황을 여러 면에서 살펴보던 과정에 다음과 같은 대화가 있었다(이보다 훨씬 긴 일련의 대화들을 압축한 것이다).

나: 당신은 사위 행크와 딸 폴린에게 존경받을 행동을 하고 있습니까?

어머니: 무슨 소리예요? 물론이죠.

나: 그러니까 저는, 당신이 따님과 사위를 존중하고 있는지를 여쭤본 거예요. 지켜야 할 선을 분명히 지키는지, 그들에게 뭘 어떻게 하라는 식으로 말하지는 않는지 말입니다. 그들을 정중하게 대하시나요?

어머니: 물론이죠. 그런데 그런 건 중요하지 않아요. 나는 그 애들의 엄마입니다! 그 애들은 당연히 나를 존경해야 해요.

나: 글쎄요. 어머니라는 이유로 사랑을 받을 수는 있지만 존경은 다른 문제일 겁니다.

어머니: "네 부모를 공경하라"는 성경 말씀은 두 가지를 구별하고 있지 않아요. 내가 낳아주고 길러주었으니까 그 애들은 당연히 나를 공경해야 하는 거예요. 더 말할 필요도 없는 얘기예요!

이 점에서 그녀와 나의 의견이 일치하지 않았기 때문에 다시 여러 차례의 면담을 가졌지만, 대화는 늘 같은 자리를 맴돌았다. 우리는 계속 그 문제로 돌아갔지만, 그녀는 무슨 일이 있건 자식에게서 존경을 받으며 편안하게 지낼 수 있어야 한다는 생각을 절대로 꺾지 않았다.

그러던 어느 날, 나는 폴린의 집을 직접 찾아가보기로 했다. 그 전날, 나는 그들 가족 가운데 세 사람에게서 전화를 받은 참이었다. 가족들 사이에 갈등이 심해져 급기야는 생일 파티를 하던 일곱 살 난 손녀가 할머니와 엄마의 말다툼 때문에 울면서 집을 뛰쳐나가기에 이르렀다는 것이다.

그 집에 도착해서 나는 가족 모두와 인사를 나누고 재빨리 대화로 들어갔다. 갈등을 일으킨 것에 대해서는 가족 모두가 잘못을 인정했다. 그러나 어머니이자 할머니인 그녀만은 자신의 잘못을 인정하지 않았다. 그래서 나는 그녀의 행동들에 대해서 물었다. 그녀는 나에게 "사랑이니 존경이니 하는 허튼소리 따윈 집어치우라"고 엄포를 놓았다. 나는 물러서지 않고 맞서면서, 존경은 마음에서 우러나와야 하는 것임을 일깨우려 했다. 그날 우리의 대화는 내 사무실에서 있었던 논쟁들과 별반 다를 게 없었다.

나: 당신은 단지 어머니라는 이유만으로 가족들이 당신을 공경해야 한다고 말하는데, 그래서 당신이 얻는 게 뭔가요? 그건 아무런 의미가 없습니다. 가족들은 그 때문에 오히려 당신에게 더 많이 화가 나 있어요. 그만큼 더 당신을 존경하지 않게 된 거고요.

어머니: 날 탓하는군요. 그 애들한테나 말해요. 그 애들이 나한테 기회를 주지 않는 거라고요.

나: 당신이 얻는 게 무엇인지 알고 싶어요.

어머니: 빌어먹을, 도대체 무슨 얘길 하고 있는 거예요?

나: 당신이 이런 갈등을 일으켜서 얻는 게 있겠죠. 그게 뭔가요?

어머니: 헛소리 집어치워요.

나: 그럼 다르게 이야기해보죠. 당신은 뭘 두려워하는 겁니까?

어머니: 쥐뿔도 모르면서 전문가인 척 지껄여대는군. 난 아무것도 두려워하지 않아!

나: 당신은 뭔가를 두려워하고 있어요. 당신이 일으키고 있는 이 모든 갈등을 잘 알면서도 한 치도 물러서지 않으려 해요. 뭘 두려워하는 겁니까?

어머니: 난 아무것도 두려워하지 않아. 난 단지 존경받고 싶을 뿐이야.

이런 실랑이가 몇 분 동안 계속된 끝에 나는 마침내 위험을 무릅쓰고 이렇게 말했다.

나: 자 보세요, 아마도 당신은 부모로서 실패했다고 생각하고 있을 겁니다. 그래서 가족들을 괴롭히고 있는 겁니다. 그 실패를 느끼지 않으려고 말예요. 꼭 그래야만 합니까?

어머니: 헛소리. 당신은 그 애들 편을 들면서 그걸 정당화하려고 심리학적인 분석이랍시고 헛소리를 지껄이고 있어.

나: 사실 나는 당신이 생각하는 것보다 훨씬 더 당신 편이에요. 당신이 이 문제를 바로잡지 않는다면, 자식들은 결국 당신을 외면할 겁니다.

더 이상 당신을 보고 싶어 하지 않을 거예요.

그녀는 눈을 피하면서 창 쪽을 바라보았다. 그녀는 이 마지막 말이 사실임을 알고 있었다. 그녀는 대화에 점점 압도되어가고 있었다. 나는 채근했다.

나: 제발 당신이 뭘 두려워하고 있는지만 생각해보세요. 그 두려움이 당신에게 과도한 긴장과 스트레스를 불러일으키고 있는 게 틀림없습니다. 당신이 말하고 싶을 때 얘기를 더 나누도록 하죠.

그녀는 방에서 걸어 나갔다. 나는 다른 가족들과 좀 더 이야기를 나눈 뒤 집을 나왔다. 그로부터 일주일 뒤, 어머니와 딸이 각각 나에게 전화를 걸어왔다. 딸이 말했다. "어머니가 당신을 만나고 싶어 하세요. 뭔가 좋은 일들이 일어났어요." 어머니는 2주일 뒤에 나를 만나고 싶다고 요청했다. 내 사무실에서 그녀는 이렇게 털어놓았다.

당신이 사랑과 존경의 차이에 관해 나를 납득시키기 전까지, 나는 그런 식으로 생각해보지 못했어요. 단지 내가 이만큼 나이가 들었기 때문에 사랑과 존경을 받아야 한다고 생각했죠. 당신 말이 틀리지 않다는 사실에 화가 나더군요. 하지만 한편으론 당신이 꼬집어 말해줘서 기뻤어요. 지금은 훨씬 더 좋아졌어요.

그녀는 두려움에 대한 우리의 대화에 대해선 말을 꺼내지 않았고, 나 역시 더 이상 묻지 않았다(2장에서 나는 노화의 과정에서 실패와 무능함에 관한 두려움이 어떤 역할을 하는지 좀 더 자세히 살펴볼 것이다). 그녀의 이야기는 표면적으로 볼 때 전보다 훨씬 위세를 부리지 않게 되면서 가족 구성원들에게 보다 안전한 존재가 되고 그럼으로써 가족들과 훨씬 더 즐겁게 생활하게 된 한 어머니에 관한 일화이다. 한편으로 나는 이것이 복잡한 현대사회에서 '연상자란 무엇인가'를 정의하는 데 있어서 유용한 일화라고 생각한다. 거리언 연구소의 조사와 초점 집단 연구를 인류학의 보다 폭넓은 연구들과 비교할 때, 나는 '연장자'라는 용어가 끊임없이 등장하면서도 그 의미는 대부분 불분명하다는 사실에 유의하지 않을 수 없었다. 연장자는 어떤 세대에서건 나이 드는 것에 대해 논할 때 본질적인 요소이다. 그렇다면 우리가 의미하는 연장자란 어떤 것일까?

이 어머니와 가족의 경우, 정확히 '연장자'라는 용어를 사용하지는 않았지만 어머니가 궁극적으로 바란 것은 바로 연장자가 되는 것이었다. 그녀는 내심 가족 안에서 존경받는 연장자가 되고 싶은 욕구와 건강한 연장자로서 영향력을 행사하고자 하는 욕구를 느끼고 있었다. 그러나 그녀가 그것을 실현시킬 방법을 찾기 위해서는 도움이 필요했다. 자신이 가족에게 긍정적인 영향력을 갖고 싶어 한다는 것은 정확하게 알고 있었지만, 자신이 생각하는 방법이 몇백 년 전이라면 몰라도 지금은 효과가 없는 것임을 깨달았기 때문이다.

연장자가 무엇인지 그리고 어떤 존재일 수 있는지 더 잘 이해하게 되었을 때, 그녀는 가족들과 긍정적인 관계를 맺게 되었고, 가족들 역시 그녀를 긍정적으로 대하게 되었다. 무엇보다 그녀 자신은 한 개인으로서 훨씬 더 자유로워진 것을 느꼈다. 뭐라고 분명하게 말할 수 없는 미묘한 일, 인간의 발달에 있어서 자연스럽고도 엄청나게 소중한 일이 일어났다. 그 뒤로 그녀는 세상을 떠나기 전까지 3년 동안(그녀는 78세에 세상을 떠났다), 자식들, 손자들과 더욱 가까워지게 되었다. 자신만의 요리법, 생각, 포옹, 지혜를 전수했다. 무엇보다 그녀는 자신이 연장자가 되지 못했더라면 결코 물려줄 수 없었을 특별한 가족사를 그들에게 남겨주었다. 그녀는 마침내 자기가 되려고 노력했던 역할과 정체성의 모델이 되었다.

누구나 연장자가 되길 원한다

이제 우리들 대부분이 경험하는 인생의 나머지 절반에서 우리는 단순한 '어른'에서 '연장자'로 변모할 기회를 가진다. 역사적으로 모든 문명이 어른에게 연장자가 될 것을 요구했기 때문에, 이 개념은 사실 전혀 새롭지 않다. 하지만 지금의 우리에게 연장자라는 개념은 살아 있는 기적과 마찬가지다. 수십억 명의 사람들이 연장자가 될 기회를 얻고자 마음만 먹는다면 정말로 그 기회를 얻을 것이기 때문이다. 그 기적이 실제로 일어난다면 이 세상이 어떨지 상상해보라.

연장자라는 말에 당신 머릿속에 무엇이 떠오르는가? 당신은 연장자인가 아니면 그저 '나이가 들어가고 있을' 뿐인가? 연장자의 길이 분명하지 않은 이 시대에 연장자가 된다는 것은 의식과 집중을 요한다.

일단 그 출발로서, 사전이나 위키피디아에서 '연장자'를 어떻게 정의하고 있는지부터 알아볼 필요가 있다. "연장자는 문화적 지식의 보고이자 그 문화적 정보의 전달자들이다" 또는 "연장자는 더 젊은 사람들에게 전수될 필요가 있는 어떤 기술들을 보유하고 있는 사람을 지칭한다"라는 설명을 볼 수 있다.

사르디니아의 블루존을 심도 있게 연구한 바에 따르면, 그곳의 연장자들은 하루에 몇 시간씩 마을의 젊은이들에게 자신들의 일이나 지식을 전수한다. 오키나와의 연장자들은 필요하다고 판단되면 가족이나 공동체 구성원들을 지원하고 도와줄 기회를 찾으려 한다. 두 지역 모두에서, 연장자들은 대부분의 미국 노인들에 비해 가만히 앉아서 보내는 시간(가령, 소파에 앉아 TV 화면을 노려보는 시간)이 훨씬 적다. 코스타리카의 니코야, 캘리포니아의 로마 린다에서는 연장자들이 자신이 "아침에 눈을 뜨고 일어나야 하는 이유가 있음"을 분명하게 느낀다. 그리고 그들은 "자신의 믿음을 사색하고 전수하는 것에 기쁨을 느끼는 노인들"로 알려져 있다. 그들은 젊은이들을 바른 길로 이끌어주는 일이 자신들의 더 높은 소명이라고 느낀다. 일본에서 연장자들의 삶의 원칙은 '이키가이(사는 보람)'라는 특별한 이름을 갖고 있다. 이 모든 지역들에서 많은 연장자들이 지혜와 권위의 지위를 얻고 있다. 가족, 부족, 시장, 정부를 관장하고 재판관, 스승, 지도자로서 활동한다. 그들이 완벽해서가 아니다. 그들이 연장자이기 때문이다.

어떤 블루존에서는 누구나 자연스럽게 연장자가 된다(고대 사회에서는 오래 살기만 한다면 누구나 자연스럽게 연장자가 되었다). 단지 나이 들었다는 이유만으로 연장자라는 칭호와 명예를 얻게 되는 것이다. 그렇지만 우리 문화에서는 이런 일이 훨씬 드물다. 나이 드는 것의 경이로움이란 어떤 부분에서는 스스로 연장자로서의 위치를 찾는 데에 있다. 우리는 단지 늙었다는 이유만으로 연장자가 되는 경우는 거의 없는 시대에 살고 있다. 우리의 문화는 젊은이와 중년의 여정에 더 많은 초점을 두며, 따라서 연장자가 되기 위해서는 스스로 가시적인 존재가 되어야 한다는 도전을 받는다. 이에 대해 불평을 할 수도 있지만, 이것을 자신의 책임으로 받아들일 수도 있다. 탁월한 존재로 인정받기를 기다리는 게 아니라 연장자 역할을 자발적으로 떠맡음으로써 말이다. 그렇게 함으로써 가족, 이웃, 집단, 사회에서 새로운 역할을 맡을 수 있다. 학교에서 자원봉사를 하고, 아이들에게 지식이나 기술을 가르치고, 다른 사람들에게 통찰을 제공하거나 젊은이들이 삶에 대한 전망을 가질 수 있도록 이끌어주고 도와줄 때, 우리는 연장자가 될 수 있다.

이때, 한 개인이 70세 혹은 80세까지도 살 수 있는 이 시대에 우리가 나이를 먹어도 여전히 연장자가 되지 못할 수도 있다는 사실을 깨닫도록 서로를 지원할 필요가 있을 것이다. 어머니이자 할머니인 그 부인이 깨닫게 된 것이 바로 이것이다. 연장자가 된다는 것은 한 개인이 나이가 들어도 어린아이보다 못한 행동을 할 수도 있으며, 우리의 사회와 가족은 그런 태도를 쉽게 용납하지 않는다는 것을 깨닫는 것을 의미한다. 어떤 사람은 끊임없이 불만을 늘어놓을 수도 있다. 그러나 그가 연장자로서 존경을 받으려면 그렇게 행동해서는 안 될 것이다. 어떤 사람은 자신에게 남아 있는 수십 년의 세월을 타인들과의 힘겨루기로 보낼 수도 있다. 그러나 연장자는 그렇게 하지 않는다. 늙었다는 이유로 가족과 공동체로부터 물러나버릴 수도 있다. 그러나 연장자는 그렇게 하지 않는다. 지금까지 연장자는 대체로 죽음이라는 인간의 숙명을 직시했다. 되찾을 수 없는 직업이나 꿈을 잃음으로써, 배우자나 친구의 장례를 치름으로써, 아니면 그저 그 불가피한 일들을 볼 만큼 충분히 오래 삶으로써. 그러나 그러한 괴로운 시기들을 헤쳐 나온 연장자에게 자유의지는 훨씬 더 강력하다. 그런 시기를 겪은 연장자는 타인의 조종과 지배를 받는 것으로 자신의 가장 깊은 두려움을 회피하는 짓을 더 이상 하지 않는다. 우리가 곧 죽을 것이고 우리는 그 사실을 알고 있기 때문이다. 그래서 바라건대, 우리는 타인에게 봉사하고, 세상과 견고하게 연결되고, 우리를 필요로 하는 사람들을 돌보고, 진정한 자기 자신과 화해하고, 새로운 정신으로 성장을 추구하는 것에 집중하기 위해 애써야 한다. 결국 연장자의 영광은 자유를 붙잡기로 선택하는 것에 있다. 여기서 암시하는 자유는 도피와는 다른 것이다. 그것은 다음 단계의 성장, 다음 단계의 성숙한 사랑이다.

노화 단계 패러다임

나이가 들어가면서 우리가 느낄 수 있는 확실한 감정 중의 하나는 일종의 자유감이다. 젊은 시절의 자유는 자신에게 한계가 거의 없다는 자신감에서 비롯된다. 그러나 지금 우리가 거론하는 자유는 나와 타인 모두 한계를 갖고 있다는 사실을 이해하는 것과 양립한다. 우리는 인생 경험을 할 만큼 했고, 뭐가 뭔지 알고 있다. 그리고 바로 지금이 자신이 갖고 있는 지혜에 적합한 자유를 느낄 때라는 것을 자각하고 있다. 마침내 자기 자신이 되는 자유를 자유를 느낄 수 있는 것은 사실 지금, 50세를 넘긴 이 시점이다.

사람들은 50세 이후로 이전과는 분명히 다른 내적·외적 드라마를 겪는다. 생물학적, 감정적, 사회적, 정신적 성장이 50세 이후에 뚜렷이 차별화되는 것을 느낀다는 것이다. '그룹 헬스 코퍼러티브(Group Health Cooperative)'에 근무하는 의사 데브라 고어는 최근 내게 이런 말을 했다.

의학적 성장에 관한 HMO 연구들의 주된 관심은 50세 이후의 인생입니다. 50세 이후의 삶이 그저 인생에서 뭉뚱그려진 하나의 단계에 불과한 게 아니라는 데에 의견이 모이고 있어요. 거기에는 여러 단계가 있습니다. 차례차례 연속적으로 겪기도 하고 동시적으로 겪기도 하는 단계들이죠. 각 단계에서는 개개인들이 저마다 어떤 목표에 도달하고 어떤 획기적인 일을 이루어낼 기회가 있습니다.

신경정신병학자이자 에이멘 클리닉의 창립자인 다니엘 에이멘 박사는 고어 박사와 견해를 같이한다. 그는 『뇌는 늙지 않는다』를 비롯해 여러 권의 책을 펴낸 저자이기도 한데, 그가 이룬 많은 업적 가운데 하나는 6만 명이 넘는 사람들의 뇌 스캔을 통해 얻은 정보를 데이터화한 것이다. 콜로라도스프링스에서 간담회를 마친 어느 날 오후, 다니엘과 나는 노화에 대해 이야기를 나누었다. 우리의 나이는 각각 54세, 51세 였다. 우리는 로키산맥을 굽어보는 오솔길들을 따라 걸으면서 고도 때문에 헉헉거렸다(우리의 나이를 실감하면서!). 다니엘은 당시 『뇌는 늙지 않는다』를 집필 중이었다. 나는 그의 연구에서 새로운 점이 무엇인지 물었고 다니엘은 자신의 나이 들어가는 여정에 대해서 털어놓았다.

50세는 획기적인 중대 시점이에요. 물론 그 전에도 나이 드는 것을 느끼기 시작했고 여러 가지 문제를 겪긴 했지만요. 하지만 요즈음 이런 적이 있나 싶게 참 좋습니다. 당신도 느끼고 있을 거예요. 그게 참 즐거워요. 지금 나는 인생의 새로운 단계의 출발 지점에 있어요.
무엇보다 예전과는 전혀 다른 방식으로 새로운 일들을 시도하고 있죠. 어떤 방향으로 나아갈 때 이전만큼 두려움을 느끼지 않아요. 더 대담해진 거죠. 내가 변하고 있고 새로워지고 있는 느낌, 오래된 허물을 벗고 새 사람이 되는 느낌이 듭니다. 아주 산뜻해요!

우리는 점점 더 헉헉거렸다. 나는 다니엘에게 현재 문헌으로 발표되었거나 아직 통합되지 않았지만 실질적이면서도 인식 가능한 노화의 단계들이 있을 수 있다고 생각하는지 물었다. 그는 고개를 끄덕이며 말했다. "분명히 있어요. 우리는 자각하지 못하는 채로 노화의 여러 단계들을 거쳐 가죠." 나는 그 단계들이 뇌와 생화학적 연구 결과를 암시하느냐고 물었고, 그는 다시 한 번 고개를 끄덕였다. "노화의 단계들은 늙어가는 뇌와 신체 곡선의 변화 단계들과 일치해요." 마침내 나는 내게 있어서 무척 가치가 있는 질문을 던졌다. 바로 정신과 영혼의 문제였다.

나: 노화의 단계에서 과학을 넘어서는 정신적 근거 같은 것이 있을 수 있을까요? 영적이고 시적인 문헌에 나타나 있듯이 말입니다. 말하자면, 우리가 두 번째 인생의 두뇌 단계들을 확인할 때, 그 단계들이 수세기에 걸쳐 영성이 노화에 관해 우리에게 가르쳐온 것들과 맥락을 같이 한다는 사실 역시 발견할 수 있는가 하는 거죠.

다니엘: 영적인 것을 고려하지 않는 과학자는 편협한 사고를 할 수밖에 없습니다. 아주 깊이 들여다본다면, 과학과 영적인 것은 서로 부합하고 있다는 걸 알 수 있죠. 특히 인생의 단계들을 살펴볼 때 그렇습니다. 과학과 종교, 과학과 영성…. 이것들은 동전의 양면 같은 것이겠죠.

앞으로 소개할 노화의 단계는 과학과 영성 양쪽 모두에서 얻은 연구 결과이다. 우리는 나이가 들어갈수록 50세 이후의 인생 단계를 의식적으로 경험해나가야 한다. 나는 엘리자베스 퀴블러 로스 박사가 인생의 마지막 단계와 관련해 상세하게 열거한 '성장의 단계'를 따르면서 거기에 과학과 영성을 점차적으로 통합시켰다. 이 패러다임을 정립하고 적용하기까지 10년이 넘는 시간이 걸렸다. 데브라 고어와 다니엘 에이멘처럼, 그리고 오늘날 가장 진보적인 의학 사상가들과 마찬가지로, 퀴블러 로스 박사 역시 과학적 문헌과 영적 문헌 모두에서 발달상의 중요한 변화가 일어난 시기들에 대한 증거를 찾는 데 전념했다. 나 역시 노화의 단계를 소개하면서, 나의 이른바 '노화 단계 패러다임'에 관한 연구를 뒷받침하는 과학적이고 영적인 근거들을 제시하려 한다. 우선 노화의 단계는 다음과 같다.

첫 번째 단계: 변화의 시기(약 50세부터 약 65세까지)

두 번째 단계: 관록의 시기(약 65세부터 70대 후반까지)

세 번째 단계: 완성의 시기(약 80세부터 100세 이상까지)

이 세 단계에는 서로 겹치는 요소들도 있지만, 각 단계의 발달상 구분은 뚜렷하다. 각각의 단계들이 정확히 몇 살부터 몇 살까지라고 단정 짓기는 어려우며, 각 단계마다 2, 3년 정도의 오차가 있을 수 있다. 세 단계에서 여자와 남자는 각기 다른 식으로 늙어간다. 그래서 단계들을 소개하면서 남성과 여성의 차이점들 또한 언급할 것이다. 각 단계들을 위한 식습관이나 영양에 관한 조언은 하지 않을 것이다. 그보다는 오히려 이 책이 끝날 무렵이면 각종 미디어나 자료들에서 소개된 생리적이고 인지적인 자가 관리 차원의 조언들을 현재 자신의 성장 단계에 맞추어 스스로 알맞게 조율할 수 있도록, 현재 당신이 겪고 있는 단계의 심리적이고 정신적인 측면들을 보다 자세히 살펴볼 것이다.

2장

변화의 시기

무능함에 대한 두려움

우리의 가장 절실한 목적이 변화가 아니라면 과연 무엇일까?

— 라이너 마리아 릴케, 시인

당신이 모든 것, 정말로 모든 것을 잃고 어둠에 잠긴 빈 방 안에 혼자 앉아 있을 때, 당신을 밖으로 끌어낼 수 있는 유일한 사람은 바로 당신이다. 인생에서 가장 하기 힘든 것은 바로 변화하는 것이다. 나는 변화를 이루기 위해 정말로 열심히 노력했다. 치료를 받으러 갔고, 그래서 나 자신이 만들어낸 그 사람이 어떤 부분에는 강하지만 다른 부분들에서는 나약하다는 사실을 깨달았다. 나는 1년이면 충분히 좋아질 수 있을 거라고 생각했다. 그러나 그것은 12년이 걸린 지난하고 겸허한 경험이었다.

— 미키 루크, 배우

네 명의 여자와 세 명의 남자가 거실에 앉아서 함께 이야기를 나눴다. 연령대는 50세부터 83세까지였다. 우리는 막 저녁식사를 마치고, 카페인 없는 커피와 함께 디저트 시간을 가졌다. 창밖으로 눈이 내리고 있었고, 집 안에는 가스난로가 열기를 내뿜고 있었으며, 우리의 대화는 온화하고 감동적으로 느껴졌다. 게일과 나는 50세를 넘긴 사람들이 무슨 생각을 하며 지내는지 듣고 기록하기 위해 이 초점 집단을 한자리에 모았다. 나는 이들에게 자신들이 중년을 넘기고 삶의 새로운 단계에 들어섰다는 사실을 알게 된 순간들을 떠올려보라고 요청했다. 변호사 주디 (57세)는 이렇게 회상했다.

리암과 내가 빈 둥지에 남게 된 건 내가 쉰세 살 때였어요. 우리는 부모를 돌보고 자식들을 키워야 하는 샌드위치 세대였어요. 어떻게 지냈는지 모르게 아이들이 각각 열일곱, 열여덟 살이 되었습니다. 그냥 저절로 그 나이가 된 거죠. 그제야 우리 부부는 어느새 우리가 빈 둥지에 남은 부모가 되었다는 걸 깨달았습니다. 나는 코흘리개 꼬마들이었던 내 아이들이 그리웠고, 그 아이들을 잃었다는 생각에 아주 우울해졌어요. 그 후에 시아버지가 돌아가셨습니다. 우리는 심리치료를 받기 시작하면서 우리의 현재 상황을 꽤 오랫동안 살펴보았어요. 나는 남편과 자식들이 더 이상 나의 기쁨과 정체성의 주요 원천일 수 없으며, 내가 부모님을 '구할' 수 없다는 걸 알게 됐습니다. 그들이 내 마음에 들지 않는 행동을 하나 해도 내가 왈가왈부할 수 없는 거죠. 부모님들도 자신들의 인생에 대해 권리를 갖고 있으니까요. 나는 내 직업에 만족합니다. 하지만 한편으론 타성에 젖어 기계적으로 일을 하게 되었죠. 쉰세 살이 되었을 때 나는 숨을 고르기 위해 잠시 멈춰 서서 나의 여러 측면들을 찬찬히 되돌아봤어요. 나는 이제 늙어가고 있는 여자, 인생의 새로운 단계에 들어선 여자였어요.

주디에 이어서 개인 사업을 하는 마크(63세)가 말했다.

새로운 뭔가를 할 기회, 인생의 새로운 단계에 접어들 기회, 인생의 지금 단계가 근사한 건 바로 그것 때문이죠. 막내아이가 집을 떠나고 난 뒤 며칠 동안 울었습니다. 지금도 아이들이 그리워요. 하지만 나는 이렇게 생각하려 애쓰고 있습니다. 나는 내 할 일을 다 했다, 이제 아이들이 스스로 자기 인생을 만들어나갈 차례다. 주디의 말이 무슨 뜻인지 알 것 같습니다. 나는 내가 누구인지 뒤돌아보고 간직할 것과 버릴 것이 무엇인지 결정해야 했습니다. 이혼남이자 독신남인 나에게 그건 아주 중요한 일이었습니다.

키가 크고 호리호리한 몸에 보타이를 맨 행크(71세)가 커피잔을 내려놓고는 이렇게 덧붙였다.

내 경우에 그 시기가 온 건 대략 예순 살 생일을 맞을 무렵이었어요. 케이트와 나는 우리 두 사람만 살기에는 집이 너무 컸기 때문에 집을 팔고 작은 집으로 이사를 가야 한다는 걸 깨달았죠. 우리는 자원봉사 활동을 더 많이 하고 싶었습니다. 그리고 나는 골프를 더 많이 치고 싶었어요. 나는 플라이낚시의 세계를 알게 되었고, 손자들도 얻었습니다. 기억하건대, 10년, 20년 전에는 시간이 없어서 아무것도 할 수 없었어요. 그런데 지금은 시간이 있습니다. 그게 바로 당신들이 말하는 '자유'지요. 나는 당신들이 뭘 말하려는 건지 잘 알아요.

행크의 이 말에, 우리는 우리 나이의 또래 집단에게 은퇴 후 돈과 시간의 여유가 잃어버린 꿈 같은 것이 되어버렸다는 것에 대해 이야기를 나누게 되었다. 그러다가 사회사업가인 트리시아(69세)가 다시 자유를 언급하면서 이런 말을 했다.

하지만 우리가 은퇴 후의 자유 외에 무엇을 꿈꿀 수 있을까요? 우리가 그 밖의 다른 것에 관해서는 이야기하지 않잖아요? 내 말은, 그게 중요하다는 거예요. 나 역시 은퇴에 관한 계획을 세웁니다. 30대 때 부모님과 부모님의 친구분들이 늙어가는 것을 보았는데, 마치 엄청난 '흰머리의 물결' 같았던 것으로 기억에 남아 있어요. 나는 중산층 흑인 가정에서 성장했어요. 내가 자랄 때는 '노인들'과의 교류가 거의 없었어요. 그리고 사실 지금처럼 노인들이 그렇게 많지도 않았죠. 그래서 나 자신이 나날이 늙어가고 있는 지금, 나에게는 노화나 늙어가는 단계들을 위한 모델이 별로 없다는 사실을 깨닫습니다. 하지만 경제적인 변화와 더불어 나는 예전의 흑인 노년층이라면 누구도 누리지 못했을 자유를 누리고 있는 것 같아요. 나는 지금이 사실상 내가 이제까지 경험하지 못했던 아주 특별한 시기라고 느낍니다.

은퇴하기 전까지 행정비서로 일했고 1년 전에 남편을 떠나보낸 페기(83세)가 끼어들었다.

딸이 도와주지 않았더라면 의료보험 문제를 혼자서는 도저히 처리하지 못했을 거예요. 암호문 같은 그 내용들을 나처럼 나이 먹은 사람은 이해하기가 정말 어려워요. 그래서 내가 늙었구나, 하는 생각이 저절로 들죠. 물론 나는 늙었죠. 하지만 그러다가도 때때로 내게 또 다른 단계의 인생이 아직 남아 있다는 생각을 하기도 합니다. 나는 여전히 혼자서 잘 살아가고 있어요. 남편이 그립긴 하지만, 마음 내키는 대로 자유롭게 살고 있죠. 장기 건강보험도 들었어요. 건강은 아무 문제 없고, 먹고살 돈도 있습니다. 나는 아직 10년 내지 20년은 더 살 수 있습니다. 어쩌면 내 인생의 새로운 단계를 이제 곧 시작하게 될지도 모르죠.

노화를 부정하고 변화를 외면한다면

뮤지컬 〈라이언 킹〉으로 토니상을 받은 연출가 줄리 테이모어(59세)는 나이 들어가는 것에 관해 최근에 이런 말을 했다.

그 모든 것이 삶과 죽음의 순환이죠. 해가 뜨고, 놀라운 사건들의 폭풍우와 암흑기가 지나면, 결국에는 해가 집니다. 그런 경험들을 하지 않는다면, 인생은 아마 풍요롭지 않을 거예요. 지금 나 자신이 그걸 깨닫고 있습니다.

뮤지컬 〈라이언 킹〉을 수십 년 동안 세상에 널리 알린 테이모어 여사는 지금 자신이 무대에 올린 바로 그 이야기에 감화를 받아 노화의 첫 단계인 '변화의 시기'를 되돌아보고 있었다. 그녀는 나이 들어가는 것과 건강 문제, 그리고 피할 수 없는 죽음에 직면하는 것, "백미러를 통해 지나온 인생을 돌아보는 것"에 관해 이야기했다. 그녀는 거기에서 폭풍우, 암흑, 그리고 빛을 보았다. 그녀는 또한 지금이 그 어느 때보다 즐거운 기분이라고 말했다.

변화의 시기는 이 모든 것을 포함한다. 이 시기는 약 50세부터 65세까지 일어나는 내외적인 변화의 심리적 여정이다. 우리의 몸과 두뇌가 중요한 변화들(폐경기, 남성 갱년기)을 겪고, 우리의 영혼 역시 그만큼의 변화를 겪는다. 그리하여 우리의 정신은 10년이 넘는 기간에 걸쳐 현재의 모습에서 점차 연장자로 변모해가는 삶을 살게 된다.

프랑스 국립 공중보건연구소의 연구소장인 아르카나 싱-마누 박사는 삶의 질을 향상시키기 위한 단계로서 이 중요한 시기에 집중해야 한다고 당부한다. 무엇보다 그는 이 변화의 시기에 신체와 뇌가 어떻게 작동하는지 통합적인 시각으로 주의 깊게 살펴보라고 조언한다. 그렇게 하지 않는다면, 다시 말해 노화를 부정하고 불가피한 변화들을 외면한다면, 나중에 훨씬 더 많은 고통을 겪을 것이다. 또한 변화를 전체적인 관점에서 바라보지 않고 일상의 한 부분만을 변화시킨다면, 우리는 아마도 아무 효과도 없을 뿐 아니라 심지어는 나중에 삶의 질을 떨어뜨리는 원인마저 될 수 있는 다이어트나 그 외의 '최신의료기술'을 시도하게 될 것이다. 그것은 마치 노화하는 신체와 뇌가 우리의 영혼에게 다음과 같이 말하고 있는 것과도 같다.

- 이봐 친구, 이 변화를 통해 담대해지고 자유로우지겠는가 아니면 계속 현실을 똑바로 보지 않고, 길을 잃고 방황하고, 파괴적인 상태에 머물면서 끊임없이 불평만 늘어놓겠는가?
- 변화가 불가피하다면 그것을 겪어나가면서 그 변화로부터 건강과 의미를 만들어야 하지 않겠는가?
- 당신 몸이 이 10년에서 15년 동안 변화를 겪을 때, 이 시기를 어떻게 이용해 새로운 사람이 되겠는가?
- 당신이 더 이상 젊지도 않고 심지어 중년도 아니게 될 때, 사회에서의 당신의 새로운 가치와 정체성은 과연 어떤 것이겠는가?

아직 50세가 되지 않았는데도 당신이 지금 이 상태에 부합한다 하더라도 놀라지 않기를 바란다. 『영국의학저널』은 45세 이상의 남녀 7천 명을 대상으로 실시한 기억력과 인지 기능에 관한 10년간의 연구 결과를 최근에 발표했다. 가장 젊은 집단인 45세부터 49세까지의 경우, 여자와 남자 양쪽 모두의 뇌는 이미 노화로 인해 기억력과 인지 기능이 떨어진 것으로 나타났다. 그리고 여자들보다 남자들의 상태가 훨씬 더 심각했다.

그와 유사하게, 사우스캐롤라이나 대학에서는 최근에 45세를 기점으로 나타나는 생리학적인 측면, 즉 근육 미토콘드리아(근육 성장의 DNA)와 운동의 상관관계의 변화를 살펴보았다. 연구진은 45세 이전에는 적은 근육 운동만으로도 근육 미토콘드리아가 더 빠르게 소생하는 것을 발견했다. 조사 대상자들이 40대 후반으로 넘어갔을 때, 근육 미토콘드리아는 좀 더 느리게 소생했고, 따라서 근육을 소생시키기 위해 보다 계획적인 운동을 필요로 했다. 이 연구에서 45세는 노화를 가늠할 수 있는 표지였다. 우리가 일반적으로 40대를 '중년'이라고 부르고 더욱이 그 연령대가 그에 적합한 호칭인 것은 맞지만, 반면 40대는 또한 노화의 첫 단계, 즉 나머지 반평생을 시작하는 전환점이기도 한 것이다.

그렇기는 해도 50세가 되어서야 우리는 완전히 노화의 첫 번째 단계로 들어선다. 당신이 50세가 넘었다면, 당신의 50번째 생일이 40번째 생일과는 매우 다르게 느껴졌던 것을 기억할 것이다. 40번째 생일에는 아마도 중년으로 접어든 듯한 기분을 느꼈을 테지만, 50번째 생일은 완전히 새로운 여정으로 들어가는 통과의례처럼 느껴졌을 것이다. 당신은 '중대한 시점'이 왔다고 느꼈을 것이고, 그것은 사실이다.

결국 노화의 첫 단계인 '변화의 시기'를 자각한다는 것은 폐경기와 남성 갱년기를 고통스러운 과정이라기보다는 반드시 거쳐야 할 정신적 탐구 과정으로 받아들이는 것을 의미한다. 우리는 어떤 불가피성을 느끼고 상황을 변화시키려는 열정을 품을 때, '다른 종류의 호흡'을 느낄 수 있게 된다. 이런 태도는 갱년기를 일종의 변화를 위한 계기로 탈바꿈시킨다.

'중년'이나 '노화의 전 단계'(즉 40대)에서 시작될 수 있는 갱년기에, 우리는 다음과 같은 여덟 가지 신체적·인지적 변화 가운데 몇몇 또는 전부를 경험하게 된다. 나는 이 '증상들'을 질병의 증상이 아니라 변화를 위한 가치 있고 중요한 신호들이라고 믿는다.

- 폐경기나 갱년기를 맞으면 때때로 기분이 널뛰고 조급해지거나 화를 벌컥벌컥 내며 심술을 부리고, 사랑하는 사람들에게까지(어쩌면 그들에게 특히 더) 무례하거나 거칠게 대하는 경우가 늘게 될 것이다. 호르몬과 뇌의 변화가 일어나면서, 특히 전과 다르게 호르몬 수치가 감소하면서 '암흑의 시기'가 도래할 수 있고, 심지어 자살 충동을 느끼게 될 수도 있다.

- 자신의 정체성이 부적절하다고 확대 해석하거나 정체성을 잃었다고 느낄 수 있으며, 자기실현을 이루지 못하고 실패한 인생을 살았다고 느끼며 모든 것을 다시 시작해야 한다고 생각할 수도 있다. 호르몬과 뇌가 변화할 때, 마음은 갑작스러운 상실감 또는 혼란스러워

하는 자아를 경험한다. 우리가 깨닫는 것보다 훨씬 더 많은 이런 증상들이 신경계나 호르몬의 변화로 인해 나타난다.

- 몸과 정신의 붕괴가 일어날 수 있다. 예를 들어, 어떤 중독에 깊이 빠져들어 바닥까지 내려갈 수 있고, 이전의 다소 자기 파괴적이었던 양상이 정점에 다다를 수 있으며, 일을 잃거나 또는 그만둬버릴 수 있고, 결혼생활을 파국으로 치닫게 만들 수도 있다(공공연하게 불륜을 저지르든, 수십 년 동안 배우자 안에 은연중 차곡차곡 쌓인 실망을 해결하지 못해서든). 당신이 몸과 내면에서 느끼는 변화의 욕구는 흔히 별거나 이혼 같은 표면상의 관계적 변화로 표출될 것이다.

- 남성의 경우 성욕이나 정력이 감소하거나 발기가 어려운 증상을, 여자의 경우 질이 건조해지거나 질 수축 기능이 저하되는 증상, 그리고 경우에 따라서는 성교통이 심해지는 증상을 겪을 수 있다. 한때는 당신이 몸과 마음과 영혼에서 당연하게 여겼던 자신의 성적 매력, 사랑하는 힘이 이제는 신체와 호르몬의 변화들을 거쳐 친밀한 관계와 성적 기능에 고통스러운 파문을 일으키기도 한다.

- 간헐적 또는 지속적인 피로감, 열정의 상실, 이전에 비해 현저히 떨어지는 수면의 질과 양, 우울함, 지루함, 초조함을 느낀다. 이 10년에서 15년의 기간 동안 당신의 몸과 뇌는 어떤 식으로든 변화를 겪으며, 그것이 삶의 다양한 부분에 영향을 미칠 수 있다. 특히 생활이 여전히 30대의 에너지 수준에 맞춰져 있다면, 지나치게 스트레스를 받고 위험할 정도로 우울해질 수 있다.

- 끊임없이 쑤시고, 결리고, 뻣뻣해지는 증상들, 그리고 근육이나 뼈

의 노화와 관련된 생리적 문제들을 겪을 수 있다. 비만이 더해지고 (남자들의 경우 아랫배가 나오고, 여자들의 경우 체중 감량이 거의 불가능하다는 사실을 발견한다), 신진대사가 예전 같지 않음을 느낀다. 당신의 몸은 당신이 스트레스를 낮추고 건강을 증진시키는 새로운 생활방식들에 맞추어 재부팅하기를 바라고 있다. 이러한 현상은 당신이 몸의 요구에 주의를 기울이고 이것을 새로운 수준의 생명 에너지로 만들 때까지 계속 당신을 강타할 것이다.

- 일과성 열감, 식은땀, 피부 상태 악화(염증이나 민감함), 운동을 하거나 몸을 움직이고 싶은 의욕의 저하, 앉아서 지내는 시간의 증가, 이 모든 것이 당신의 몸 전체에 반복적인 충격처럼 느껴질 수 있다. 특히 가혹한 폐경기와 갱년기 증상들을 겪는다면 매사에 의욕이 사라져 TV 앞에 멍청하게 앉아 오랜 시간을 보내고 있을 수도 있다. 이러한 경험들이 생체 리듬을 깨뜨려 심각한 질병을 일으킬 수 있다.

- 자신이 점점 늙어가는 것을 느끼고 주위 사람들도 그 사실을 알고 있어서, 마치 당신의 직장 동료, 가족이 당신을 이전과는 다른 부정적인 눈으로 바라보고 있는 것처럼 느껴질 것이다. 처음에 이것은 심각한 우울증을 불러올 수 있다. 어쩌면 직장에서 당신보다 더 젊은 누군가에게 자리를 내주게 될 수도 있고, 당신의 배우자가 당신과 헤어지는 선택을 할 수도 있다. 당신의 사회적 관계 가운데 어떤 것들은 불가피하게 변하거나 변화를 필요로 하게 될 것이다.

당신이 40대 중반이라면, 이런 변화의 신호들 가운데 몇몇을 미세하게 감지할 것이다. 당신이 50대 중반이라면, 이 변화들 가운데 더 많은 것들을 훨씬 더 강도 높게 경험하게 될 것이다. 아무리 부지런히 염색을 해도 희끗희끗해지는 머리칼을 완전히 감출 수는 없을 것이고, 몸이곳저곳이 쑤시고 결리는 증상과 통증은 중년 때보다 더 늙었다는 느낌을 갖게 할 것이다. 만일 인생에 변화를 일으키는 건강 문제를 이미안고 있다면, 당신은 이제 더 이상 자신이 중년이 아니라는 사실을 알고 있을 것이다. 당신은 중년 때보다 훨씬 더 긴밀하게 죽음과 연관되어 있다.

여덟 가지 요소들의 목록을 눈앞에 펼쳐놓고 앉아 당신의 인생을 곰곰이 되새겨보라. 호흡하고, 다스리고, 숙고하고, 느껴라. 당신이 현재 상담을 받고 있거나 친목 모임을 갖고 있다면, 이 모든 것을 그들과 함께 살펴보길 바란다. 가슴속에 묻어둔 생각들을 꺼내어 함께 이야기 나누고, 당신의 과거를 되돌아보고 현재 상태를 깊이 들여다보라. 당신의 상태와 지금 겪고 있는 것들을 이해해줄 사람들을 찾아내라. 그러나 그가운데 어떤 것들은 혼자서 헤쳐나가라. 고독과 마주하라. 당신만의 시간을 가져라. 변화의 시기인 이 단계에 완전히 몰입하기 위해서는 많은 인내가 필요하다. 지나온 시간을 검토하고 생각하고 느낄 시간이 절실히 필요하다. 몇 주일, 몇 달, 몇 년에 걸쳐서 그렇게 하라. 그러면 자신의 자연스러운 생물학적 변화가 어떻게 변화의 시기를 맞이하고 있는지 보게 될 것이다. 자, 우리에게 10년에서 15년의 시간이 있다. 그 변화의 시기에서 다음의 여덟 가지 요소들이 나타날 것이다.

- 이 변화의 현상들을 너무 개인적으로 받아들이지 않아야 한다. 필요하다면 그런 현상들에서 좀 분리되고, 오직 건강한 방식으로 화를 내는 것을 터득함으로써 내면의 공포를 잠재울 수 있나.

- 지금 우리에게는 다음과 같은 것을 해내야 한다는 임무가 있고 또 그럴 시간이 있다. 만성적인 스트레스에서 벗어나 새로운 자기정체성을 구축하고, 부적응과 무능함에 대한 두려움에 끝까지 맞서 싸우고, 젊었을 때는 결코 할 수 없었던 방식으로 마침내 자신의 역량을 최대한으로 발휘해야 한다.

- 지금 우리는 가족을 위한 올바른 선택들을 하기 위해 어떤 중독적인 행동에서 벗어나고, 자기 파괴적인 패턴들을 바꿀 기회를 맞았다. 이런 부분들을 깊이 생각하다 보면 이혼이 불가피하다고 느껴지기도 하지만, 오히려 몇 년에 걸쳐 변화를 겪는 동안 대부분 새로운 형태의 결혼생활, 더 완전하고 더 자유로운 결혼생활로 이르는 결과를 낳는다.

- 성생활은 새로운 방식으로 더 자유로워질 수 있다. 몸이 노화해감에 따라 친밀함을 새로운 시각으로 바라볼 수 있어야 한다. 강렬한 접촉의 양보다는 친밀함의 질에 더 큰 가치를 두는 보다 자유롭고 새로운 '친밀한 독립성'을 지향해야 한다(이에 대해서는 6장에서 더 자세히 다룰 것이다).

- 지금 우리는 인생의 어떤 측면들을 재충전할 시간을 맞고 있다. 그것은 이전에 우리가 세상에 가하던 공격들, 이제는 노화해가는 우리의 심신을 약화시키고 파괴하고 있는 그런 공격들을 버림으로써 가

능하다. 새로운 수면 습관, 새로운 휴식 형태, 아침 명상 등을 통해 새로운 에너지를 발전시킬 수 있고, 예전에 얻으려 노력했던 마음의 평화를 앞으로 10년에 걸쳐 실현시키고 즐길 수 있을 것이다.

- 지금 우리는 우리의 몸을 이전보다 훨씬 더 정신적인 신전으로 만들 수 있다. 이는 10년에 걸쳐 식습관과 신체적인 습관들을 고치고 나의 존재와 행동방식을 통합시킴으로써 가능하다. "내 몸은 나의 신전이다"는 아마도 젊었을 때 한두 번쯤 관심을 가져봤을 법한 말이겠지만, 그 시절의 우리는 그 신전 안으로 거의 아무것도 들여보내지 못했을 것이다. 이제 우리는 그 말이 의미하는 바를 소중하게 생각해야 할 때를 맞았다.

- 지금 우리는 아주 열심히 일하고, 많은 것을 이뤄내고, 이 세상에 남길 '유산'을 구축할 수 있다. 다만 통합적이고 우아한 방식으로, 세상을 포용하는 방식으로 그것을 해야 한다. 이제 우리는 인생이 어떤 것인지 알기 때문에 그 모든 것을 세상을 포용하는 방식으로 이뤄낼 수 있다. 그래서 삶에서 우선되어야 할 사항들이 무엇인지 명확히 할 자유를 갖게 된다.

- 우리는 지금 변화의 통과의례를 거쳐가고 있고, 그럼으로써 제2의 인생으로 거듭나고 있다. 앞으로 10년에서 15년간의 변화 과정에서 불가피하게 경험하게 될 상실들을 성장에 반드시 필요한 상실이자 슬픔이라고 생각하고, 연장자답게 사고하고 행동하는 게 어떤 것인지 깨달을 때 우리의 정신은 성장할 수 있다.

의식적으로, 점진적으로, 완전하게 자신을 변화시켜나감으로써 우리는 "키스가 어떤 가치를 지니고 있는지 깨달았던 건 놀랍게도 더 이상 젊지 않을 때였다"고 했던 시인 메리 올리버의 말을 제감할 수 있다. '키스가 어떤 가치를 지니고 있는지'라는 말은 이 세상을 즐기는 것을 비유하는 말일 수 있다. 잔디를 깎는 동안, 식사를 하거나 쇼핑을 하는 동안, 우리는 지금 그 어느 때보다 감각적인 세계를 느낄 수 있다. 생물학적인 변화가 일어날 때 우리의 감각들도 그에 따라서 변화한다. 예를 들어, 갱년기 동안 뇌의 여러 감각 센터들과 감정 센터들이 변하면서 뇌의 후각 부분도 아주 약간 변하게 된다.

갱년기를 영적인 탐구 과정으로 만드는 것은 변해가는 신체와 뇌의 렌즈를 통해 분주하게 일하는 영혼에 정신을 집중하는 일이다. 그것은 젊음이란 우리에게 주어진 여러 개의 인생 중 하나라는 것을 아는 것이다. 지금 우리는 이전에는 가진 적이 없었던 자신감, 자유, 새로운 열정과 함께 아직 여러 가지 인생을 더 발견할 수 있다. 이전처럼 그저 바쁘게 살아가는 것이 아니라 내적으로, 환경적으로, 관계적인 측면에서 완전한 의미를 갖고 살아가는 삶으로 변화할 수 있는 시간이 앞으로 우리에게 10년 남짓 있다. 지금의 우리는 자신이 무엇을 알고 있는지 안다. 그리고 모르는 것이 무엇인지 알 만큼 충분히 현명하다. "우리를 곤경에 빠뜨리는 것은 우리가 모르는 것 때문이 아니라, 우리가 안다고 착각하고 있는 것 때문이다"라고 마크 트웨인은 재치 있게 말했다. 우리는 저마다 자신이 '확실히 안다'고 착각하는 것들을 갖고 있다. 지금의 우리는 그것들을 알아내기 위한 시간과 내적 추진력을 갖고 있다.

근원적인 두려움에 집중하라

변화의 시기가 신체적 건강 다음으로 직면하고 있는 것은 바로 두려움들이다. 과잉반응, 불안, 타인을 지나치게 통제하려는 욕구, 관계에서의 실수와 같은 두려움들을 정면으로 마주할 때 우리는 심리적으로 가장 자유로울 수 있다. 이런 모든 두려움들은 사실 밑으로 내려가면서 점점 가늘어져 마침내 하나의 근원적 두려움으로 수렴된다. 그것은 바로 '무능함'이다. 특히 끊임없이 스트레스를 받으면 이 근원적 두려움은 마음을 점령해버리고 만다. 노화의 첫 번째 단계는 그 사실을 완전하게 이해하고 새로운 집중, 새로운 인생을 향해 마음을 변화시키는 시기이다. 다음에 이것을 예시하는 사례를 소개한다.

상담실로 나를 찾아온 열일곱 살의 브랜든은 자기 아버지 탐(54세)을 "독설가에다 신경질적이고 사사건건 트집을 잡는" 사람이라고 비난했다. 브랜든은 명석하긴 했지만 비디오게임에 푹 빠져 학교에 출석도 거의 하지 않아 조만간 퇴학당할 지경에 이르러 있었다. 그는 우울증 약을 복용하고 있었고, 가끔씩 마리화나도 피웠다. 어느 상담 시간에 함께 걸으며 이야기를 나누던 중에 브랜든이 입을 열었다.

저는 지금 정말 힘들어요. 도움이 필요해요. 그런데 도움이 필요한 건 저 하나만이 아니에요. 아버지는 저에 대해서 아주 비판적이에요. 도무지 숨을 쉴 수가 없어요. 집을 나가서 영원히 돌아오고 싶지 않아요. 어쩔 때는 아버지가 증오스러워요.

다음 상담 시간에 브랜든의 아버지 탐과 어머니 앨리스(51세)가 찾아왔다. 다부진 몸매에 187센티미터의 거구인 탐은 아들보다 키나 덩치가 훨씬 더 컸고, 아내 앨리스보다 더 조용하고 과묵한 남자였다. 한눈에 보기에도 브랜든은 체형이나 얼굴 생김이 어머니 쪽을 더 많이 닮았지만, 사람을 꿰뚫어보는 눈빛만큼은 아버지를 그대로 빼닮았다. 대화가 진전되어가면서 우리는 비교적 빠르게 브랜든이 아버지의 권위의식에 관해 느끼고 있는 감정들을 놓고 이야기를 나누게 되었다. 탐은 이렇게 변명했다. "나는 우리 애가 철이 들기를 바라는 겁니다. 낙오자가 되면 안 되니까요. 내가 브랜든을 엄하게 대하는 건 그래서입니다."

어느 날 상담 시간이 끝날 무렵, 브랜든이 소리쳤다. "그냥 나 좀 내버려둬요. 구속하려고 하지 말라고!" 탐은 되받아쳐 소리를 질렀고, 앨리스는 둘을 말리려고 애썼다. 나는 격렬하게 싸움을 벌이고 있는 한 아버지와 아들을 보았다. 그리고 또한 그가 갱년기에 접어들었거나 어쩌면 이미 갱년기를 겪고 있고, 그래서 자신이 평생 동안 갖고 있던 무능함에 대한 불안을 아들에게 투사하고 있는 쉰네 살의 아버지라는 사실을 깨달았다. 남성 갱년기 — 변덕이 죽 끓듯 하고, 걸핏하면 불같이 화를 내고, 감정들을 무방비 상태로 드러내는 — 는 그 부자의 역학관계를 악화시켰다. 탐은 다루기 힘든 아들에게 좋은 아버지가 되려고 노력하는 반면, 실패의 두려움에 사로잡혀 있었다. 그것은 그 자신과 아들 둘 모두가 낙오자가 될지도 모른다는 두려움이었다. 아버지와 아들 사이에 앉아 있는 브랜든의 어머니는 뭘 어떻게 해야 할지 모르고 있었다. 그리고 브랜든은 단지 모든 것에서 벗어나고 싶어 하면서, 그 반항적인 태도 속에 그들 세 사람 모두가 실제로 원하지만 깨닫지는 못하고 있는 자유의 무게를 전하고 있었다.

몇 주일이 지났지만 상담 내용에도, 가족의 관계에도 거의 변화가 일어나지 않았다. 그러다가 특별히 힘들었던 어느 상담 시간에, 나는 격렬해진 논쟁을 중단시키고 세 사람 모두에게 자신들이 실패와 거부당하는 것, 그리고 무능함을 얼마나 두려워하는지 일주일 동안 살펴보라고 했다. 이후 몇 주일이 지나면서 그들은 차츰 이런 두려움들을 이해하게 되었다. 각자가 스스로를 얼마나 가치 없는 존재이자 실패자라고 느끼는지, 거부당한 느낌과 성공할 수 없을 것 같은 두려움을 얼마나 갖고 있는지, 그리고 자신들이 현재 처한 인생의 단계에서 심리적으로 어떤 위치에 있는지, 그리고 각자의 두려움들이 서로에게 어떤 영향을 미치고 있는지 깨닫게 되었다. 이에 관해 더 자세한 설명을 하기 전에 두 번째 사례를 소개한다. 에이미(54세)와 앨런(53세)이 부부 갈등으로 나를 찾아왔다. 성공한 변호사인 에이미가 이렇게 말했다.

앨런은 항상 내 말을 중간에 잘라요. 그리고 내가 우리 생활을 개선하려고 뭔가를 시도하면 아주 사소한 것인데도 화를 내고 짜증을 내요. 22년간의 결혼생활은 실패한 것 같아요. 솔직히 말해서, 우리는 서로를 증오할 때가 있어요.

가족 중 한 사람을 증오한다는 말을 듣는 순간, 나는 재빨리 무능함에 대한 두려움을 포착했다. 앨런은 이렇게 말했다.

에이미는 내가 아는 사람 중에서 가장 독선적인 사람입니다. 내가 언제 어디서 뭘 하고 있는지 전부 알려주기를 고집해요. 내가 자기 자식이라도 되는 것처럼 말입니다. 나는 하이킹을 무척 좋아하지만 그녀는 그렇지 않습니다. 그런데 내가 하이킹을 하러 가면, 그걸 마치 내가 우리 관계를 부정하거나 그녀를 중요하게 생각하지 않기 때문이라고 생각합니다. 나는 도저히 에이미를 만족시킬 수 없습니다.

"독선적인"과 "만족시킬 수 없다"는 말 역시 나의 촉수를 곤두세우게 했다. 계속되는 대화를 통해 나는 이 부부 사이에 서로를 통제하려는 주도권 다툼이 견고하게 자리 잡고 있다는 사실을 알게 되었다. 이 문제는 그들의 생활 전체에 만연해 있었다. 이 부부는 이전에도 상담치료를 받았고, 그 결과 10년 전에 석 달 동안 별거한 적도 있었다. 우리가 함께 노력한 지 한 달이 되었을 무렵, 이 부부는 다시 별거에 들어갔다. 앨런은 집에서 나가 그즈음 막 이혼한 친구와 함께 방을 얻었다. 에이미와 앨런은 계속 상담을 받으러 오면서도 내내 이혼할 생각을 하고 있었다.

이 기간 동안 나는 그들이 직면한 여러 문제들을 다각적으로 고려하면서 그들을 도왔다. 하지만 마침내 그들과 정면으로 부딪쳐야 할 시기가 왔다. 나는 그들에게 무능함에 대한 자신의 두려움이 어떻게 자기가 사랑하는 사람을 구속하고 지배하게 만드는지 살펴보라고 했다. 그 무렵, 그때까지도 서로를 깊이 사랑했던 두 사람은 별거 상태에서 서로를 무척 그리워하고 있었다(서로에게 화가 나 있었음에도 불구하고). 우리는 그들의 개인적인 동시에 공통적인 두려움을 들여다볼 수 있었다. 이것은 그들 각자가 변화해야 한다는 것을 절실하게 느낌으로써 가능했다. 이렇게 한다고 해서 헤어진 커플이 항상 재결합할 수 있게 되는 것은 아니다(그것은 오직 마음과 관계의 한 측면일 뿐이다). 그러나 앨런과 에이미의 경우 이 방법을 통해 재결합하게 되었다.

나는 노화의 첫 번째 단계를 지나고 있는 내담자들과 상담할 때 무능함에 대한 두려움을 주의 깊게 살펴보는데, 그 이유는 이 근원적인 두려움이 다른 어느 때보다 바로 이 시기에 해결될 수 있다는 사실을 발견했기 때문이다. 첫 번째 단계에서 인생은 변화하고 있거나 이미 여러 측면에서 변화했다. 이때 이러한 변화에 집중함으로써 그 어느 때보다 강한 성취감과 자신감을 얻을 수 있다. 근원적인 두려움에 대한 집중은 그 자체로 정신적인 성장이다. 수십 년 동안 자신을 괴롭혀온 불안을 직면할 때, 우리는 전보다 더 자유로워지기 때문이다.

나는 내담자나 강연 청중에게 55세인 나도 바로 이 첫 번째 단계를 지나고 있으며 이 문제에 노력을 기울이고 있다고 솔직하게 털어놓는다. 나 역시 무능함에 대한 나만의 두려움을 갖고 있다. 그리고 그것은 여러 걱정, 불안, 과잉반응, 스트레스로 나타난다. 내가 이것들을 이해하고 치유하는 것은 나 자신을 연장자로 변화시키는 일들에 속한다. 내가 바로 이 여정의 한가운데에 있기 때문에 타인들의 두려움을 민감하게 느낄 뿐만 아니라, 특히 그 두려움의 근원들에 관심이 있다.

지난 10년간의 뇌 연구는 우리의 마음이 왜 무능함에 대한 두려움에 사로잡히는지 그 이유에 대한 여러 가지 단서를 재공해주었다. 미시

건 주립대학의 심리학자 제이슨 모서가 이끈 연구와 시카고대학의 심리학자 데이비드 너스바움이 이끈 연구들은 심리적으로 자신감을 더 많이 느끼는 사람들이 대상피질과 미상핵 같은 활성화된 뇌 영역들에서 긍정적 신호인 Pe(error positivity, 실수 관련 긍정성) 신호를 더 많이 생성한다는 사실을 밝혔다. 뇌가 Pe 신호를 더 많이 생성할수록, 즉 자신감을 더 많이 느낄수록 생명 에너지가 더 성공적으로 변화 가능해지며 신체도 그런 정신의 흐름을 뒤따른다. 다시 말해 자신이 건강하고 스트레스를 별로 받지 않으며 완전하고 자유롭다고 느끼는 사람은 더욱 건강한 행동들을 하게 된다. 무능함에 대한 두려움을 자각하고 그 두려움이 자신의 정신에 얼마나 고질적인 스트레스를 주는가를 추적할 때 그 사람의 뇌는 Pe 신호를 더 많이 생성하고 ERN(error-related negativity, 실수 관련 부정성) 신호는 감소시키는 '뇌 작업'을 시작한다.

탐과 앨리스에게 있어서, 예를 들어 애초에 제기된 그들의 문제(브랜든의 실패들과 그의 실패에 대한 탐의 공격)는 사실상 자신감과 무능감에 대한 심리학과 상당히 깊은 연관이 있었다. 지배적인 탐과 수동적인 앨리스 두 사람 모두 노화의 첫 번째 단계에 들어섰을 때 무능감을 느꼈고, 자신들을 실패자라고 느끼고 있었다. 앨리스가 주도권을 포기하고 갈등으로부터 물러서면서 이 무능함에 대한 자신의 두려움과 싸우는 반면, 탐은 브랜든에게로 자신의 실패를 투사함으로써 자신의 전투를 더 공공연하고 분명한 것으로 만들었다. 탐과 앨리스의 경우, 무능함에 대한 두려움—무능해 보이는 아들 때문에 끊임없이 투사되고 악화되는 두려움—이 대상피질 등과 같은 그들 자신의 뇌 영역들에서 실패와 거부에 관해 계속 반추하도록 부추겼다.

　지금 50대인 두 사람은 자신들이 무의식적으로 경험했던 기본적인 두려움을 깊이 천착해볼 제2의 기회를 맞았다. 그들은 갱년기를 겪고 있었다. 그들의 생체심리시계는 탐을 더 성마르게 만들고 앨리스를 더 수동적으로 만듦으로써 그들이 변화하도록 자극했다. 게다가 젊기 때문에 더 많은 자유를 갈구하며 성장하고 있던 그들의 아들은 그들에게 도전하고, 심지어 새로운 행동—상담, 자기 성찰, 개인적 발전, 변화—으로 그들에게 충격을 주고 있었다. 이들은 지금 새로운 의미의 자유를 창조할 기회뿐만 아니라 그들이 갖고 있던 부정적인 관계 양상들을 변화시킴으로써 삶의 질을 높이고 스트레스를 감소시킬 기회를 맞았다. 그리고 나의 역할은 내담자들이 나에게 허용하는 만큼 많은 내적 변화를 이끄는 것이었다. 나는 이 역할을 위해 때때로 그들을 도발하고 이의를 제기해야 했다. 나는 내담자들이 자기 자신과 변화를 분명하게 돌아보도록 하기 위해 그들에게 '충격'을 주려고 노력해야 했다. 그것을 보여주는 탐과의 대화 내용을 소개한다.

탐: 지난 주에 있었던 상담을 줄곧 생각했습니다. 그때 선생님은 저한테 몹시 화가 난 것 같더군요. 그렇죠?

나: 왜 그렇게 생각하세요?

탐: 선생님은 제게 이런 말을 했죠. "명심하세요, 단지 무능함에 대한 자신의 두려움 때문에 다른 사람들을 계속 통제하려고 해서는 안 됩니다. 변화해야 하고, 달라져야 하고, 앞으로 나아가야 합니다. 당신은 지

금 쉰네 살입니다. 이제 그렇게 해야 할 때예요."

나: 그게 왜 화가 난 것처럼 들렸을까요?

탐: 선생님 말투가 그랬어요.

나: 그땐 죄송했습니다(탐의 말이 옳았다. 나는 다소 싸우듯이 이렇게 말했다. "탐, 아시겠어요? 당신이 요즘 한 남자로서 얼마나 무능하다고 느끼는지를 인정하기 전까지는 제가 당신에게 해줄 수 있는 게 거의 없어요. 당신 자신의 패배감을 브랜든에게 투사하는 행동을 당장 멈추세요."). 하지만 그게 도움이 되지는 않았나요?

탐: 예, 선생님이 저와 맞서 싸워줘서 기뻤어요. 브랜든도 그렇게 해줬으면 좋겠습니다. 저는 브랜든이 나 같은 실패자가 될까 봐 그 애한테 화를 내는 이런 행동들을 멈춰야 하죠. 저는 이제 그걸 알아요. 하지만 나 자신에게 화가 납니다. 네, 저도 잘 알아요.

나: 무엇 때문에 자신에게 화가 나는 거죠?

탐: 아시잖아요? 저는 많은 것들에 실패했습니다. 선생님이 제게 화를 냈을 때, 그에 관해 생각하게 되었습니다. 지난 토요일에 아들과 골프를 치러 가서 얘기를 좀 나눴습니다. 내가 그 애한테 사과를 했어요. 믿어지세요?

나: 엄청난 일이 일어났군요.

탐: 엄청나죠. 제가 아들녀석한테 그랬어요. 나는 항상 나 자신을 실패자라고 생각했기 때문에 나도 모르게 너한테 엄하게 대했다는 걸 깨달았다, 나 자신과 너를 있는 그대로 내버려둬야 했다, 는 말을 했지요. 그렇다고 해서 네가 집 안에서 마리화나를 펴도 상관하지 않겠다는 뜻

이 아니라, 내가 변화할 필요가 있다는 사실을 알게 되었다는 의미라고 말입니다.

나: 브랜든의 반응은 어땠나요?

탐: 어이구, 완전히 감동 그 자체였죠. 우리는 오랫동안 이야기를 나눴습니다. 집 안 분위기가 많이 달라졌어요.

대부분의 남자들과 마찬가지로, 탐 역시 자신의 속마음을 말로 정확히 표현하는 것에 서툴렀다. 하지만 그는 단편적인 사실에서 어떤 결론을 도출할 줄 알았다. 그는 상황이 어떻게 돌아가고 있는지 알고 있다는 것을 몇 마디 말로 나타냈다. 그는 자기가 평생토록 패배자라는 생각과 얼마나 힘들게 싸워왔는지를 생전 처음으로 입 밖에 내어 말했다. 그리고 아들의 실패에 대한 자신의 고압적인 태도를 성찰한 끝에 자신의 심리적 상황을 파악하는 기회를 만들었다.

그다음 몇 주일, 몇 달은 그들 부부에게나 브랜든에게도 쉽지만은 않았다. 그러나 큰 퍼즐 조각이 맞아 떨어지며 윤곽을 드러내기 시작했다. 탐과 앨리스 부부와 상담을 해나가면서 나는 그들로 하여금 자신들이 맞이한 노화의 단계들을 탐사하면서 갱년기가 그들에게 얼마만큼 변화를 촉진시키려 하고 있는지 살펴볼 수 있도록 도왔다. 나는 그들에게 계속 일기를 쓰면서 무능함에 대한 그들의 두려움이 이제 새로운 정체성으로 얼마나 변화될 수 있는지 지켜보고 기록하는 데 집중할 것을 요청했다. 탐은 아이들이 커가는 동안 그들 곁을 지키지 못했던 일련의 에피소드들을 되돌아보면서 변화의 여정을 계속해나갔다. 그는 자신의 부재에 관해 죄책감과 무능함을 느꼈고, 이제는 자식들과의 관계를 완전히 되찾을 필요를 느끼고 있었다. 앨리스는 한 개인으로서—그녀의 표현을 그대로 쓰자면 "자기의 꿈들을 추구하고 실현할 만큼 충분히 똑똑하지 못한" 사람으로서—끊임없이 무능함을 느꼈다. 이 부부에게는 이런 감정들이 켜켜이 쌓여 있었다.

에이미와 앨런이 겪고 있는 많은 난관들의 감정적 토대 역시 바로 무능함에 대한 불안이었다. 그들은 자신들이 개인으로서나 부부로서 실패했다고 느꼈다. 다만 여전히 둘의 관계를 소중하게 생각했기 때문에, 무능함에 대한 두려움을 해결함으로써 각자 스스로를 변화시켰고 두 사람의 관계 역시 변화시켰다.

심리적 두려움에 관한 여러 연구들을 조사하면서, 나는 무능함에 면역이 된 사람은 한 사람도 보지 못했다. 두려움 그 자체는 질병이나 비정상적인 상태가 아니다. 나이가 몇 살이건 간에 각자의 마음에 자연스레 깃들어 있는 것이다. 그것은 사실상 유용하며, 우리가 생존하고 발전할 수 있도록 도와준다. 20세기 심리학자 R. D. 랭이 "인간 조건 속에 구축된 존재론적 불안"이라고 지칭했던 것도 바로 이 두려움이다. 즉, 우리로 하여금 열심히 일하고 성공하도록 밀어붙이는 베이스라인으로서의 불안인 것이다. 우리가 쉽게 확인할 수 있듯이, 우주와 자연은 거대한 반면 우리는 왜소하다. 우리는 그 거대한 우주에 대해 태생적으로 두려움을 느끼며 살아간다. 우리는 불안감, 무능감과 끊임없이 맞붙어 싸우고, 그 싸움을 통해 한 단계씩 나아가고, 가족들을 지키기 위해 항상 경계를 늦추지 않고, 현재의 성공에 결코 안주하지 않고, 끊임없이 사회 친화적인 행동, 공감, 연민, 그리고 훌륭한 도덕성과 인격을 추구한다. 우리는 성취하고, 성장하고, 배우고, 사랑한다.

무능함에 대한 두려움을 이해하려 했던 미국의 심리학자 에이브러햄 매슬로는 욕구 단계 이론을 제시했다. 『존재의 심리학*Toward a Psychology of Being*』에서 매슬로는 불안을 넘어 더 큰 자유를 향해 가는 심리적 변화와 자아의 성장을 위한 내적 자극을 이해하도록 돕기 위해 '능력'이라는 말을 사용하고 있다.

우리가 가진 능력은 제발 사용해달라고 아우성치고 있다. 자신의 능력을 최대한 발휘할 때 이러한 내면의 아우성을 잠재울 수 있다. 성장과 변화를 위해서 우리는 반드시 우리의 능력들을 사용해야 한다. 사용되지 못한 능력은 병을 불러일으키거나 퇴화되거나 완전히 사라질 수 있고, 따라서 그 사람을 약화시킬 수 있다. 그러나 일단 사용되면, 능력이 자아를 해방시킬 수 있다.

매슬로는 피라미드의 맨 아래층인 생존 욕구를 충족시키지 못한다면 맨 꼭대기층의 자아실현을 정립하는 능력이 지연되지만, 일단 생존을 보장하는 물질적인 안정을 충분히 갖췄다면, 무능함에 대한 두려

---

* 매슬로는 인간의 욕구들을 계층화한 인간 욕구 단계설로 심리학에 공헌했다. 피라미드의 맨 아래층은 생존을 위해 필요한 생리적 욕구, 두 번째 층은 안전에 대한 욕구, 세 번째 층은 애정과 소속감을 위한 욕구, 네 번째 층은 존경받고 싶은 욕구, 피라미드의 꼭대기 층에는 자아실현의 욕구가 위치한다.

움을 해결해야 한다고 말한다. 매슬로에게 있어서, 그리고 생존 욕구를 충족시킨 우리 모두에게 있어서, 무능함에 대한 기본적인 두려움은 이제 변화를 위한 촉매가 될 수 있다.

그러나 에이미와 앨런처럼 우리는 대부분 무능함에 대한 두려움에 사로잡히는 것을 자연스럽게 느낀다. 그렇게 우리는 앞으로 나아가지 못하게 된다. 우리는 나이가 들어가되, 완전한 연장자, 해방된 존재로 성숙하지 못한다. 매슬로의 용어로 표현하자면, 완전한 자아실현을 하지 못한다. 우리는 아주 오랜 세월 무능감을 키워왔고, 이제 더 이상 능력을 계발하려 하지 않으며, 무엇보다 자신을 변화시키지 않는다. 탐과 앨리스 역시 에이미와 앨런의 경우처럼 지금 그들이 겪고 있는 많은 난관들의 감정적인 토대는 바로 무능함에 대한 불안이었다. 탐의 무능감은 그로 하여금 끊임없이 경계심과 긴장감을 느끼게 만들었고, 심지어 아들에게 극단적인 태도를 취하게 했다.

많은 내담자들과 마찬가지로, 50대인 우리는 대부분 자신도 모르는 사이에 생활에서 축적된 심리적 압박감을 자기 식으로 맞닥뜨리고 있다. 우리는 과거의 잔재와 무능감에서 헤어나지 못하고 있지만 이제 새로운 정체성으로 거듭날 기회를 맞게 되었다. 지금 우리들은 대부분 생존을 위한 돈은 '충분히' 벌고 있다. 그래서 다음 단계의 욕구를 마음속 깊이 살펴볼 여력이 있다. 주위에서 벌어지고 있는 많은 고통들이 자신의 무능함에 대한 두려움, 즉 인간 뇌의 자연발생적인 두려움인 동시에 바쁘고 스트레스 많은 생활로 인해 더욱 활성화된 두려움 때문에 벌어진다는 사실을 깨달아야 한다. 그 두려움이 어느 정도까지 부정적인 스트레스의 원인이 되는지를 더 분명하게 깨닫고, 자기 성찰을 통해 그러한 스트레스를 줄여야 한다.

앨런과 에이미는 바로 그렇게 했다. 우리는 함께 이야기를 나누고 변화의 시기인 그들의 현재를 전후맥락과 연관 지으면서 그들을 성장하지 못하게 하는 기본적인 두려움이 무엇인지 알아내려고 했다. 나는 그들이 자신들의 장애물들을 재구성하고 자신감과 무능감의 관점에서 행동들을 조절하도록 도왔다. 많은 시간이 걸렸지만, 앨런과 에이미 두 사람 모두 각자의 인식 속에서 나름대로 그것들을 이해했다. 에이미와 앨런은 각자 이렇게 말했다.

네, 이제 알겠어요. 나는 앨런이 날 떠날까 두려워서 그를 구속했어요. 무슨 병에 걸린 것처럼 그렇게 했죠. 계속해서 어리석은 방식을 반복한 거예요. 나는 늘 나 자신이 별 가치 없는 존재처럼 느껴졌어요. 그래서 더욱 일적인 면에서 성공하려고 발버둥 쳤어요. 하지만 집에서는 오히려 그게 역효과를 낸 것 같아요.

내가 아내의 말을 가로막은 건 두려움 때문이었어요. 나의 자아는 그녀의 두뇌를 몹시 두려워하죠. 그래서 그녀가 무슨 말을 하거나 의견을 내는 걸 두고 보지 못했던 겁니다. 나는 항상 에이미가 나보다 똑똑하다고 느꼈어요. 그 때문에 자존심을 다쳤죠. 남자들이 대개 그렇듯이, 나도 상처받기 쉬운 자아를 가지고 있는지도 모르겠어요. 그녀의 말을 잘라버리고 불쑥 내 생각을 말할 때 나는 나약하고 어리석은 어린아이나 다를 바가 없어요. 그래서 결국 그녀가 나를 증오하게 되죠.

스스로를 이해하려 노력하고, 그런 다음 자신들의 행동을 조금씩 변화시킴으로써 두 사람의 관계는 점차 나아졌다. 아울러 현재 자신들이 처한 상황을 발판으로 삼아 자기 자신과 상대방을 신뢰하도록 태도를 변화시켜나갔다. 그들은 변화의 시기에 찾아오는 당연한 위기들—자녀 문제, 재정적 위기와 직업상의 위기, 삶의 질을 떨어뜨리는 질병, 이혼의 가능성 등 현재 및 향후 10년 동안 발생할 수 있는 위기들—에 정면으로 맞섰고, 이런 위기들을 '그저 나이만 먹은 어른'에서 '연장자'로 변모해가기 위한 긍정적인 촉매로 재구성했다.

당신과 나, 그리고 우리 모두는 두려움 속에서 살아간다. 그러나 이 두려움을 노화의 첫 번째 단계인 변화의 시기 동안 표면화시키려 노력한다면 마음속에서 그것을 비지배적인 것으로 만들 수 있다. 이 두려움은 항상 우리와 함께 있겠지만, 우리를 지배하지는 않을 것이다. 이것은 어쩌면 갱년기와 노화의 첫 번째 단계가 우리에게 주는 가장 위대한 약속 가운데 하나일 것이다. 우리는 앞으로 10년 내지 15년 동안 두려움과 자신감 결여와 맞붙어 싸워나가야 한다. 연장자가 되는 것은 갈수록 더 중요해질 것이다. 우리는 지금 늙어가면서 공동체와 가족에게 아주 중요하고 존경 받는 존재가 되기 위해 자신의 자신감을 주의 깊게 살펴봐야 한다는 것을 느끼게 될 것이다. 연장자로서 우리가 스스로에 관해 받아들여야 할 많은 것들이 있다. 우리가 일생 동안 해결하려고 노력한 심리적인 두려움들은 계속해서 스트레스를 일으킬 수도 있고,

아니면 이제 마침내 그 두려움들을 긍정적으로 다루어 심리적·정신적으로 자유와 봉사의 시기로 나아갈 수도 있다. 가정에서 조부모가 되고, 우리를 둘러싼 세상에서 연장자라는 멘토가 됨으로써 말이다.

궁극적으로 우리가 겪고 있는 이 변화는 우리 자신을 위해 그리고 타인을 위해 더 강하고 지혜로운 사람이 되려는 과정이다. 보다 현명한 사람이 됨으로써 타인에게 중요한 역할 모델이자 연장자가 되는 과정인 것이다. 노화의 첫 단계인 변화의 시기는 마치 앞으로의 남은 인생이 여기에 좌우되는 것이기라도 하듯(그리고 그것은 사실이다) 노화의 경이로움을 받아들이기 위한 중요한 첫 기회이다.

3장

관록의 시기

중요한 삶을 살겠다고 선택하라

올해 스물두 살인 딸아이가 시간을 거슬러 올라가 스물두 살의 자신을 만난다면 어떤 말을 해주고 싶은지 물었다. 나는 스물두 살의 나를 만난다면 "그런 게 있는 줄도 모를 만큼 평범한 것들이 영원히 남는 법"이라고 알려줄 것이다. 온 가족이 함께하는 저녁식사, 정정당당한 경쟁, 한 통의 안부전화, 친구 같은 것들 말이다. 물론 스물두 살의 그 아이의 귀에는 내 말이 들리지 않을 것이다. 하지만 시행착오를 거쳐 결국에는 모두 깨닫게 될 테니, 참으로 기적과도 같은 일이 아닌가.

– 애너 퀸들런, 작가, 칼럼니스트

노화의 두 번째 단계, 관록*의 시기는 변화의 시기가 끝날 무렵, 생체학적으로는 갱년기가 끝날 무렵 시작된다. 꽤 오랜 기간 자신의 상태가 '강한', '건실한', '행복한' 등과 같은 어휘에 해당된다고 느꼈다면 관록의 시기에 들어섰다고 볼 수 있다. 이때 우리는 자신의 자아가 무능감, 후회, 자기파괴 또는 심한 스트레스에 더 이상 시달리지 않게 되었다는 것을 스스로 느끼지만, 그럼에도 여전히 힘든 시간을 보내고 있으며 앞으로도 힘든 시간들이 기다리고 있다는 것을 안다.

약 65세부터 70대 후반까지에 해당하는 노화의 두 번째 단계를 항해할 때, 우리는 대체로 자신이 살아오면서 창조하고 키우고 이뤄낸 것들에 대해 자부심을 느낀다. 그러나 어떤 이들에게는 이 단계가 외로움의 시기일 수 있다. 다시 말해, 배우자와 사별하거나 이혼을 할 수도 있

---

* distinction. 이 책에서 이 단어는 '탁월성', '변별성', '공명', '관록' 등 다의적으로 사용된다(물론 자세히 들여다보면 이 단어들은 서로 연관성을 가지고 있다).

을 것이다. 상황이 어떻든 간에, 우리는 자신이 타인에게 완전히 의존하지 않으며 남들과 다르다고 느낄 것이다. 그런 인식을 기반으로 자신이 누구인지, 누구를 만들어내고 무엇을 창조했는지, 자신의 정체성과 역할들은 어떠했는지, 필생의 업이 무엇인지, 자기가 전달하고 있는 유산은 어떤 것인지 돌아보게 된다.

노화의 두 번째 단계에 들어선다고 해서 실수를 하지 않는 것도, 완벽한 것도 아니지만, 우리는 변화의 시기를 통해 더욱 성숙해진 자아를 향해 나아가면서 뚜렷한 '관록'을 갖게 된다. 순간순간을 살아나가기보다는 오래 두고 새길 가치가 있는 '품위' 같은 단어들을 숙고하면서 그동안 알게 된 것들을 가르치고 공유할 것을 요구받는다. 앞으로 나아가기 위한 노력보다는 어딘가에 도달했다는 의식을 더 많이 느낀다. 법적으로나 사회적으로나 '노인'이 된 우리는 인생의 가치를 그 어느 때보다 더 깊이 인식하고 사랑, 평화, 슬픔, 희망, 용기를 경험한다. 이제 예전처럼 타인의 권모술수에 쉬이 속아 넘어가지 않으며, 불과 몇 년 전처럼 비참할 정도로 울적해하지도 않는다. 어떤 위험이라도 무릅쓸 준비가 되어 있지만, 그와 동시에 사랑하는 것들과 사람들을 잃을지 모를 위험은 무릅쓰지 않는다. 더 이상 야망에 지배당하지 않으며 반드시 '자신을 정의 내리고 더 많은 성공을 이룰' 필요도 없다. 우리는 이미 많은 성공을 했기 때문이다.

이때 우리는 몸과 뇌에서 일어나는 변화들을 통해 자신이 노화의 두 번째 단계로 들어섰다는 것을 알게 된다. 의학은 우리가 65세부터 80세를 향해 가는 동안 필연적으로 다음 중 몇몇 증상들을 겪게 될 것임을 예견하고 있다.

- 여러 통증에 시달린다. 특히 신체적으로 무리한 활동을 했을 때 더 그렇다. 그러나 통증은 살아 있다는 증거이다.
- 피부가 탄력을 잃는다. 쭈글쭈글 주름이 지고 얇아지며, 매끈하고 팽팽하던 피부는 이전과는 달리 영양분이 다 빠져나간 흙처럼 거칠고 푸석푸석해지면서 꽃보다는 뿌리를 더 많이 닮아가게 된다.
- 뼈가 더 약해지고 쉽게 부러진다. 다양한 접골 수술을 받게 되면서 몸속의 뼈가 예전 같지 않음을 실감한다.
- 뇌는 사용 영역이 축소된다. 말 그대로 우리의 뇌는 기억 세포들을 제거해간다. 살아오면서 기억해야 할 것들로 가득 채워온 우리의 뇌는 이제 한계점에 도달해 잊고 싶지 않은 것들까지 잊어버리게 된다. 이제 메모가 필수적인 기억 도구가 된다.
- 새로운 것들을 배우고 익히는 능력이 떨어진다. 세포를 만들어내고 사용하는 뇌의 능력이 저하되기 때문이다. 따라서 완전히 새로운 것들을 받아들이기보다는 기존에 알고 있는 것들에 집중하고, 그것들을 수정하는 것에 더 집중하게 된다. 지금 우리의 정체성은 완전히 새로운 자아를 만드는 것보다는 지금까지의 자기정체성을 제대로 정리하는 데에 있다. 그러나 이것이 새로운 시도를 하지 않으리란 뜻은 아니다. 다만 자신이 성취할 수 있는 것들에 대해 이전과는 다른 기대치를 가져야만 할 것이다.
- 뇌 화학물질은 왕성한 생식력을 갖춘 성인의 뇌에서 일반적으로 생

식력이 없는 노인의 뇌로 급격히 변화한다. 이 나이에도 아직 재생산이 가능한 소수의 남자들과 극소수의 여자들을 제외하고는, 이제 자연의 섭리는 풍부한 재생산에 쓰이던 에너지를 조부모, 멘토, 연장자가 되는 일, 영혼과 인생의 신비를 탐사하는 일로 옮겨 가도록 호르몬계에 지시를 내린다.

이 모든 변화들을 겪어나가는 동안, 우리는 노화의 첫 번째 단계 때보다 많은 것들이 더 명확한 의미로 다가오는 것을 느낀다. 타인과 대화를 하거나 신문을 읽거나 뉴스를 들을 때 '공정성', '정의', '정직', '부패', '가치', '의무', '명예', '연민', '희망', '사랑' 같은 단어들이 진정으로 이해됨을 알아차린다. 여전히 모험심과 새로운 것을 익히려는 의욕이 있는 반면 더 이상 타인의 결함이나 어리석음에 에너지를 낭비하지 않는다. 여전히 놀라고, 상처 입고, 혼란스러움을 느낄 수 있지만 과거에 가득 차 있던 욕망과 두려움은 이제 철저한 앎, 즉 확실성을 허락하는 내면의 평화로 대체된다. 자기 자신에 대해 스스로 전문가가 되기 때문에 이전만큼 많은 전문가들을 필요로 하지 않는다. 건강에 관해서는 전문가를 필요로 하지만, 영혼의 여정에 관해서는 스스로가 자신에 관해 더 정확하고 많은 것을 알고 있기 때문이다.

당신의 물병을 바위에 대고 깨뜨려버려라

살아가는 동안 내내 뭔가를 이루고 싶어 해온 우리는 이제 그동안 이룬 성공들을 성숙함과 관록으로 빛나게 할 수 있다. 우리는 거울 앞에서 말한다. "이것이 나다. 이것이 내가 보여주고자 하는 것이고 이것이 내가 이룬 것들이다." 만일 30세에 이런 말을 한다면, 그 말을 하면서도 스스로를 확신하지는 못할 것이다. 그러나 70세에는 자기가 옳다는 것을 안다. 예전에는 자신의 공적을 숨겼다 해도 지금은 그렇게 할 이유가 없다.

13세기 페르시아의 신비주의 시인 루미가 말했던 "나 자신을 가늠하는 유일한 방법은 내가 사랑하는 존재의 위대함에 의해서이다"라는 말의 의미를 이제는 이해하게 된다. 우리 자신, 가족, 공동체, 그리고 유산은 우리가 사랑하는 존재들이며 우리는 그들에 의해 가늠된다. 가족은 신이 삶의 위대함을 보여주는 방법 가운데 하나다. 이 신성을 분명하게 인식한다면, 가족과 친구들 그리고 더 넓은 세상에 쓸모 있는 존재가 되도록 이끄는 신에 대해 무한한 사랑을 느끼게 된다. 세상에 무언가를 환원하고 싶다는 갈망은 '나는 이것을 해야 해'라는 편협한 갈망이 아니라 이 세상을 자신이 베풀 수 있는 것들로 가득 채우겠다고 외치는 가장 깊은 내면의 갈망이다.

이 단계에 들어서서 거울을 들여다보면 점점 더 늘어가는 주름살을 발견할 뿐이지만 거울을 탐색하면서 자아도취가 아닌 세상의 위대함, 사랑하는 존재에 대한 겸허함을 경험하는 일이 많다. 일상 속에서 여전히 자신의 자아를 어루만져주고 싶은 생각과 칭찬 받고 싶은 생각이 간절하고, 그럼에도 자신이 무능하다고 느끼지만 그와 동시에 이전보다 더 깊이 겸허함과 감사를 느낄 수 있게 된다. "당신의 물병을 바위에 대고 깨뜨려버려라. 이제 더 이상 바다의 일부를 담아둘 필요가 없으니." 루미는 그렇게 쓰고 있다. 경험이 풍부하고 박식하며 인생이 실제로 어떤 것이고 자신이 얼마나 감사하는지를 아는 우리는 인생의 어떤 부분들을 축소함으로써 '목직(purpose)'과 '유산(legacy)'과 관련되는 부분들을 더 두드러지게 만들 수 있다. 이를테면 장학금을 후원하고, 자식들에게 여윳돈을 슬쩍 찔러 넣어주고, 젊은이들을 찾아가 멘토가 되어줄 수 있다. 빌 게이츠나 조지 루카스 같은 이들은 관록의 시기가 되기도 선에 이미 완전한 유산을 되돌려줄 여유가 있을 테지만, 평범한 이들은 타인에게 봉사하고 베풀고 싶어도 그럴 여유가 많지 않을 것이다. 하지만 이제 우리는 우리의 유산을 세상에 되돌려줄 여유와 시간이 있는 관록의 시기에 와 있다.

60대와 70대의 나이에 세상을 치유할 수 있기를 바라면서 세계 곳곳을 돌아다니는 외교관이나 강연자를 한번 떠올려보자. 코피 아난, 데스몬드 투투, 마야 안젤루… 그들은 자신들의 유산을 위해 헌신하는 관록의 소유자들이다. 그들은 자신들의 '신전'을 관리하고 있다. 우리들 대부분은 세계를 여행하는 외교관이나 강연자가 아니지만 지금 우리가 속해 있는 지역에서 외교관이나 강연가가 될 수 있다. 우리는 대체로 60대에서 시작해 70세쯤이면 거의 다 은퇴를 마친다. 이렇게 모든 것을 버리고 삶을 정리할 때, 우리는 점점 더 영성에 관심을 갖게 될 수 있다. 그것은 가시적인 세계로부터의 도피가 아니라 가시적인 세계와 통합된 개인적 열정인 '자기 성찰'에 흥미를 갖게 됨을 말한다. 삶의 속도를 늦추고 느긋해질 때, 우리는 자기 성찰을 하고, 되돌아보고, 만족감을 느끼고, 자연이나 신과 대화를 나눌 것이다. 우리는 우리가 가꿔놓은 정원을 보고 마침내 잔디와 꽃을 만지며 즐기는 사람이 될 수 있다. 젊은이들은 우리를 보면서 자신들의 나침반을 맞출 것이다. 우리는 하나의 유산을 쌓았다. 그리고 지금은 그 유산이 겸허하고, 유용하고, 완전하고, 다정하게 빛을 발할 때이다.

나는 누구이고 무엇을 만들어냈는가

'유산'이라는 말은 두 번째 단계의 중요한 표지로 많은 의미를 갖고 있다. 이 책에서 지칭하는 유산은 당신이 개인적인 성취를 위해 그리고 당신이 죽고 난 뒤에도 계속 살아갈 사람들의 이익을 위해 만들어가고 있는 상속물을 의미한다. 그것은 당신이 신전을 관리한 방식이다. 당신이 '되돌려줄' 때 의식적으로 당신의 '후손들'(단지 혈연관계만이 아니라 당신의 공동체를 의미한다)에게 넘겨줄, 그리고 지금 이 순간부터 넘겨주기 시작한 평생의 업적이다.

당신의 유산은 또한 실질적으로 당신의 개인적 가치를 증명하는 증거물이기도 하다. '유산을 가지는 것'은 가족, 공동체, 사회에 긍정적인 영향을 미치는 가치를 지닌 뭔가를 소유하는 것을 의미한다. 가령 어떤 집단에 소속되어 있다가 은퇴했다는 사실을 상징하는 '금장시계'를 예로 들면, 거기에는 우리가 지금 말하고 있는 것을 은유하는 메타포가 담겨 있다. 은퇴를 하면서 의례적인 금장시계(시간을 멈추고 다시 출발할 수 있는 물건)를 공개적으로 받았을 때, 그 시계는 그 사람의 가치와 평생의 업적을 상징한다. 오늘날에는 대부분 은퇴 선물로 금장시계를 실제로 받지 않지만, 당신이 현재 노화의 두 번째 단계에 있다면 당신의 인생 어디쯤에서 당신은 금장시계를 받을 만큼 가치 있는 필생의 일을 발전시킨 것이다. 비록 지금까지 인생을 살면서 회사와 같은 큰 조직에 몸담지 않았다 하너라도—가령 당신이 자녀들을 키우면서 대부분의 시간을 보냈다 하더라도—지금 당신의 유산은 여전히 신성불가침하다. 당신이 해야 할 일은 그것을 자각하고, 발견하고, 그것에 관해 곰곰이 생각하고, 앞으로 몇 세대까지 그것을 이용할 수 있도록 도와주는 것이다. 이 유산은 당신의 인생에서 무엇보다 중요한 것이다. 정신을 집중하면 당신에게 가장 중요한 것, 즉 당신의 유산이 무엇인지 명확히 알게 될 것이고, 그 유산이 당신의 일과 가족 두 가지 모두를 결합시킬 것이다. 노화의 두 번째 단계는 자신의 유산에 집중하는 것에서 기적을 느끼게 되는 인생의 시기이다. 작가이자 윤리학자인 마이클 조셉슨은 '무엇이 중요한가'를 설명하면서 유산에 대해 언급하고 있다.

준비되어 있건 아니건, 언젠가는 그 모든 것에 끝이 올 것이다. […] 당신이 수집한 그 모든 것들은 소중히 여겨지건 잊히건 간에, 다른 누군가에게 넘겨질 것이다. […] 당신의 유감, 원한, 좌절감, 불만, 질투는 마침내 사라지게 될 것이다. […] 그렇다면 중요한 건 무엇일까? 중요한 것은 당신이 사들인 것들이 아니라 당신이 구축한 것들이며, 당신이 얻은 영적 탐색 같은 것들이 아니라 당신이 베푼 것들이다. 중요한 것은 당신의 성공이 아니라 당신의 가치이다. 중요한 것은 당신이 배운 것들이 아니라 당신이 가르친 것들이다. 중요한 것은 당신의 모범을 따를 수 있도록 타인들을 풍요롭게 하고 힘을 실어주고 격려해준 진정성, 연민, 용기 또는 희생적인 모든 행동들이다. 중요한 것은 당신의 능력이나 권위가 아니라 당신의 인격이다. […] 중요한 인생을 사는 것은 우연히 일어나지 않는다. 그것은 환경의 문제가 아니라 선택의 문제이다. 중요한 삶을 살겠다고 선택하라.

이 '중요한 삶'이 바로 당신의 유산이다. 나이가 들어갈수록 당신은 더 자유롭게 진정한 당신이 될 수 있다. 그 무정형의 '진정한 당신'이 바로 당신의 유산이다. 모든 형태의 유산은 당신이 어떤 선택들을 할 때 느끼는 자유감과 연관된다. 만약 당신의 유산을 확인하고 정의하고 보호하고 개선하고 인도하기까지 오랜 시간이 걸린다 하더라도, 사람들은 조금씩 서서히 당신에게서 당신의 유산을 느낄 것이다. 그들은 당신 주위에서 그것을 볼 것이고, 그것이 당신의 유산임을 알 것이고, 당신이 그들과 유산을 공유할 때 자신들의 삶에서 그것을 느낄 것이다. 유산을 만들어가는 것을 결코 멈추지 말아야 한다. 이 작업에는 끝이 없다. 스탠포드 대학의 연구자들은 세상에서 가장 유명한 4백 인의 유산들을 추적함으로써 내가 두 번째 단계라고 지칭하고 있는 시기를 연구하고자 했다. 그 연구자들은 다음과 같은 사실들을 발견했다.

- 세상에서 가장 유명한 400인의 업적 가운데 3분의 1은 그들이 60세에서 70세 사이에 이룬 것들이다. 그중 4분의 1은 70세부터 80세 사이에 이루어졌다.
- 연구자들이 '세상에서 가장 위대한 작품'이라 불렀던 것의 절반 이

상은 60세 이상의 지도자, 사상가, 사업가, 그 외 창조적인 사람들에 의해 완성되었다(절반 이상이!). 몇몇 예들을 들어보자. 힐러리 클린턴은 62세에 미국 국무장관이 되었고, 골다 마이어가 이스라엘 수상이 된 것은 72세였다. 33세에 시스틴 성당의 작업을 시작한 미켈란젤로는 61세에 그 작품을 완성했다. 전설적인 요리사 줄리아 차일드는 49세에 첫 요리책을 출간했다. 조각가 루이즈 네벨슨은 80대까지 왕성하게 작품 활동을 했다. 그래미상 단골 수상자인 토니 베넷은 팔순 노인이다.

많은 사람들이 관록의 시기에 자신들의 유산에 대한 회고록을 쓰고 있다. 당신이 일기를 쓰고 있다면 그것은 그 자체로 당신의 회고록이 될 수 있다. 삶에서 나온 생각과 기억, 경험을 글로 적는 순간 그것들이 회고록을 위한 토대가 될 것이다. 일기장 또는 아무 공책이라도 좋다. 거기에 당신이 반드시 말해야 할 이야기들과 당신이 얻은 지혜를 기록하기를 권한다. 당신이 일기나 글을 쓸 때 생각들에 집중할 수 있도록 도와줄 질문들을 소개하려 한다. 이 질문들에 즉시 답할 필요는 없다. 사실 몇 달 또는 몇 년에 걸쳐 대답을 해나가는 것이 더 유익할 수 있다.

- 나의 인생 스토리는 어떤 것일까? 나는 어디서 왔는가? 나의 인생을 정의할 수 있는 사건들은 어떤 것들이 있는가?
- 내 가정에서 나는 어떤 측면들에서 가장 중요한 존재인가? 나의 공

동체에서 나의 가장 중요한 역할들은 무엇인가? 내가 지금 더 열정적으로 몰두할 필요가 있는 역할들은 무엇인가? 내가 버려야 할 역할들이 있는가?

- 내가 이룬 가장 중요한 업적은 무엇인가? 어떤 측면들에서 내 일들이 나 자신의 성장과 타인들의 성장에 유익했는가?

- 살아오면서 후회스러웠던 일들은 어떤 것들인가? 가정, 일이나 직장, 공동체, 친구 관계에서 후회되는 일들은 무엇이었을까? 격의 없이 대화를 나눌 수 있는 모임이 있는가? 내가 만들 수 있는 새로운 친목 모임, 나의 유산을 보다 긍정적인 관계들에 맞출 수 있도록 도와줄 수 있는 새로운 친목 단체들이 있는가? 내가 갖고 있는 어떤 회한들이 나의 유산을 빛바래지 않게 할 수 있도록 그 회한들을 잠재울 수 있게 도와줄 사람들이 주변에 있는가?

- 점점 더 늙어가고 있는 지금, 나의 정체성과 인생을 바치고 싶은 영역들이 있는가? 그 어느 때보다 지금 나에게 필요한 사람들은 누구인가? 그 어느 때보다 지금 나에게 필요한 것들은 무엇인가? 나는 이 세상에 내가 할 수 있는 것들을 모두 다 했는가? 내가 할 일이 더 있는가?

당신의 인생 내력, 정체성, 역할, 심지어 어떤 회한들에 이르기까지, 그런 요소들에 정신을 집중할 때 당신은 나의 초점 집단 가운데 한 남자가 했던 것과 똑같은 결정을 내릴 수 있다. 그는 자리를 털고 일어나서 다시 뭔가를 시작했다.

회고록을 쓰고 있던 조셉(72세)은 쓰던 걸 멈추고 슈퍼마켓 체인점에 취직했다. 그는 다음과 같이 말했다.

내가 고정관념을 갖고 살고 있다는 것을 압니다. 하지만 나는 슈퍼마켓 안으로 들어오는 사람들이 미소 짓는 모습을 보고 싶어요. 젠장, 사람들 사는 게 너무 불쌍하거든.

기능공이었던 그는 노조간부로 일하다가 마흔 살이 되던 해 노조가 해체되면서 직장을 떠났다. 그는 인생을 살면서 다른 많은 일들을 했고, 그래서 '미소'는 언뜻 사소한 것처럼 생각될 수도 있다. 그러나 그것은 그가 쌓아가고 싶어 하는 유산의 일부였다. 67세인 시몬은 나에게 이렇게 말했다.

아주 오랫동안 나는 내가 다른 사람들을 돌보는 간병인이라는 사실을 마뜩잖게 생각했습니다. 하지만 내가 살아가는 목적은 사람들이 필요로 하면 달려가고, 그들의 기분이 좋아지도록 돕고 보살피는 것이라고 생각하며 지금까지 살아왔어요. 나는 항상 남편, 자식들, 부모님, 친구들, 그 외의 사람들이 뭔가 필요할 때 찾아오는 사람들 가운데 하나였어요(나는 간호사입니다). 하지만 솔직히, 적어도 20년 동안 나는 갈등했습니다. 더 많은 걸 이루고 돈도 많이 벌고 내가 일하는 HMO에서 직급도 더 높이 올라가야 한다고 생각했어요.
다행히, 지난 몇 년 동안 나의 많은 것들이 변했습니다. 우선 나는 나 자신을 받아들였습니다. 실제로 다른 사람들이 원하는 그런 목표들을 포기했습니다. 그랬더니 놀랍게도 아주 명료해지더군요. 나 자신이 행복한 상태이기 때문에 더 나은 생각들을 하게 되고 더 많은 것을 성취하고 일도 더 잘 해내는 것 같습니다. 내 참 모습을 받아들임으로써 많은 면에서 훨씬 더 현명한 인간이 될 수 있었던 것 같아요.

시몬처럼 인지적으로 점점 더 명료해짐으로써 편안함을 느끼게 되는 것은 연구를 통해서도 증명된 사실이다. 연구 결과에 따르면, 명료한 정신과 자기 정체성에 대한 만족, 그 두 가지 모두가 체내의 스트레스 호르몬(코르티졸) 수치를 감소시키고 뇌에서 새로운 성장 세포가 성장할 가능성을 증가시킨다. 이것은 "뇌를 변화시키면 삶이 달라진다"의 한 측면이다. 시몬이 두 번째 단계에서 느끼는 정신적 명료성은 그녀의 삶의 질을 높이고 수명을 증가시킬 가능성이 높다.

우리 모두 그녀처럼 할 수 있다. 우리는 노년의 다음 단계, 즉 완성의 시기에 완전히 다다르기까지 약 15년 동안 관록의 시기를 거치게 된다. 우리는 이 기간 동안 어떤 특정 직업을 떠나 은퇴할 수도 있다. 그러나 가능하다면 관록과 기품이 넘치는 삶, 그리고 스트레스가 줄어든 삶으로 은퇴한다면 더없이 좋을 것이다. 그리고 우리가 지금 '은퇴자 공동체'라 불리는 곳으로 은퇴한다 하더라도, 언젠가 이 모든 공동체들이 '연장자 공동체'로 불리기를 바란다. 왜냐하면 관록의 시기에 우리의 상태는 실제로 대단히 생기 넘치고, 은퇴가 정신적인 것이 아니라 단지 경제 활동상의 은퇴일 뿐이기 때문이다. 우리는 이 세상에 꼭 필요한 연장자, 우리 모두가 필요로 하는 것들을 서로 충족시켜주고 제2, 제3, 제4의 활력을 얻기 위해 서로를 지원하는 60대, 70대의 사람들이 되고 있다.

자신 이외에 아무도 사랑하지 않을 때 비로소 당신은 늙었다

60대와 70대에 '제2의 활력'을 얻기는 해도 연장자답게 행동하지 못하는 사람들이 있다. 그들은 유산을 사랑이나 헌신으로 감싸지 않는다. 그들은 아직도 유산을 오직 성취나 야심과 관계되는 것이라고 생각한다. 그럴 수도 있다. 연령적으로나 신경학적으로 두 번째 단계에 해당할 만큼 나이가 들긴 했어도, 어떤 사람들은 관록의 시기에 겨우 한쪽 발가락 끝만 들여놓았을 수도 있다. 아직도 지배적이고, 지나치게 감상적이고, 미숙하고, 분노를 참지 못하고, 이기적이고, 인생에 대해 본질적으로 겁을 집어먹고 있을 수 있다. 우리는 터키 시인 나짐 히크메트의 다음과 같은 시 구절에 비친 그런 사람일 수 있다. "자신 이외에 아무도 사랑하지 않을 때 비로소 당신은 늙었다." 우리는 관록의 시기에 겨우 발가락 하나만을 들여놓은 채로 그저 유산을 축적하기만 할 수도 있다. 심리적으로나 정신적으로나 변화의 시기에 갇혀 있거나, 많은 면에서 여전히 청소년기나 성년기의 어느 단계에서 헤어 나오지 못할 수 있다. 무능함에 대한 강박적인 두려움을 해결하지 못하고 있는 것이다.

　성장하고 진화하는 정신에서는 무슨 일이든 일어날 수 있다. 그러므로 우리는 의식적으로 관록의 시기에 정신을 집중하고, 그것을 탐구하고, 이해하고, 느끼고, 체험해야 한다. 이 시기에 읽어야 할 필독서는

'애도'에 관한 책들이다. 두 번째 단계에서 친구나 가족을 잃게 되고, 더욱이 개인적인 능력과 힘을 점점 더 많이 잃어가기 때문이다. 이 큰 슬픔은 우리의 다리를 걸어 넘어뜨리고, 우리를 혼란에 빠뜨릴 수 있다. 우리는 그것을 피하고 싶어 할 수도 있지만, 그것을 유산을 공유하기 위한 자극제로 삼으려 노력해야 한다. 노벨상을 받은 시인 파블로 네루다는 「밝은 빛은 없어There Is No Clear Light」에서 "나의 슬픔들은 나의 존재를 확인시켜준다"라고 썼다. 이것은 주위 사람들의 죽음과 우리가 느끼고 겪어나가는 그 모든 슬픔들이 우리가 여기에 있고, 가치 있고 진정한 존재이며, 살아 있다는 것을 확인시켜주는 것임을 이해한, 관록의 시기에 있는 사람이 한 말이다. 그 슬픔들은 연장자가 각자 자신만의 방식으로 물을 마시는 우물들이다. 지금의 우리는 우리의 모든 부분의 총합이다. 큰 슬픔과 기쁨의 총합이 우리의 존재를 확인하게 해주며, 그렇게 해서 우리는 인생의 참담한 무게를 갈망하는 동시에 갈망하지 않게 된다. 다시 말해, 우리는 이 인생 여정에서 똑같이 활기차게 "아, 다시 갈망으로 채워지고 싶다"와 "아, 내가 더 이상 갈망의 노예가 되지 않을 수 있어서 정말 기쁘다"라고 말할 시점에 다다랐다.

　관록의 시기는 또한 자유의 시기이다. 이 시기에 우리는 친구들과 함께하는 활동들에 시간을 투자해 기쁨을 느끼기로 '선택'할 수 있다. 이런 선택은 기분을 좋게 만들고, 좋은 기분은 새로운 세포들의 성장을 불러온다. 나의 내담자 중 한 명인 베르니스(63세)는 이렇게 썼다.

8년 동안 한 번도 휴가를 가지 못했습니다. 그리고 그건 내가 원하던 나의 모습이 아니라는 걸 불현듯 깨달았습니다. 그래서 3주일 동안 인도를 여기저기 돌아보기 위해 여행을 떠났습니다. 놀라운 여행이었습니다. 그 여행을 통해 나 자신의 참 모습을 더 분명하게 알게 되었고 남은 인생 동안 내가 어떻게 살 것인지, 뭘 하고 싶은지도 훨씬 더 명확해졌습니다. 내가 앞으로 하게 될 분명한 한 가지는 해마다 고향이 아닌 다른 어딘가로 여행을 가는 것입니다.

신디(67세)는 나에게 말했다.

매년 샤스타 인근의 산속에서 일주일 동안 연장자 모임에 참여하고 있습니다. 해마다 그 공동체와 함께 지낼 일주일을 고대합니다. 그들과 함께 있으면 나의 참 모습에 편안함을 느낍니다. 그곳에서 내가 속한 공동체에 되돌려줄 에너지를 완전히 재충전해서 집으로 돌아옵니다. 그건 하나의 공식 같아요. 거의 수학적인 공식.

팀(64세)은 이렇게 말했다.

클레어와 나는 사이가 좋지 않았고, 그래서 우리는 결혼생활을 바로잡으려고 노력하고 있었습니다. 그 노력의 하나로 우리는 각자 혼자만의 시간을 가져보기로 했습니다. 나는 한 달 동안 뉴질랜드로 가서 그곳에서 일을 했습니다(소프트웨어 기술 지원). 내 인생에서 가장 행복했던 시간 중 하나였습니다. 그 시간은 내가 행복할 수 있다는 걸 나 자신에게 증명해주었습니다. 그리고 비로소 클레어에게 문제가 있는 게 아니라는 걸 깨달았습니다. 그렇게 행복하게 지낸 그 한 달이 나에게 어디서든 다시 행복해질 수 있는 방법을 가르쳐준 것 같아요.

베리(69세)는 음악을 사랑한다. 그는 이렇게 말했다. "나는 사실 변호사보다는 뮤지션이 되었어야 했어요." 그는 아직도 변호사로 활동하고 있긴 하지만, 재즈 밴드와 함께 연습하고 공연도 하면서 자기보다 젊은 음악인들에게 조언을 해주는 것에 점점 더 많은 시간을 투자하고 있다. 재혼해서 두 번째로 이룬 그의 가족이 그가 그렇게 많은 시간을 음악에 투자하는 것을 처음에는 좋아하지 않았지만, 그가 자기 밴드와 함께 술집에서 음악을 연주하며 시간을 보내는 건 그들에게서 벗어나려는 것이 아니라 오히려 그가 완전하고 특별해지도록 도움을 주기 때문에 그들 자신을 위해서도 결국 더 유익하다는 사실을 마침내 알게 되었다고 베리는 회상했다. 이제 그는 아내 쉐리와 열한 살 난 아들을 RV에 태우고 뮤직페스티벌들을 찾아 여행을 한다.

관록의 시기에 우리는 지금까지 내내 그 리듬에 맞춰 춤을 춰왔던 내면의 음악을 드디어 듣게 될 것이다. 언제나 자신 안에 있었던 그 음악을 듣고 그것을 지속시킬 만큼 충분히 삶의 속도를 늦출 것이다. 다른 사람들은 우리의 참 모습을 보고, 우리가 해낸 역할들—연인, 부모, 조부모, 노동자, 발명가, 간병인—을 볼 것이다. 가족 구성원들, 친구들, 지인들은 분명하고 믿음직하고 뚜렷한 자아에 존재하는 우리의 정신을 보고 있다. 그들이 우리에게 감탄할 때 우리는 더욱 내면의 음악에 귀를 기울이고 그들 역시 자신들의 내면의 음악을 발견하기 위해 더 깊이 나아갈 수 있다.

부처는 이렇게 말했다. "지아를 극복한 사람은 행복하다. 평화를 얻은 사람은 행복하다. 진실을 발견한 사람은 행복하다." 관록의 시기인 두 번째 단계는 비교적 이기심 없고 행복으로 가득 찬, 특별히 멋진 10년이 될 수 있다. 이 시기는 저녁식사 자리에서 또는 손자들과 보내는 시간이나 휴가지에서, 테니스 코트에서, 우리가 쓰는 편지와 이메일을 통해, 임원회의에서, 사람들과의 즐거운 교류 속에서 아름답게 빛날 수 있다. 관록의 시기에 있는 연장자는 명백한 인생의 유산을 구현하고 있기 때문에 이기심이 없고 행복하며 진실되다. 연장자인 우리는 사람들의 내면에서 일어나는 생각들을 꿰뚫어볼 수 있기 때문에(혹은 꿰뚫어볼 수 있는 사람이 되어가고 있기 때문에) 더 이상 사람들에게 진실을 말하라고 강요할 필요가 없는 지점에 마침내 도달할 것이다. 우리는 사람들의 말에 더 잘 귀를 기울이는 사람들이 되었다. 지금의 우리는 이기적인 집착을 버린 신뢰의 단계에 있을 것이다. 그리고 사람들에게 "내가 가는 길이 네가 가는 길보다 낫다"라고 말하지 않고, 함께 걷자고 권유하는 그 길에서 더 행복해질 수 있다. 우리가 우주와 더 이상 경쟁하지 않고 그 대신 각자 자기만의 방식으로 관록을 드러내며, 마음의 평화를 누릴 수 있는 지점에 다다를 준비가 되어 있기 때문이다.

4장

완성의 시기

깊은 포기가 시작되고 있다

이제껏 이런 찬란함을 한 번도 느껴본 적이 없다.
이런 자유로움을 한 번도 느껴본 적이 없다.

— 나짐 히크메트, 시인

목사이자 유니테리언 보편구제주의자 협회의 전 대변인이며 『당신의 손 안에 있는 무한*Infinity in Your Hand*』을 포함해 여러 권의 책을 펴낸 저자이기도 한 윌리엄 후프 박사는 연장자로서 나의 발전에 의미심장한 영향을 미쳤다. 나는 빌(86세)과 거의 30년 동안 친구로 지내왔다. 빌은 30년 가까운 시간 동안 목회상담자로 활동했기 때문에 나는 종종 그에게 상담 사례들, 특히 연장자들과 관련된 사례에 대해 그의 의견을 묻곤 한다. 빌은 나보다 서른 살이 많다. 비록 그의 건강이 가끔씩 문제를 일으키지만(지금 그를 괴롭히고 있는 주범은 파킨슨병이다), 그의 정신은 여전히 예리하다.

빌은 지금 노화의 세 번째 단계에 있다. 두 번째 단계와 완전히 구별되는 이 단계는 대체로 자신의 유산이 무엇인지 정의내리는 시기가 아니라 이미 정의가 내려진 시기이다. 빌 역시 이미 오래전에 자신의 유산의 의미가 정의되어 있었고, 그래서 이제는 거리를 두고 초연하게 그것을 바라보는 시기에 있다.

어느 날 빌과 함께 점심식사를 하던 자리에서 나는 그가 현재 처해 있는 단계를 이해하고 싶으니 그동안 살아오면서 고민해온 영적인 의문들은 어떤 것이었는지 말해달라고 부탁했다. 빌은 두 달 동안 곰곰이 생각한 뒤 그다음 점심식사 때 이렇게 말했다.

내 평생의 질문들…. 좋아, 자네가 듣고 싶어 하는 걸 들려주지. 우리는 왜 고통을 받는가? 나는 정말로 믿음을 갖고 있는가? 나는 마침내 자유를 얻었는가? 나는 사랑하는 법을 배웠는가? 이건 사실 아주 평범한 질문들이야."

나는 질문들을 받아 적고 그에게 구체적으로 설명해달라고 부탁했다. "음, 물론 나는 자네가 사람들을 잘못된 방향으로 이끌도록 도와줄 수 있지." 그렇게 우스갯말을 던지고 나서 그는 왜 자신이 생의 말년에 이 네 가지 질문들에 더 확실하고 정확하게 대답할 수 있기를 바라는지 설명하기 시작했다. 나는 그의 설명을 다음의 네 가지로 요약했다.

- **우리는 왜 고통을 받는가?** 고통의 원인을 이해하기 전까지, 나는 행복이 초연함에 관한 것이라는 사실을 이해하지 못했다네. 인생의 각 단계에서 나는 그걸 이해했다고 생각했지. 하지만 내가 정말로 성장하고 정말로 그걸 이해하게 된 건 바로 80대 중반을 넘어섰을 때였어. 늙고 병들어 죽어갈 때, 마침내 우리는 그걸 이해할 수 있다네. 정말로 늙기 전까지는 그걸 이해할 수 없어.

- **나는 정말로 믿음을 갖고 있는가?** 우리 모두는 믿음이 무엇인지 알고 있어, 그렇지 않은가? 그것은 평온한 신뢰의 상태지. 나는 지금 믿음을 갖고 있어. 이전에도 내가 믿음을 갖고 있다고 생각했지만 사실은 그렇지 못했지. 지금, 내가 남은 인생에서 바라는 건 매일 약간의 운동을 하고, 우리 집사람 패티를 보살펴주고, 약을 챙겨먹고, 사람들과 가끔씩 대화를 나누는 것, 그게 전부야. 나의 마음은 확실하게 신에게로 기울어졌어. 이게 믿음이라네.

- **나는 마침내 자유를 얻었는가?** 예전에 나는 많은 악마들과 싸웠어. 내 눈에 악마들이 항상 보였지. 지금 그 악마들은 자네 눈 속에 있어, 젊은 친구. 자네는 여전히 마음이라는 족쇄에서 벗어나지 못하고 있어. 하지만 그 족쇄들은 내게서 이미 벗겨졌다네. 그렇다고 해서 내가 지금 완벽하다거나 그런 건 아니지만, 나는 그 어느 때보다 자유로워. 그리고 잘 듣게. 난 그 자유가 50세나 그보다 훨씬 이전에 찾아왔더라면 얼마나 좋았을까 생각해보기도 했어. 하지만 그랬다 한들 내가 뭘 얻었을까? 충분히 늙었을 때 찾아오는 아주 특별한 형태의 자유가 분명히 있다네.

- **나는 사랑하는 방법을 배웠는가?** 나는 사랑하는 법을 배웠다네. 나는 그게 너무 자랑스러워. 정확히 언제 배웠는지는 말하기 어렵지만, 지금 나는 사랑하는 법을 알아. 남녀 사이의 친밀함, 그건 기적과도 같은 거야, 완벽한 기적. 마이크, 사랑하는 아내가 내 곁을 떠나 모든 걸 잃어버린 망각의 세계로 들어가는 것을 보게 될 때 그때 비로소 그걸 깨닫게 된다네(중기 알츠하이머병을 앓고 있던 그의 아내 패티는

이 대화가 있고 나서 1년 뒤 세상을 떠났다). 사람은 죽을 때까지 사랑하는 법을 배운다네. 사랑하는 사람의 병, 그리고 자기 자신의 병은 사랑의 다음 단계를 위한 위대한 스승이지. 사랑이라는 건 사랑하는 사람을 끝까지 보살피고, 궁극엔 그 사람을 완전히 놓아주는 거라네.

우리는 패배하지도 끝장나지도 않을 것이다

우리가 80대, 90대 혹은 그 이상의 나이로 나아갈 때 일어나는 뇌와 생물학적 변화들은 새로운 노화 단계를 만들어낸다. 난관들이 없는 건 아니지만 이 시기가 경이로운 인생의 한 단계임은 분명하다. 빌이 시사했듯이 이 시기는 신체적 한계, 질병, 그리고 죽음이 균형을 이룰 수 있는 단계이기 때문이다. 우리는 아주 어렸을 때 애착에 집중했던 것처럼 초연함에 집중하는 이 단계에 노력과 관심을 기울임으로써 신체적 한계와 질병과 죽음이 균형을 이룰 수 있도록 해야 한다. 이런 식으로, 인생의 포물선은 완성을 향해 나아간다. 우리는 세상에 태어나는 순간부터 어머니, 아버지, 공동체, 세계에 완전하게 결속되기를 바랐다. 세 번째 단계에서도 우리는 여전히 인생과 사랑에 매여 있다. 그러나 지금 우리가 우리의 여정을 완성시켜줄 초연함을 삶에 융합시키고자 할 때 우리는 영적으로 가장 깊이 있고 우아하게 앞으로 나아갈 것이다.

그렇지만 나는 조사연구와 초점 집단 연구에서 세 번째 단계를 정의하는 과정에 심각한 난제가 있다는 사실을 발견했다. 그 어려움은 '완성'을 단지 '끝'이나 '죽음'을 의미하는 것으로 생각하지 않으려 하는 욕구에 있다. 우리의 몸과 뇌의 기능은 80세 이후로 더 빠르게 떨어지는 반면, 우리는 인생과 애착이 가져다주는 즐거움을 아직 청산하지 않았기 때문이다.

초점 집단 참가자들과의 인터뷰에서 80세 이후의 인생을 정의해보라고 한 결과, 나는 전혀 예상하지 못했던 한 가지 사실을 알게 되었다(돌이켜보면, 내가 왜 이걸 예상하지 못했는지 그 이유를 모르겠다). 세 번째 단계에 이르렀을 때 사람들은 유머 감각이 아주 풍부할 뿐만 아니라, 그 유머가 기지가 넘치고 해학적이며 때에 따라서는 듣는 이들을 뜨끔하게 만들 만큼 솔직하고 냉소적이다. 나의 장모 페기(86세)는 내게 책을 한 권 주면서 만면에 웃음을 지으며 이런 말을 하셨다. "자네가 쓰고 있는 노년에 관한 책에 이 소설이 아주 도움이 될 거야. 이 책은 재미있기도 하지만 노년이 어떤 건지 아주 정확하게 보여주고 있거든. 자네가 이 책 속의 유머를 제대로 이해하려면 80대는 되어야 할지도 모르지만 지금 자네가 생각하고 있는 것들에 분명 도움이 될 거야."

그 책은 다니엘 프리드먼의 탐정소설 『절대로 늙지 마라Don't Ever Get Old』였다. 걸핏하면 화를 내는 전직 형사 출신의 87세 할아버지 탐정 벅이 소설의 주인공이다. 그는 손자를 데리고 다니면서 함께 사건들을 해결해나가는데 그 와중에도 계속 농담을 한다. 사건을 맡기 전에 그는 항상 다음의 두 가지 사실을 장황하게 언급하면서 너스레를 떤다. 첫 번째는 자신의 변화된 몸에 대한 이야기다.

내 피부는 바싹 마르고 얇아져서 거의 종잇장이나 마찬가지야. 그래서 문고리 같은 곳에 팔이 스치거나 침대맡 탁자에 무릎이 부딪치기라도

하면 그 즉시 살이 쭉 찢어지면서 카펫 바닥을 피바다로 만들어버릴 거야. 두어 시간이 지나도 피가 멈추지 않아 결국 로즈가 나를 응급실로 데려가야 할지도 몰라. 그리고 내 눈은 거의 다 망가져서 뭔가에 부딪치기 일쑤야. 멀리 있는 걸 보려면 안경을 써야 하고, 책이나 신문을 읽으려면 또 다른 안경이 필요하지. 하지만 모든 게 흐릿하게 보이는 건 어쩌면 축복일지도 몰라. 덕분에 내 팔의 멍들과 검버섯들을 제대로 볼 수 없고, 욕신 거울로 축 늘어지고 퀭한 내 낯짝을 보더라도 충격을 덜 받으니까.

둘째로는 쓸모 있었던 이전의 존재 방식들과 이별해야 하는 고통을 언급한다.

잔디깎기 기계를 밀 힘이 있었던 그 시절에, 나는 열심히 잔디를 깎곤 했지. 그건 로즈와 내가 우리 집 마당에서 함께 할 수 있는 유일한 일이었어. 로즈는 화단을 맡아 가꾸고 있었으니까. 우리 집 마당은 동네에서 최고로 훌륭했다고. 정원에 대한 우리의 자부심이 대단했어. 하지만 내가 1998년에 심장우회수술을 받고 난 이후로는 그 일을 대신해줄 사람이 필요해서 어떤 과테말라 난민을 고용했어. 아주 꼼꼼하고 일을 열심히 하는 친구였지. 그가 데리고 다니던 다른 일꾼들도 일을 아주 잘했어. 하지만 나는 일을 너무 잘하고 게다가 열심히 하는 그들의 근성이 싫었어. 그래서 애꿎은 우리 집 잔디밭에 마구 저주를 퍼부어댔지. 여하튼 그 과테말라 사람들이 날 대신해 일했고, 그동안 상태가 썩 좋지 않았던 우리 집 잔디밭은 봄이 오자 나를 비웃기라도 하듯 초록으로 파릇파릇해졌어.

당신이 인생의 남은 절반을 살고 있다면, 이 재미있고 감동적인 소설을 꼭 읽어보기 바란다. 두 번째 단락은 내가 이별의 고통에 관한 조사와 초점 집단 참가자들과의 인터뷰에서 들었던 어떤 감정을 포착하고 있다. 완성의 시기에 맞닥뜨리게 되는 새로운 현실은, 허약하고 불필요한 존재가 되어 다른 사람들에게 자리를 내주거나, 자신이나 타인의 건강에 거의 강박적으로 집착하는 듯한 느낌이 드는 것이다. 80세 언저리가 되면, 우리는 예상보다 훨씬 더 몸을 움직이지 못하게 되어 거의 앉거나 누워서 생활하게 될 수도 있다. 그리고 끊임없이 고장 나는 부분들을 수리하며 살아야 한다는 처량한 기분을 느낄 수도 있다. 신체적 건강과 인지적 건강을 유지하는 데 너무 많은 시간을 들여야 하다 보니, 사람들이 우리를 '완전히 고갈되고', '패배한', '끝장난', '늙은이'로 볼 수도 있다. 뿐만 아니라 우리 자신이 스스로를 그렇게 생각할 수 있다. 소설의 주인공 벅은 이 시기에 범죄 사건들을 해결함으로써 새로운 활력을 얻는다. 그처럼 우리 역시 '쓸모 있는 연장자'가 되는 자신만의 방법을 발견한다면 "마른나무처럼 완전히 고갈되지" 않을 것이다. 빌이 스스로 질문들을 던졌듯이 우리 역시 자신의 질문들을 품고 완성에 집중하면서, 지난 기억과 현재의 삶에서 이별의 수수께끼들에 대한 해답을 찾는다면, 우리는 패배하지도, 끝장나지도 않을 것이다.

노화의 세 번째 단계에서 겪는 신체적 고통들은 인생의 그 어느 시기보다 절박하고 강도 높은 심중과 더불어 영혼으로 이르는 길이 된다. 완성의 시기에 있는 사람은 삶이 완전히 끝나기 전까지 가능한 한 건강한 몸과 마음을 유지하려고 노력함으로써 뇌를 포함한 신체의 삶을 완성해나간다. 신체 내부의 스위치가 꺼지고 의식적이건 무의식적이건 죽을 때가 되었다고 스스로 결정하기 전까지, 우리는 건강을 위해 필요한 것들을 하려고 애쓰고, 그것은 우리의 생존본능에 속한다. 육체적인 활동량은 이전보다 훨씬 줄어들었지만, 우리는 아직 살아 있는 동안 몸과 뇌를 되도록 많이, 건강하게 움직일 필요가 있다는 사실을 알고 있다.

전 세계적으로 임상학적 연구 결과들을 보면, 완성 단계에 있는 사람들 가운데 매일 30분 정도 산책을 하는 사람들은 인지적 기능장애를 훨씬 덜 겪게 되며, 단지 이러한 운동만으로도 수명이 연장되고 활력이 향상될 수 있는 것으로 나타났다. 신경정신병학자 다니엘 에이먼 박사는 다음과 같이 지적하고 있다. 특히 노인들의 경우 운동은 심박동수를 높이고, 뇌에 산소와 글루코스의 수치를 증가시켜 인지 기능을 향상시킨다. 운동을 할 때 증가된 혈류가 더 많은 산소와 단백질을 뇌로 보내는데, 이는 뇌 세포에 영양을 공급하고 새로운 신경들(뇌 세포들)과 시냅스들의 성장을 촉진시킨다. 연구들이 증명한 바에 의하면, 일주일에 10 내지 15킬로미터씩 걸은 사람은 그만큼 걷지 않은 사람들보다 뇌가 더 크고 기억력이 더 좋았다.

갈웨이 키넬은 자신의 시 「이곳과 저곳 사이의 길The Road Between

Here and There」에서 자기가 아직도 할 수 있다고 생각하는 것들에 관해 썼다. "감동적인 작품, 지나간 몇몇 사랑에 대한 신의, 그것, 지속되는 것, 그것은 고개를 들고 황금빛 소나기 속에 펼쳐지는 낙하산을 바라보는 것과 같으리라." 완성의 시기를 멋지게 살아가는 사람들은 규칙적으로 운동을 할 뿐만 아니라, 그 나이의 사람들로서는 불가능할 거라고 생각되는 수준까지 뇌를 향상시키는 활동들을 추구하는 경향이 있다. 그리고 완성의 시기를 사는 사람들은 가능한 한 자주 타인들과 함께 시간을 보내면서 대화를 나누고 그들의 기쁨을 느껴볼 필요가 있다. 고독과 애착을 통해서 우리는 시인 메리 올리버가 "이해하는 것의 덧없는 아름다움"이라 불렀던 것, 즉 인생은 사실상 덧없는 것이지만 그럼에도 너무도 아름답다는 사실을 이해하는 느낌을 경험하게 된다.

내 고향 스포캔에서는, 계속 활동적으로 생활하고 돌아다니면서 사람들과 교류하려는 목적으로 연장자들이 모여 '리버송(Riversong)'이라는 그룹을 만들었다. 그들은 매년 봄과 가을에 10곡 정도의 새로운 노래를 배워 자선 공연을 펼친다. 이 그룹 내에는 심지어 파킨슨병을 앓고 있는 노인들도 있는데, 그들은 병으로 인한 신체적 한계에도 불구하고 자신들의 노래를 들려주기 위해 가능한 한 오래 무대 위에 서 있으려고 노력한다. 이 그룹의 공동 리더인 밥 모일란(78세)은 이렇게 말한다. "우리는 그냥 공연을 하는 게 아니라 공연하는 그 자체를 즐깁니다. 다들 처음에 이 그룹에 들어올 때는 어색해하고 소극적이지만 얼마 지나지 않아 완전히 다른 사람이 되지요." 이 그룹의 또 다른 리더인 패트리샤 모일란(75세)은 이렇게 말한다. "골방에 앉아 죽음의 순간이 서서히 다가올 때까지 맥 놓고 기다릴 수도 있어요. 아니면 자신의 뇌, 허파, 정신을 모두 동원해 인생을 완전히 불태우면서 신나게 살 수도 있고요."

산니아신은 어떻게 산니아신이 되는가

그러므로 완성은 가능한 한 오랫동안 건강을 유지하는 것에 집중하는 것이다. 동시에 정신적인 삶에 집중하는 것이며, 따라서 신체와 무관할 수도 있다. 시인 시어도어 레트키는 「어느 늙은 여인의 명상*Meditations of an Old Woman*」이라는 시에서, 몸을 거의 움직이지 않는 생활, 침묵, 초연함과 같은 '완성'의 시기의 특징을 "쪼그랑할미(crone)"라는 어휘로 표현하고 있다. 그는 "이상한 고깃덩어리 같은 기분", "남겨진 것은 한 알의 씨앗처럼 가벼운 느낌"이라고 말한다. 그는 "쪼그랑할미의 지식이 필요하다"는 것을 깨닫는다. 그리고 "나는 조용히 앉아 작은 새들의 깃털이 바람에 흔들리는 모습을 지켜보는 법을 배웠다"라고 말한다.

한편으로 완성의 시기에 있는 사람들 가운데 어떤 사람들은 신에 대한 믿음을 의식적으로 확장시키려고 한다. 초점 집단의 참가자 쉬몬 (87세)은 11세기 유태 신비주의자 이븐 가비롤의 다음과 같은 시를 내게 들려주었다(쉬몬은 매주 이 시를 뇌풀이해 낭독하고 있다). "한없이 높은 곳들은 너무 작아서 그대를 보듬어주지 못한다. 그러니 그대 지쳤을 때, 내 마음속에 그대의 거처를 마련하라. 내 마음은 그대의 피난처가 되고자 하는 이 희망을 소중히 여기지 않을까? 아니면 내 혀가 더 이상 말을 듣지 않을 때까지 내가 그대에게 간청하지 않을까? 아니, 나는 분명히 그대의 이름을 찬양할 것이다. 내 콧구멍이 더 이상 숨을 쉴 수 없을 때까지." 그리고 쉬몬은 이렇게 덧붙였다. "이제야 비로소 나는 나 자신이 믿음을 갖고 있는 신앙인이라는 걸 깨달았습니다."

완성의 시기에 있는 사람은 욕실까지 걸어가는 짧은 시간 동안에도, 무한으로 가는 기도 속에서도 인생의 깊이를 느낄 수 있다. 그 두 가지 모두 정신의 통제, 즉 극기에 속한다. 그 두 가지는 시대와 역사를 통틀어 연장자들이 삶과 죽음의 근원이 완전히 결합될 수 있는 인생의 한 시기로 접어드는 방법들이다. 이 변화는 우리가 실현하기까지 앞으로 10년에서 30년이 걸리는 하나의 기적이다. 그리고 이는 '포기'라는 성스러운 임무와 연관된다.

인도라는 나라는 아름답고 경이로운 장소들로 우리를 압도하는 곳이다. 소년 시절을 그곳에서 보낸 나는 사람들이 모든 공간들을 경계 없이 공동으로 사용하는 집들, 시장, 상점, 버스, 기차, 자동차, 자전거, 소, 뱀, 아기들, 산 자들과 죽은 자들을 사랑하게 되었다. 인도에는 인생의 단계들이니 노화의 단계들이니 하는 것을 피해 숨을 공간이 거의 없다. 아주 어린 아기와 아주 늙은 노인이 함께 살고 죽는 시끌벅적한 공동 주택들, 시장들, 현관들 안에서 그 모든 단계들이 합쳐진다.

내가 인도에서 만난 가장 흥미로운 사람들 가운데 '산니아신 (sanyasi)'*이라 불리는 연장자들이 있다. 그 노승들은 동냥 그릇과 지팡

---

* 힌두어 또는 불교 용어인 '산니아신'은 '세속적 욕망을 포기한 자'라는 뜻으로, 힌두교 승려 또는 탁발승을 가리킨다.

이를 들고 지쳐 쓰러질 때까지 거리와 도시 구석구석을 이리저리 돌아다녔다. 그들은 궁극적인 초연함을 얻기 위해 극기를 통해 물질에 대한 소유욕을 포기하려 했고 죽기 전에 참된 자기를 완전히 깨닫기를 바랐다. 8세기 인도의 철학자이자 성자인 샹카라는 세속적 욕망을 끊는 산니아신의 포기 기술을 갈고 닦는 데 도움을 주었다. 그는 인간이 한평생을 살면서 영혼을 찾는 일을 완벽하게 완성하기 위해서는 어느 때가 되면 정신을 산만하게 하는 물질 세계를 의식적으로 포기하고 다음과 같은 깨달음을 얻어야 한다고 주장했다.

당신은 사실 순수한 의식이고, 모든 경험의 근원이자 목격자이다. 기쁨이 당신의 진정한 본질이다. 당신이 자아와 당신 자신을 동일시하기 때문에 태어나고 죽는 것에 얽매여 있지만, 자아의 속박을 버리고 정신을 산란하게 만드는 것들과 외부 경험을 완전히 포기하게 되었을 때, 당신은 현실을 제대로 보게 되고 '참된 나'를 깨닫게 될 것이다. 당신은 참다운 앎의 위대함을 경험할 것이다.

"이건 구태의연해. 적어도 우리가 살고 있는 시대와는 완전히 동떨어진 얘기야"라고 말하는 사람도 있을 것이다. 그게 우리와 무슨 상관이 있단 말인가? 우리가 아는 사람들 가운데 동냥 그릇과 지팡이를 들고 자아를 찾아 거리를 헤매 다니는 사람은 거의 아무도 없다. 미국이나 유럽 같은 곳에서 나이와 상관없이 누군가가 그렇게 돌아다닌다면, 그 사람은 알츠하이머 환자들을 위한 안전한 시설에서 뛰쳐나와 여기저기 쏘다니고 있고 최대한 빨리 그곳으로 되돌려 보내져야 한다고 생각될 것이다. 하지만 여기에 우리에게 중요한 뭔가가 있다. 그것은 영적 포기의 힘, 그리고 그렇게 할 기회에 대한 깊은 숙고와 관계된다. 만일 영혼의 삶에 있어서의 참된 극기라고 할 수 있는 '포기'가 노화의 세 번째 단계 이전에 일어나지 않았다면, 그것은 지금 일어날 수 있다. 그렇다면 '포기'란 우리에게 어떤 의미일까? 『도덕경』에서는 다음과 같이 정의하고 있다.

지혜로운 사람은 자신의 감각들을 닫고, 모든 문을 닫고, 모난 부분들을 무뎌지게 하고, 매듭을 풀고, 빛을 부드럽게 하고, 동요의 근원들을 포기한다. 이것이 '도(道)'와의 현묘한 합일이다. [⋯] 욕망들을 포기함으로써, 우리는 삶의 비밀을 보게 된다. 욕망을 포기하지 않고서는 '도'의 길을 볼 수 없다.

당신은 노자를 읽어본 적이 있는가? 젊은 시절 노자의 『도덕경』을 읽을 때, 나는 '욕망이 없는' 상태가 되어야 한다는 인식을 내 영혼 속에 흡수하려 애썼다. 하지만 쉽지 않았다. 아마 당신 역시 젊은 시절로 돌아가서 당신의 충동과 욕망 들을 본다면 이렇게 말했을 것이다. "아니, 이제 겨우 서른 살인 내가 모든 걸 포기한다면 어떻게 될까? 나의 영적인 삶에 어떤 일이 일어날까?" 하지만 아마도 나처럼 당신 역시 그 무렵에 연인, 배우자, 자녀 그리고 직업을 가지고 있었을 것이다. 포기는 사실상 우리가 선택할 수 있는 것이 아니었다. 어쩌면 우리들 대부분은 결국 이런 말을 하게 되었을 것이다. "나는 어느 정도 포기하면서 살아가려고 노력할 것이다. 하지만 전적으로 포기하는 건 현실적이지 못하다. 그걸 직시하자. 나는 수도승이 아니고 그렇게 될 수도 없다." 포기는 보류되었다. 그렇게 해야 할 필요가 있었기 때문이다.

그렇지만 이제 우리는 80대를 넘어서면서 좋건 싫건 포기가 실제로 삶의 본질적인 일부인 단계에 와 있다. 동냥 그릇과 지팡이를 들고 있지는 않지만, 우리 안에서 완전한 영적 포기가 시작되고 있다. 만일 80대 또는 그 이상의 나이에 접어들어 인생을 돌아본다면, 배우자와 사별했거나 사랑의 세계가 이제는 더 고요해졌기 때문에 인생의 동반자와의 접촉을 상당 부분 포기했다는 것을 알 수 있을 것이다. 이 시기에 삶과 사랑은 그 어느 때보다 더 깊은 정적에 빠져 있다. 어쩌면 서로 방을 따로 쓰고, 아침 식탁에 마주 앉아 있으면서도 전보다 더 말이 없고, 쉴 새 없이 떠들거나 계획을 세우는 일도 전보다 줄어들었을 것이다. 욕망과 갈망은 적어지고, 내면의 사색에 더 깊숙이 빠져들고, 온갖 할 일들로 난관에 부딪치는 일도 줄어들며, 몸이 쇠약해진 것을 더 많이 느낄 뿐만 아니라 마음먹기에 따라 그 쇠약이 정신에까지 영향을 미치고 있을 수도 있다. 포기는 이제 젊은 시절에 단순히 겸허함과 내적 평화를 얻기 위해 시도했을 때와는 다른 방식들로 삶의 일부분이 되었다.

만일 당신이 이 연장자들 가운데 한 사람이라면, 어쩌면 당신은 집을 팔아버리고, 다른 연장자들과 함께 사는 공동체에 들어가 살면서 거기서 대화를 즐기거나 당신만의 방에서 고요를 누리길 간절하게 원할지도 모른다. 물건, 집, 한때 인생의 전부처럼 보였던 삶의 조각들을 처분하거나 누군가에게 기부 또는 양도하는 연장자들은 물질적 세계를 거의 포기하고 있다. 우리가 영적 완성에 집중한다면, 이러한 포기는 우리의 존재를 영혼을 향해 성큼 다가가게 할 수 있다. 아니면 그 포기가 우리 자신을 불필요한 존재이자 살아 있지만 죽은 것이나 다름없는 존재처럼 느끼게 할 수도 있다. 특히 지극히 물질적인 서구사회에서 포기는 문화적, 개인적 집중을 필요로 한다.

포기에 저항할 때

완성의 시기에 있는 사람들 가운데 어떤 이들은 늙어가면서 몸과 마음의 자연스러운 포기를 경험하면서도 거기서 영혼을 전혀 보지 못할 수 있다. 50대인 한 친구가 자신의 부모에 관해 나에게 이런 이야기를 들려줬다. 81세인 그녀의 아버지는 권위적이고 화를 잘 냈다. 그의 건강은 점점 나빠졌고, 그래서 그는 두려움에 휩싸여 있었다. 그는 아내에게 불같이 화를 내고, 겸손할 줄 몰랐다. 겸손하지 못하다는 것은 그의 영혼이 빈곤하다는 중요한 단서였다. 그의 딸들은 이렇게 말하곤 했다. "아빠, 우리 카드 놀이해요. 아니면 소풍 갈까요?" 또는 "아빠, 제레미(그의 여섯 살 난 손자)에게 체스 좀 가르쳐주실래요? 옛날에 저에게 가르쳐주신 것처럼요." 또는 "아빠, 아빠가 무엇 때문에 그렇게 불안해하고 화를 내는지 상담을 받아보시는 게 어때요?" 하지만 그는 입을 굳게 다물어버리거나 화를 냈다. 포기가 그를 영적 탐구로 이끌기는커녕 오히려 불안감을 불러일으켰기 때문에 그는 겁을 먹고 있었다.

그의 가족은 점점 화만 내고 불안해하는 이 가부장과 사이가 점점 멀어지는 것 외에는 별다른 선택의 여지가 없었다. 할 수 있는 만큼 최선을 다해 그를 돌봤지만 그의 어두운 세계로부터 스스로와 자식들을 안전하게 지켜야 하기도 했다. 그의 가족은 평생토록 자신들을 위해 그렇게 많은 일을 해주었던 그 남자를 다정한 포옹 속에 떠나보내고 싶어 했지만, 그는 끝내 그런 분위기 속에서 눈을 감지 못했다. 그가 죽기 전 마지막 몇 달 동안, 나는 도움을 주기 위해 그와 그의 가족을 만났다. 그리고 나는 나 자신이 무력하다는 것을 발견했다. '완성', '포기', '겸허함', '평화'라는 단어는 그에게 아무 도움도 되지 않았다. 그 남자는 평생 기독교인으로 살아왔지만, 종교는 그의 마음을 움직이지 못했다. 가족이 목사와 그를 만나게 해봤지만, 아무 소용이 없었다.

그럼에도 불구하고 그 경험으로부터 그의 가족에게 어떤 선물이 찾아왔다. 본인들은 몰랐지만 음울하게 살다 외롭게 죽어가던 시기에 그 가부장은 가족에게 산니아신의 선물을 주고 간 것이다. 그의 자식들은 그가 죽은 후 그 음울한 노인에게서 영적 빈곤을 본 것에 관해 나와 함께 이야기를 나눴다. 그들은 자신들이 그의 나이가 되고 그런 상황에 처했을 때 그 같은 영적 빈곤을 겪고 싶어 하지 않았다. 가족의 삶 속으로 이제 영적 주제들이 들어왔다. 그것은 화를 잘 내던 그 노인이 끝까지 그렇게 영적인 삶에 저항하지 않았더라면 결코 나타나지 않았을지 모를 주제들이었다. 그 가족은 잃어버린 육신에 관심을 덜 갖고 영혼에 더 많이 관심을 가지면서 앞으로 겪게 될 자신들의 포기와 죽어가는 과정, 그리고 죽음을 받아들이자고 다짐했다.

나의 아버지

83세인 아버지는 매우 고통스러운 형태의 포기를 경험하셨다. 그 경험이 너무도 파괴적이었기 때문에, 아버지는 자신이 감수해야 할 부분으로 적극적으로 이해하고 의미를 부여한 뒤에야 비로소 그 포기를 받아들일 수 있었다. 아버지의 포기는 어머니가 돌아가시고 1년 뒤에 일어났다. 그것은 여전히 미결된 채로 남아 있는 어떤 사건과 관련이 있기 때문에, 내가 여기서 자세하게 말할 수는 없다. 알려진 것들은 빙산의 일각이라고 말하는 것으로 충분할 것이다. 여하튼 큰 줄기만 얘기하자면, 라스베이거스에 살 때 아버지는 어떤 전문적인 사기꾼에게 돈을 몽땅 빼앗겼다. 그 범죄자는 공감과 감언이설로 아버지를 속였다. 아버지(그리고 그의 가족인 우리)가 그 사람의 범죄 행위에 계속 먹잇감이 되고 있었다는 사실을 알게 되었을 무렵, 아버지의 퇴직연금과 은행 잔고는 이미 바닥이 나 있었다. 뿐만 아니라 아버지의 신용카드들은 대출 한도액을 초과한 상태였다. 아버지는 2012년 7월 어느 날, 오래된 가구 몇 점, 40만 킬로미터를 달린 1983년산 니산 스테이션왜건, 그리고 약간의 잡동사니들과 내 어머니의 유골함을 제외하고는 자기 명의로 된 물건이 하나도 없는 빈털터리가 되어 있었다.

처음 한 달 동안은 아버지나 나나 포기의 원칙에 집중하지 못했고, 오로지 물질적인 문제들─그 사기꾼을 거리에서 활보하지 못하게 하기 위해 경찰에게 협조하고(알고 보니 그 약탈자는 우리 아버지를 제물로 삼기 약 10년 전에 이미 사기죄로 5년이나 수감 생활을 한 전력이 있었다), 사기꾼의 행적을 파악하기 위해 은행들과 연락을 취하고, 아버지가 우리와 가까이 있을 수 있도록 아버지의 거처를 스포캔으로 옮기는 문제들—을 해결하는 것에 집중했다. 첫 몇 달은 표면적으로 아주 바빴다. 물질적 세계의 자질구레한 일들, 그리고 자랑스럽게 떠벌릴 수도 초연하게 이야기할 수도 없는 일들로 정신없이 분주하게 보냈다. 그리고 그 위기를 치리하는 첫 한 달 동안, 아버지의 정신 상태는 말할 수 없이 피폐했다. 내가 이전에 한 번도 본 적이 없는 모습이었나. 그 당시 아버지의 삶은 주로 생존과 직결되어 있었다.

하지만 아버지는 인도로 우리 가족을 데리고 가 살던 시질 산니아신 문화를 처음 나에게 소개해준 분이었다. 아버지는 인도에서 교수와 미국 연방정부 공무원으로 오랜 세월을 살았다(아버지는 53세까지 아메리칸 스터디스의 교수로 근무하다가, 외무부로 자리를 옮긴 뒤 65세에 은퇴했다). 바로 그 낯설고 힘든 시간 속에서 보낸 약 한 달 동안 우리는 초연함, 산니아신 문화, 완성에 대해 이야기하기 시작했다. 이 정신적 엄격함에 관한 주제는 아버지가 스포캔에 이사 오기 전 잠시 다니러 오셨을 때 아버지, 나, 아내 게일 사이에 오간 대화에서 처음 등장했다. "나는 지금 잃을 게 아무것도 없으니 자유로운 게 틀림없구나." 그 슬프고 씁쓸한 자신의 농담에 그동안 자신에게 일어난 일들을 떠올린 아버지는 자신의 물질적 정체성이라고 생각했던 것들을 상실한 데 대해 큰 슬픔을 토로했다. 하지만 우리의 대화는 곧 아버지의 자식들인 우리 형제들, 손자들, 그리고 결혼생활 60년의 유산에 대한 것으로 옮겨졌다. 아버지의 세계 여행과 탐험, 아버지가 출간한 책들, 아버지가 감동시킨 전 세계의 수천 명의 학생들, 그리고 아버지가 이룬 모든 것들에 관해 우리는 뜨

겹게 이야기를 나눴다.

아버지는 눈빛이 환하게 빛나기 시작하면서 기분이 좀 좋아지신 것 같아 보였다. 마침내 아버지는 결심했다. "스포캔으로 이사 오마. 그리고 내게 남아 있는 것들을 모조리 다 정리할 거야. 생각하니 신이 나는구나. 그동안 온갖 잡동사니들을 끌어안고 살아왔어. 그딴 것들이 다 무슨 소용이 있겠니?" 아버지에게서 포기의 본능이 일어났고, 우리는 그것들을 어떻게 처분할지 계획을 세우기 시작했다. 라스베이거스에 있는 소파와 침대는 누이(내 고모)에게 주고, 낡은 차는 손자에게 주고, 인도와 파키스탄에서 근무하던 시절 수집했던 기념품들 가운데 몇몇은 딸에게 주고, 손녀들에게 가구와 보석을 주고…. 이 '주는 것', 포기하는 것으로 인해 아버지는 기분이 아주 좋아지기 시작했다. 가족들에게 자신이 가진 것들을 선물할 계획을 세우는 것이 아버지에게 기쁨을 주었다. 아버지는 가족관계 증명서와 간디 초상화, 그리고 옷가지 정도만 갖고 스포캔으로 오겠다고 하면서 이렇게 다짐했다.

나는 이것을 내 인생의 다음 단계를 위한 출발점으로 생각할 거다. 이제 내가 탐사해야 할 새로운 길에서 정말로 자유로울 수 있어. 사실 그렇게 하는 방법 말고는 내가 이 모든 것을 달리 어떻게 받아들일 수 있겠니? 내가 이 모든 것을 이런 식으로 보지 않는다면, 세계를 여행해온 나의 한평생이 과연 무슨 소용이 있을까? 이 위기가 나를 파괴하도록 그냥 내버려둔다면, 나는 전 재산을 모두 날린 게 너무 수치스럽고 돈이 없으면 살맛이 전혀 나지 않는다고 생각하는 그런 늙은이에 지나지 않을 거야. 그런 늙은이가 되고 싶지는 않구나. 나는 인도의 산니아신처럼 되고 싶어. 그들은 모든 것을 포기했기 때문에 하나의 목적을 얻을 수 있었지. 나는 바로 그런 사람이 되고 싶다.

나는 그 순간에야 비로소 이전에 내가 몰랐던 아버지를 완전히 알 수 있었다. 아버지의 용기는 확고했다. 그는 상실을 텅 빔이라기보다는 완성으로, 결핍이나 완전한 파괴라기보다는 포기로, 지속적인 수치심이나 세상 밖으로 밀려나는 것이라기보다는 희생이라는 의미로 받아들였다. 아버지는 나와 내 동생 필과 누이 마리아를 감동시켰다. 그리고 아버지는 곧 노화의 세 번째 단계에 있는 개인이 약탈자로부터 스스로를 지킬 수 있는 방법과 우리 형제자매들 같은 가족 구성원들이 부모가 스스로를 지킬 수 있도록 도와줄 수 있는 새로운 프로그램을 개발하기 시작했고, 그것을 성인을 대상으로 한 평생학습기관을 통해 가르칠 구상을 했다.

아버지가 그토록 무방비 상태였던 자신에 대해 느꼈던 수치심, 그리고 우리 형제자매가 아버지를 더 잘 보호해드리지 못한 것 때문에 느꼈던 죄책감은 아마도 우리 가족의 기억과 역사에 영원히 남아 있겠지만, 그 감정들이 우리 가족을 지배하지는 않을 것이다. 지금 우리 가족을 지배하는 것은 어떤 종류의 깊은 포기가 아버지에게 일어났다는 의식이다. 정신적 이해와 영적 추구를 통해 아버지의 인생 발달 단계가 그 포기를 뒷받침해주었기에 가능한 것이었다. 정신적인 초연함을 이루어낸 것으로 말미암아 아버지의 눈이 다시 빛을 발하고 인생의 활력이 되살아났다. 그 빛과 마지막 활력은 다른 무엇과도 비교할 수 없을 만큼 큰 가치가 있었다. 그 빛은 아들인 내가 이전에는 아버지에게서 전혀 볼 수 없었던 것이었다.

우리는 산니아신이 어떻게 산니아신이 되는지 결코 모를 것이다. 그들이 어떻게 '포기'라는 영적 임무를 완성하는지 우리는 결코 알 수 없다. 그리고 내가 소년 시절 인도에서 만났던 그런 노인들처럼 될 사람은 우리들 가운데 거의 없을 것이다. 그리고 힘들겠지만, 그 어떤 노인도 내 아버지처럼 약탈자의 제물이 되지 않을 때가 오기를 바란다. 그러나 산니아신과 포기에 대한 생각들은 노화의 세 번째 단계에서 하나의 의미 층을 덧보탤 수 있다. 심지어 비극 속에서도. 이 생각들은 세 번째 단계에서 우리에게 에너지를 주고 연장자로서의 영향력에 집중할 수 있게 해준다. 힌두교 신자, 도교 신자, 무슬림, 유태교 신자, 기독교 신자… 모든 종교적 목소리는 현명하게도 인생의 마지막 단계, 우리가 '완성'이라고 부르는 단계에서 포기의 행위들을 말한다. 생의 마지막인 연장자의 시기에 우리들 각자가 아주 힘들 수도 있는 연장자가 되는 과정을 마침내 완전하게 받아들일 용기를 가질 수 있기를.

.

2부

·
·

여자와 남자는

다르게

늙어간다

5장

삶을 지속시키는
아름다운 차이들

남자와 여자가 사랑과 인생에 있어서 서로를 이해하려 한다면, 서로의 다른 자질을 취할 필요가 있다. 이 상호적인 융합으로 인해 남자와 여자의 생물학적 자아의 아름다운 차이점들이 감소하지는 않을 것이다. 오히려 이 차이점들은 착실하게 꽃을 피우고, 확장되어야 한다. 육체뿐만 아니라 정신의 차이점들 역시 꽃을 피워야 한다. 그러나 남자들이 여자들의 힘에 크게 기뻐하는 만큼 여자들이 남자들의 취약함을 소중히 여길 수 있을 때, 하나의 새로운 존재가 남자와 여자 양쪽 모두의 감당할 수 없는 멍에를 벗겨줄 수 있다. 그리하여 우리 모두가 자유롭게 숨을 쉴 수 있다.

— 마리아 매니스, 언론인, 작가

거리언 연구소 초점 집단 연구의 참가자인 타미(60세)는 내게 이런 말을 했다.

신문이나 잡지를 보면서 나는 나이 들어갈수록, 특히 갱년기를 거치고 나면 남자와 여자의 차이들이 사라진다고 믿게 되었어요. 그런데 내가 실제로 겪기로는 그렇지 않아요. 물론 어떤 성 차이들은 예전만큼 심하지 않게 되었지만, 그래도 남편 앨런(62세)은 여전히 남자이고 난 여전히 여자예요. 그리고 그중 어떤 차이들은 젊었을 때도 여전히 존재하고 있었다는 걸 분명히 알고 있었어요. 그 차이들에 너무 익숙해져서 간과하고 있었을 뿐이죠. 하지만 아직도 마음을 아프게 하는 차이들이 몇 가지 있긴 합니다. 예, 인정해요. 난 아직도 그가 언젠가는 달라질 거라고 기대하고 있어요.

타미는 미소 띤 얼굴로 성 차이들이 실제로 중요하다는 사실에 관해 아주 진지하게 말했다. 이 장에서는 노화의 스트레스를 줄이기 위해 성 차이들에 초점을 맞추었다. 거리언 연구소의 초점 집단 인터뷰와 여러 조사에서, 우리는 여자들과 남자들이 50세 이후 시로에 관혜 던진 질문들에서 절박함을 찾아볼 수 있었다. 나이가 들어갈 때 성 차이는 남자와 여자가 함께 살아가는 것이 이 세상에서 가장 강력한 힘 가운데 하나임을 증명해주는 살아 있는 증거이다.

그렇지만 남자와 여자가 서로를 이해하지 못할 때 상황은 전쟁터로 변한다. 50세로 접어들 무렵이면 우리 대부분은 아마도 사랑하는 사람과의 관계가 다른 분야에서의 성공을 위한 토대가 될 수 있다는 사실을 깨달았을 것이다. 배우자가 당신을 괴롭히는 것들을 치유해주는 치유제라고 느꼈을 것이다. 혹은 자신의 결함들이 얼마나 이성의 지혜를 필요로 하는지 느꼈을 수도 있다. 야심을 충족시켜주지만 영혼을 빼앗아갈 수도 있는 것들에 사로잡혀 있다는 것을 느낄 때, 그 남자는 자신을 자유로 이끌어줄 여자를 만날 수도 있다. 한 여자가 길을 잃었다고 느낄 때, 한 남자가 그곳에 나타나 그녀가 집으로 돌아가는 길을 찾도록 도와줄 수도 있다. 또한 남성성과 여성성에 대해 서로를 이해하고 용서하지 못한다면, 문명이 구축하고자 하는 사회를 파괴할 수 있다는 사실을 깨닫게 될 수도 있다. 파괴는 도시를 궤멸시키는 엄청난 수의 군인들을 통해 일어나는 것이 아니라, 서로를 파괴하는 한 커플을 통해 일어난다. 서로를 파괴하던 그 커플은 가정을 파괴하고, 점진적으로 가족, 이웃, 공동체를 파괴해나가서 급기야는 나이 들어가는 경이로움 속에서 살아가는 우리의 능력마저 파괴하게 된다.

우리는 선천적으로 다르다

나는 아내 게일과 27년 동안 부부로 함께 살아왔다. 둘 다 심리치료와 상담 분야에 몸담고 있는 우리는 "우리가 같이 살게 돼서 얼마나 다행이야?"라고 농담을 하곤 한다. 만약 같이 살지 않았더라면 우리가 어떻게 지금처럼 견고한 신뢰를 경험할 수 있을까? 그리고 우리는 우리의 결혼생활이 이처럼 견고할 수 있었던 것은 다음과 같은 두 가지 이유 때문이라고 농담을 하기도 한다. 우선, 결혼 후 처음 몇 달 동안 사사건건 말다툼을 벌이며 옥신각신했고, 때로는 서로 으르렁거리며 심하게 싸우기까지 했다(게일이 빈정거리며 말한다. "거치적거리는 물건들을 제법 때려 부쉈지?"). 그리고 두 번째는, 나는 내가 남성 내담자들에게 해주는 다음과 같은 조언에 따라 살려고 노력했다. "순조로운 결혼생활을 원한다면 사리분별력이 있는 여자와 결혼한 뒤, 뭐든 그 여자가 하자는 대로 하세요." 게일이 짓궂게 놀리며 끼어든다. "그런데 그 여자가 사리분별력이 있는지 없는지는 어떻게 아는데?"

우리가 부부생활의 근간으로 삼았던 '얼굴을 맞대고 대화하기'는 수십 년 동안 계속 유지되고 있다. 이를 통해 게일과 나는 우리가 서로 아주 다른 사람들이라는 것을 안다. 우리의 성격은 선천적으로 다르다. 나는 외향적이고 아내는 내성적이다. 나는 판단자(judger)이고 아내는 인지자(perceiver)이다.* 우리의 도덕적 가치관은 대체로 비슷하지만, 관심 분야들은 각기 다르다. 게다가 여성과 남성으로서 삶에 접근하는

---

* 카를 융이 분류한 심리학적 유형.

방식도 아주 다르다. 가령 게일은 친구들과 어떤 방에 관해 그 방이 어떤 모습인지, 벽지 색깔이 어울리는지, 무엇이 어디에 어떻게 어우러졌는지, 뭔가가 왜 어떤 식으로 배치되어야 하는지 같은 이야기를 하면서 아주 오랜 시간을 함께 보낼 수 있다. 반면에 나는 그런 것들에는 별로 관심이 없다. 저녁시간에 내가 앉아 TV를 보는 소파를 누군가에게 내주어야 하는 일이 일어나지 않는 한, 나는 아무런 불만이 없다!

그리고 게일의 경우, 친구나 우리 자식들 또는 나와 함께 보내는 정서적인 순간은 삶을 음미할 수 있는 아름답고 소중한 시간이다. 만일 그 정서적인 상황이 부정적인 감정들과 관계된다고 해도 그 순간의 감정들이 중요하지 않은 것처럼 여겨지는 경우는 거의 없다. 나에게도 감정들은 의심의 여지없이 중요하지만 나는 그 감정들의 모든 색깔들을 일일이 보지 않는다. 그 감정들이 일으키는 음악들도 일일이 듣지 않는다. 나는 감정들이 일어나는 순간들을 제대로 보지 못한다. 그리고 친구들과의 언쟁이나 의혹 같은 것에 집착하지도 않는다. 그리고 감정들을 즉시 표현하지도 못한다. 나는 그런 것들을 개인적으로 받아들이는 경우가 별로 없는 반면, 게일은 상당히 개인적으로 받아들인다.

심지어 내담자들을 상담할 때도 그녀와 나는 남자와 여자로서의 차이를 분명하게 드러낸다. 가령 어떤 내담자가 정서적인 문제를 안고 나를 찾아올 경우, 나는 먼저 내용을 듣고 나서 필요한 질문을 하고, 다시 보충적인 이야기를 좀 더 듣는다. 그리고 내담자는 내가 그의 문제를 해결하기 위한 방법들을 모색해나가고 있는 중이라는 것을 마침내 이해하게 된다. 반면에 게일의 경우, 상담자로서 그녀가 하는 가장 주된 일은 전적으로 내담자의 말을 들어주는 것이다. 내담자의 말을 들으면서 그가 살아온 인생 내력을 알게 된다. 그리고 그 인생사에는 그 자체의 음악, 색깔, 맛이 있는데, 그것들은 모두 게일의 공감이 지속될 수 있도록 감정이입을 하는 데 필요한 요소들이다.

우리 아이들은 이미 다 컸지만, 자녀를 양육하는 데 있어서도 게일과 나는 아주 다르다. 간단히 말해 나는 게일보다 훨씬 더 아버지답고, 게일은 나보다 훨씬 더 어머니답다. 풀어서 설명하자면, 본질적으로 우리 두 사람 다 자식들을 절대적으로 사랑하지만, 나는 전형적인 '아버지의 방식'으로 아이들이 나를 존경해주기를 바라고, 그들에게서 독립적인 행동을 기대하며, 도전 정신이 강한 사람이 되기를 바란다. 게일은 아이들을 키우는 동안 매순간 그들을 인간적으로 존중하면서 자기가 갖고 있는 모든 것을 베풀었다. 그리고 아이들이 노골적으로 거부하지 않는 한, 아이들에게 도움이 필요한 것이라면 뭐든지 도와주려 애썼다. 그래서 그녀는 내가 아이들을 강인하게 키우기 위해 일부러 부딪치게 하려 했던 난관들로부터 아이들을 보호하려 애썼다. 하지만 나에게 있어서 양육은 "네 힘으로 해봐! 네가 할 수 없거나 실패하더라도 내가 곁에 있어주마. 나는 너를 이끌어주고 지원해줄 거야. 하지만 <u>스스로</u> 해내려 노력하는 것이 무엇보다 중요해. 그러니 날 부르기 전에 먼저 혼자 힘으로 <u>시도</u>부터 해보렴"이라고 말하는 것 이상의 어떤 것이었다.

둘 중 어떤 양육 방법이 더 좋다거나 나쁘다고 할 수 없다. 두 가지 모두 우리 자식들의 핵심적인 자기발전을 위해 똑같이 중요했다. 그러나 그 두 가지 양육 방법은 분명히 지난 40년에 걸쳐 신경생물학적 연구들에서 입증되고 정의되어온 많은 성 차이들을 대체로 따랐다.

나이 들어가는 여자와 남자에 관한 몇 가지 불공평한 사실

당신은 현재 폐경기 또는 남성 갱년기를 겪고 있거나 아니면 이미 겪었다. 당신이 어디서 살고 있건, 당신의 인종, 신념 또는 문화가 어떤 것이건 간에, 폐경기와 남성 갱년기는 여성 혹은 남성으로서의 당신에게 영향을 미치고 있다. 신체, 뇌, 그리고 뇌 화학의 이 새로운 변화는 당신의 성―에스트로겐, 테스토스테론, 프로게스테론을 비롯해, 한 여자/한 남자로서 여생을 살아갈 때 심리적·관계적 단계들에서 당신의 신체와 뇌를 변화시키는 다른 많은 화학물질들―에 영향을 미친다.

폐경기와 남성 갱년기가 오기 이전에도 그랬지만, 현재 늙어가고 있는 우리에게도 성별의 발달상에 어떤 '불공평함'이 존재한다. 몇 가지 '불공평한 사실들'을 다음에 소개한다. 하지만 이 모든 것은 설령 과학에 근거한 것이라 하더라도 당연히 일반화이다. 따라서 어떤 시간 어떤 장소에서건 모든 것에는 항상 예외가 있을 것이다. 자연적인 성 차이들에 대해 이야기할 때, 나는 오직 전 세계 모든 문화권의 여자들과 남자들 사이에 존재하는 남성-여성 차이들(신경과학자들이 "성의 생물학적 경향들"이라고 부르는 것)에 관해서만 다룰 것이다. 따라서 그 차이들은 '초(初)문화적'이다. 이것은 그 차이들이 문화적·환경적 영향들에 근거하여 다르게 나타날 수는 있지만 그 차이들 자체는 전 세계의 남성/여성의 몸과 뇌에 분명히 존재한다는 것을 의미한다. 과학자들은 연구를 통해 세계 전역의 남성과 여성의 뇌와 몸에 나타나는 이러한 백 가지 정도의 차이들을 추적할 수 있었다. 우리의 탐사를 시작하기 위해 먼저 그 중 몇 가지 차이들을 소개하기로 한다. 이 장에서 이야기를 전개해나가면서, 나는 노년으로 접어든 여자와 남자가 서로 평화롭게 공존하며 살 수 있도록 돕는 데 필수적인 정신건강 상담전문가로서 내가 발견한 차이들을 언급할 것이다. 그러나 그에 앞서, 심리적이고 신경생물학적인 몇몇 사실들을 살펴보기로 하자.

- 노년으로 접어든 남자들의 피부는 여자들에 비해 약 20퍼센트 더 두껍다. 노년으로 접어든 남자들의 피부는 콜라겐과 엘라스틴 역시 여자들에 비해 더 풍부하며 따라서 평균적으로 노년으로 접어든 남자들은 여자들만큼 깊은 주름이 많이 생기지 않는다.

- 늙어갈수록 여자들의 뼈는 남자들의 뼈보다 더 빠르게 노화하면서 골밀도가 급격히 떨어지게 된다. 그런데 골밀도로 인한 발병 지수는 인종에 따라 차이가 있다. 백인과 동양인은 흑인과 남미인에 비해 골다공증에 걸릴 확률이 더 높다(물론 백인과 동양인 사이에서도 여자들의 뼈 상태가 남자들보다 평균적으로 더 빠르게 나빠진다).

- 나이가 들어갈수록 알코올은 남자들보다 여자들의 수면에 더 나쁜 영향을 미친다. 남자들이 여자들에 비해 알코올을 분해하는 대사 활동이 더 빠르고 활발하기 때문이다. 그래서 수면 주기의 초기에는 알코올이 여자와 남자 양쪽 모두에게 최면제와 같은 기분 좋은 효과를 가져 오지만, 그 후 밤 시간 동안 건강에 필수적인 REM 수면에 방해를 받는 여자들이 남자들에 비해 더 많다는 사실이 발견되

었다(이것은 아마도 여자들의 몸이 밤 시간에도 계속 알코올을 분해하고 있기 때문일 것이다).

- 일반적으로 대사량에 있어서 여자들이 남자들에 비해 훨씬 더 '불리'하다. 체중 증가와 감소에 결정적인 역할을 담당하는 기초대사량은 노년으로 접어들 때도 남자들이 여자들보다 여전히 더 높다. 키가 183센티미터인 60세 남자의 기초대사량은 약 1,700정도인 반면, 키가 183센티미터인 60세 여자의 기초대사량은 약 1,475이다. 그렇기 때문에 이 여성은 몸무게를 줄이기가 남자보다 더 어렵다.

- 노화가 진행되면서 남성 뇌의 다양한 부분들은 여자의 그것보다 더 빠르게 줄어들면서 흔히 더 빠른 기억 상실을 초래할 뿐만 아니라, 생각하고 계획하는 능력들이 더 빠르게 손실된다. 노화가 진행될수록 여자의 뇌는 남자의 뇌보다 더 활발한데, 이는 대부분의 여자들이 알츠하이머병이나 치매에 걸리지 않는 한 남자들보다 기억력이 더 높은 경향이 있기 때문이다.

- 남자들은 여자들만큼 세세한 감각들을 받아들이지 못한다(여기에는 다섯 가지 감각들이 모두 포함된다). 그래서 흔히 노화가 진행될수록 여자들보다 남자들이 일상의 감각적인 순간들을 음미하지 못하는 경우가 더 많다. 노년으로 접어들면서 여자들은 남자들보다 일상에서 흔히 더 많은 '의미'를 발견하게 된다. 따라서 남자들은 노화가 진행되고 있는 자신들의 현실을 온전히 느끼고 받아들이기 위해 의미와 목적을 발견하는 방법을 재교육 받을 필요가 더 크다.

- 여자들의 뇌는 '멈추지' 못하는 경향이 있다. 여자들의 뇌와는 달리,

남자들의 뇌는 하루 종일 다양한 스트레스로 가득 찬 시간을 보낸 뒤 휴식을 취할 때 거의 뇌를 텅 비운 상태, 즉 신경 휴면 상태로 들어간다. 그러나 남자들의 뇌와는 다르게, 여자들의 뇌는 거의 언제나 대부분의 뇌 센터들에서 적어도 절반은 계속 활동하고 있고, 심지어 뇌를 재충전하고 있을 때조차 활동을 계속한다. 여자들은 대부분 하루 동안 남자들보다 훨씬 더 많이 느낀다.

- 여자들이 남자들보다 알츠하이머병을 더 많이 앓는 반면, 알츠하이머에 걸리지 않은 사람들의 경우 남자들이 여자들보다 더 빠르게 언어 기능을 상실하기 쉽다. 그와 유사하게, 뇌출혈 환자들의 경우 남자들이 여자들보다 언어 기능을 영구적으로 잃는 경우가 더 많다. 노화가 진행될수록, 남자들은 여자들보다 지속적으로 말하는 것도 어려워지고, 그에 따르는 결속력과 긍정적 경험들에 접근하기도 더 어려워진다.

다른 많은 사람들과 마찬가지로, 게일과 나 역시 성 차이들에 관해 끊임없이 농담을 주고받고, 유대 관계를 더욱 강화하기 위해 그 차이들을 받아들이려 노력한다. 유머는 우리 모두가 기본적으로 공평한 경쟁의 장에 서 있다는 사실(긴 안목으로 볼 때)을 이해하게 해주며, 그래서 상대방에게 자신을 맞추어가는 것을 자연스러운 것으로 느끼게 한다.

예를 들어, 뇌를 과도하게 사용해 완전히 지쳐 있을 때 나는 무심코 TV 채널을 이리저리 돌리는 등 '텅 빈 뇌 활동'을 하면서 적어도 반시간 동안 거의 멍한 상태가 된다. 반면에 게일의 뇌는 결코 휴식에 들어가지 않는다. 느긋하게 책을 읽고 쉬면서 저녁 시간을 보내겠다고 마음을 먹고 끊임없는 멀티태스킹 작업을 의도적으로 중단하지 않는 한, 그녀는 기본적으로 항상 '진행 상태'이다. 우리는 그것을 두고 남의 일처럼 농담을 한다. 그리고 나의 뇌가 텅 빈 상태에 있거나 그녀가 수많은 일들에 정신이 팔려 있을 때는 깊은 속내 이야기나 감정적인 것들에 관해서는 가급적 말을 꺼내지 않으려 노력한다.

갈등을 겪을 때 나는 게일보다 말을 더 많이 더듬거린다. 그리고 가족과 연관된 세부적인 일들에 관한 내 기억력은 기본적으로 한심하다. 게일과 뭔가에 관해 말다툼을 시작할 때면, 나는 결국 "그래, 아마 당신 말이 맞을 거야"라고 말하며 재빨리 꽁무니를 빼는 경우가 빈번하다. 왜냐하면 나는 지난 두 달 동안 내가 저지른 열 가지 정도의 잘못된 행동들을 까마득하게 잊어버렸지만, 그걸 전부 기억하고 있는 그녀는 재빠르고 교묘하게 우리의 대화에 그 일들을 끌어들이기 때문이다. "아마 당신 말이 맞을 거야"는 우리 사이에 일종의 의식이 되어버렸다(내 입장에서 그건 게일의 기억력에 감탄과 존경을 표하는 겸허한 의식이다).

그런 반면, 게일은 운동에 관련된 계획을 꾸준히 실천해나가기 위해 내게 의지하며 도움을 청한다. 나의 신진대사는 그녀보다 왕성하다. 그래서 나는 운동 같은 신체적인 활동에 아주 쉽게 이끌린다. 하지만 아내는 선천적으로 운동을 좋아하는 타입이 아니고, 게다가 건강에 해로운 설탕과 탄수화물을 쉽게 포기하지 못하는 사람이다. 뿐만 아니라 그녀는 건강한 식습관을 제대로 지키지 못하고 자기가 했던 결심을 자꾸 잊어버린다. 그러면서 내 기억력이 지나치게 좋다며 나를 짓궂게 놀려댄다. 그러면 나는 결국 다음과 같은 지적질을 하게 된다. "게일, 무지막지하게 큰 감자에다가 버터를 덕지덕지 바르고 소금을 엄청나게 뿌려대고 있군! 그런 식으로 먹다가는 제명대로 살기 힘들 거야." 또는 "게일, 우리 운동하러 갑시다." 그러면 게일은 인상을 찌푸리고 심지어 약간 짜증을 내기도 하지만, 이내 "에이, 좋아!"라고 말한다. 그리고 건강에 해로운, 살을 찌우는 음식을 뿌리치고 나와 함께 파워워킹을 하러 나선다.

성별로 인한 스트레스로 가득 찬 경쟁은 나이 들어가는 것에서 느끼는 큰 기쁨—우리가 이것을 기쁜 일로 만든다면—을 감소시킬 수도 있다. 이제 마침내 우리는 너그러운 태도로 우리의 '성 차이'들을 메우기 위해 더 많이 서로를 의지하는 자유를 누릴 수 있게 되었다. 지금까지 살아오면서 수십 년 동안 우리는 무의식적으로 서로 경쟁하고, 상대방에게서 결함을 찾고, 상대방을 변화시키려 애쓰고, 상대방에게 끊임없이 자신을 입증하려 애쓰는 한편 상대방으로 하여금 자신을 입증하게 만들려고 애써왔을 수도 있다. 그러나 나와 다른 성을 애정을 갖고 진심으로 분명하게 이해하기 위해 정신을 집중하고 노력하는 것도 연장자가 되기 위한 일부이다. 이러한 성숙한 태도는 노년의 단계들로 더 깊이 인도하며 늙어가면서 개인적인 자유를 더 깊이 누릴 수 있는 새로운 가능성을 열어준다.

여자와 남자는 어떤 식으로 다르게 갈등할까

나이가 들어가면서 두드러지는 가장 중요한 성 차이들 가운데 하나는 이성과 겪게 되는 많은 갈등들에 관계되는 생화학적 차이이다. 그것은 심층적인 차이이며, 그 차이를 제대로 이해하지 못하면 관계나 부부생활이 상당히 어려워질 수 있다.

마르시아(55세)와 샘(61세) 부부가 나에게 상담을 받으러 왔다. 그들은 결혼한 지 16년이 되었고, 네 명의 자식들 중 열여섯 살 된 막내아들 이외에는 모두 집을 떠났다. 샘은 머리가 희끗해지고 벗겨지기 시작했지만 근육질에 활력이 넘치는 남자였다. 샘보다 키가 약간 더 큰 마르시아는 샘처럼 청바지 차림이긴 했지만, 귀걸이와 목걸이로 강한 자신감을 드러내고 있는 데다 샘보다 좀 더 우아했다.

내가 이 부부에게 무슨 문제로 찾아왔느냐고 묻자, 샘이 말했다. "아내는 나를 돌덩어리라고 생각합니다. 아무 감정도 느끼지 못한다고 말이죠. 하지만 내가 감정적일 때, 아내는 또 그게 잘못이라고 말합니다." 그러나 마르시아는 이렇게 말했다. "나는 감정 표현도 제대로 하지 못하는 사람과 한평생을 보내고 싶지 않아요. 의견 충돌이 일어날 때마다 샘은 입을 꾹 다물어버려요."

상담을 진행하는 동안, 나는 이 부부가 갈등을 겪을 때면 마르시아가 거의 혼자 말을 하는 경향이 있다는 것을 알게 되었다. 그녀는 기억, 감정, 기분, 욕구 들을 말로 쏟아냈다. 반면에 샘은 처음에는 몇 마디 응수하는 듯하다가 얼마 못 가 입을 다물어버리고 상황을 회피하곤 했다. 마르시아는 샘이 마음을 터놓기를 바라며 애를 쓰지만("샘, 도망가지 마. 나랑 이야기 좀 해."), 샘은 화를 내며 으르렁거리고, 심지어 주먹 쥔 오른손으로 왼쪽 손바닥을 마구 내려치기까지 했다. 마르시아는 그와 대화를 나누어보려고 더욱더 애를 쓰면서 그가 달아난 방으로 쫓아가곤 했다. 하지만 샘은 화를 내다가 마침내는 도저히 참을 수 없다는 듯 차고로 가서 틀어박히거나 현관문을 쾅 닫으며 집 밖으로 나갔다.

이런 패턴이 되풀이되자, 마르시아와 샘은 자신들의 결혼생활에 대해 점점 더 걱정하게 되었다. 두 사람 다 이혼 경력이 있었기 때문에, 둘 중 어느 쪽도 또다시 이혼이라는 아픈 경험을 되풀이하고 싶지 않았다. 두 사람이 서로 사랑하고 있는 건 분명했다. 그럼에도 그들은 일주일에 몇 번씩 불화를 겪고 있었다. 마르시아가 보기에 샘은 항상 감정을 제대로 표현하지 못했고, 그래서 그녀는 샘이 자기를 사랑한다는 믿음을 잃어가고 있었다. 두 번째 상담을 하던 중 어느 시점에서, 마르시아가 소리를 지르기 시작했다. "나는 감정적으로 내 곁에 있어주지 않는 남자와 남은 평생을 보낼 수 없어요. 나는 그럴 수 없어!" 샘은 그녀가 마음만 먹으면 주저 없이 그와 이혼할 수 있는 여자라고 믿고 있었다. 하지만 그는 말했다. "뭘 어떻게 해야 할지 모르겠습니다. 난 단지 그녀와 다를 뿐이에요."

남자와 여자의 갈등 방식이 서로 다르다는 사실을 안다고 해서 모든 결혼생활이 순조롭게 이루어지는 것은 아니지만, 샘과 마르시아의 경우 그 차이가 자각되지 못하고 따라서 적용되지 않은 기본적인 성 차이가 관계에 심각한 갈등과 불화를 불러일으키고 있는 것으로 드러났다. 일정 기간 동안 나는 생화학적이고 신경학적인 차원에서 그들이 서로를 이해할 수 있도록 돕고, 그들이 이제까지와는 다른 방식으로 부부싸움을 해나가도록 유도했다.

남자들의 혈액과 뇌에는 여자들보다 더 많은 테스토스테론이 있고 여자들의 혈액과 뇌에는 남자들보다 더 많은 에스트로겐, 프로게스테론, 옥시토신이 있다. 옥시토신은 폐경기 전후로 여성에게 집중적으로 분비되는 화학물질로 유대관계를 증진시키는 역할을 한다. 대부분의 여자들이 단지 긴밀한 유대를 위해 관계에서 더 많이 희생하고 있는 것을 발견할 때, 당신의 내부 또는 주위에서 옥시토신이 작용하고 있는 것을 알아차릴 수 있다. 여자들은 유대관계를 맺고 있는 동안 뭔가를 성취할 필요가 없다. 여자들은 사람이나 동물, 그 외의 생물과 관계를 구축하고 있는 동안 그들의 뇌에 옥시토신이 무의식적으로 분비되는 것만으로도 많은 기쁨을 느낄 수 있다.

그와는 달리 여자들에 비해 훨씬 적은 양의 옥시토신과 훨씬 더 많은 양의 테스토스테론을 분비하는 남자들은 뭔가를 행하거나 성취할 필요가 있으며, 심지어 유대감을 느끼기 위해 타인들과 경쟁하기까지 한다. 이는 '변화의 시기'에서 대부분의 남자들에게 분명하게 해당되는 사실이고, '관록의 시기'에서는 어느 정도 해당되며, '완성의 시기'에서는 상당히 줄어들지만 결코 완전히 사라지지는 않는 특징이다. 테스토스테론은 80세 무렵이면 남성 내분비계에서 사라지지만, 그 뒤에도 평생 동안 기본적인 수준에서 영향을 미친다.

마르시아와 샘의 경우, 옥시토신과 테스토스테론은 그들이 깨닫지 못한 방식들로 갈등에 영향을 미쳤다. 테스토스테론 때문에 남자들은 화를 낼 때 샘처럼 신체적으로 감정을 표현하는 경우가 더 많다. 또한 샘처럼 스트레스를 많이 받는 대화를 기피하는 경향 역시 두드러진다. 뒤로 물러서거나 회피하는, 즉 '투쟁 또는 회피' 반응이다. 남성들의 스트레스 신호들(더 높은 코르티솔 수치)이 편도체(중뇌에 위치한 공포-분노-공격 센터)로 빠르게 이동하고, 편도체가 뇌간을 자극해 신체적인 반응을 빠르게 이끌어낸다. 따라서 남자들은 스트레스를 받을 때 감정이 신체를 통해 표출되어, 몸을 이리저리 움직이거나 밖으로 뛰쳐나가거나 주먹으로 자신의 손바닥을 마구 쳐대는 행동을 할 수도 있고, 아니면 스트레스 요인으로부터 몸을 피해버리기도 한다(샘 같은 남자는 감정적으로 크게 스트레스를 받을 때 자리에서 일어나 밖으로 나가버린다). 테스토스테론은 '투쟁 또는 회피' 반응을 초래하는 화학물질이다. 그리고 테스토스테론 수치는 남자들이 갈등으로 인한 스트레스를 받을 때 몸속에서 급증하게 된다.

반면에 여성의 뇌에서는 더 많은 뇌 활동이 편도체가 대뇌 피질에서 언어를 관장하는 센터를 활성화시킨다. 이에 대한 반응으로 뇌와 혈액에서 옥시토신 수치가 증가하면서 결속 기능을 더 많이 자극하고 따라서 언어 기능을 더 많이 자극하게 된다. 옥시토신은 '투쟁 또는 회피'의 화학물질이 아니다. 그보다는 오히려 '배려와 친교'를 위한 화학물질이다. 그러므로 대체로 여자들은 갈등을 회피하려 하지 않고(방에서 나가버리는 경우가 남자들보다 적고), 남자들보다 말을 더 많이 하고(감정이나 기억과 관련된 말을 더 많이 하고), 감정을 신체적으로 잘 표출하지 않고(주먹으로 손바닥을 때리는 행동을 거의 하지 않고), 감정들을 말과 연결시켜 표현하면서 갈등들을 헤쳐 가려 한다. 물론, 어떤 순간이나 상황에서 예외가 있을 수는 있지만, 대체로 여자는 남자보다 이렇게 말하는 경우가 훨씬 더 많다. "나랑 얘기 좀 해. 가지 말고 내 옆에 있어줘." 갈등이 깊어질 때, 옥시토신 수치가 더 높이 올라가면서 자신의 부정적인 감정을 해소하고 문제를 해결하는 일에 신체적, 감정적으로 계속 묶여 있게 되는 것이다.

그런 반면, 샘 같은 남자는 심각한 흥분 상태에서 자신의 물리적 에너지와 호르몬 에너지가 신체적으로 위험할 정도로까지 상승되는 것을 느낀다. 그는 몸과 뇌에서 배려와 친교를 위한 화학물질보다 투쟁 또는 회피를 위한 화학물질이 더 많이 분비되고 있는 거구의 남자다. 그는 또한 자신의 뇌가 그의 배우자가 만들어내는 단어들을 만들어내지 못할 뿐만 아니라 그녀가 필요로 하는 대답들도 내놓지 못한다는 것을 느낀다. 그는 지나치게 자극을 받고 흥분되어 편도체가 부풀어 오르고 신경이 점점 둔화되면서 마침내 갈등 상황에서 배우자와 거의 정반대되는 반응을 보이게 된다. 자신의 몸속에서 투쟁 모드가 상승하는 것을 느끼고 그것에 저항하다가, 지금은 방어를 위해 뒤로 물러나야 할 때(배우자를 보호하기 위해)임을 알아차리고는 그걸 행동으로 옮긴다.

그는 아내를 보호하기 위해 그처럼 최선의 노력을 다하지만 그의 아내는 그런 행동으로 인해 오히려 버림받은 기분을 느끼고―그녀는 그가 자신들이 맺은 사랑의 결속을 깨뜨리고 있다고 느낀다―신체적으로, 감정적으로, 언어적으로 그를 뒤쫓아 간다. 그는 그녀를 사랑하고 그녀 곁에 머물려고 노력하지만, 지금 그의 본성과 그녀의 본성은 서로 어긋나 있는 상태이다. 그래서 그는 그녀와 그 자신을 위해 가장 안전하다고 느끼는 행동을 한다. 그는 그녀와 그 자신을 보호하기 위해 갈등으로부터 달아난다. 문을 쾅 닫으면서 밖으로 나가 차에 올라타고 멀리 달아나버리거나 동굴 속으로 들어가 TV를 켠다.

마르시아와 샘 부부를 상담하면서 나는 그들에게 남성 뇌와 여성 뇌의 생화학 작용에 관해 알려주고, 그들이 어떤 식으로 충돌하고 있는지 확인할 수 있도록 도왔다. 샘과 마르시아 두 사람 모두 BBC 테스트를 받았다. 그 결과, 성-뇌 스펙트럼에서 샘은 지나치게 남성적이고 마르시아는 지나치게 여성적이라는 사실이 발견되었다. 이것은 그들의 성-뇌 차이가 그들 관계에 강력한 영향을 끼치고 있다는 것을 의미한다. 그들은 자신들이 갈등하거나 충돌할 때 어떤 일들이 벌어지는지 알게 되었다. 우선 (a)언어적으로 감당할 수 없게 된 샘을 극한으로 밀어붙이는 마르시아의 행동은 옹호할 수 없는 상황을 만들었고, 그 상황에서 샘은 마르시아가 그와의 충돌에서 안전하지 못할 거라고 판단했다. 그리고 이어서 (b)마르시아를 피하는 샘의 행동(밖으로 나가버리고, 돌아와서도 그 충돌에 관해 다시 거론하지 않는 것)은 마르시아가 샘을 감정적으로 신뢰할 수 없는 상황을 만들었다.

자신들의 뇌와 생화학적 반응이 어떤 식으로 작용하는지 이해하게 된 이 부부는 새로운 접근을 시도했다. 두 사람 사이에 충돌이 일어났을 때, 샘은 신체적으로 흥분하게 되면 여전히 밖으로 나갔다. 하지만 이제 마르시아는 그를 내버려두었다. 그러면 15분에서 30분 뒤, 샘은 좀 더 침착해진 모습으로 돌아와 다시 말을 할 수 있었다. 그런 식으로 이 부부는 자신들이 앞서 시작했던, 이전 같았으면 피할 수 없는 갈등이나 충돌로 이어졌을 상황을 해결했다.

이 차이를 이해하는 것은 대단히 중요하다. 이는 남녀의 본성에 근거해 균등하게 화학적으로 발생하는 것들이다. 남사의 신체가 분노를 느끼고 그 분노를 감정과 관련된 긴 문장들로 표현하기보다는 물리적으로 몰아내려고 애쓰는 바로 그 순간에, 여성의 뇌는 언어적으로 자극받은 것을 느끼게 된다. 그래서 여자는 마르시아처럼 이렇게 말할 수 있다. "당신이 지금 어떤 감정인지 말해봐. 도대체 왜 그렇게 화를 내는 거야?" 그리고 남성의 뇌 안에서 일어나고 있는 일들을 고려할 때, 이런 말을 하기 위한 적절한 타이밍을 찾는다는 것은 거의 불가능하다.

지난 30년간의 연구는 여자들이 남자들을 떠나는 주된 이유가 상대에게 소중하게 여겨지지 않거나 평가절하되고 있다고 느꼈기 때문이라는 사실을 보여준다. 노화의 단계에 들어선 우리는 서로 마주 앉아 이 점을 자세히 살펴볼 필요가 있다. 남자들이 인생의 동반자를 소중히 여긴다면, 이전에는 이해하지 못했던 상대방의 감정과 반응을 되짚어보며 어떻게 하면 여자를 소중히 여길 수 있을지 그 방법들을 모든 각도에서 계속 살펴보아야 할 것이다. 그와 동시에, 만일 남자들이 갈등 상황에서 자리를 피해버린다는 이유로 남자들에게 잘못이 있다고 계속 주장할 경우, 우리는 남자들이 실제로 충돌의 와중에서 은연중에 본능적인 보호 행동을 하고 있음을 간과하는 셈이 될 것이다.

마르시아와 샘의 사례와 정반대되는 경우도 있다. 알베르토와 셰릴 부부는 생체학적인 측면에서는 마르시아와 샘 부부와 거의 비슷했지만 갈등 과정이 다소 달랐다. 갈등 과정에서 '투쟁' 메커니즘은 샘보다 알베르토에게서 훨씬 더 오래 지속되었다. 알베르토는 샘만큼 빠르게 도피 모드로 돌아서지 않았다. 그는 셰릴을 지배하고 통제하는 투쟁 모드를 지속시키고 있었다. 그는 셰릴의 말을 계속 가로막으면서 그녀의 가치를 계속 떨어뜨렸다. 셰릴은 이렇게 말했다. "그는 내 말을 들으려 하지 않아요. 소리를 마구 내지르고 점점 사나워져서 내 말을 계속 가로막아요. 결국 나는 두 손을 들고 말아요. 그냥 그 자리를 피할 수밖에 없어요." 이 부부의 갈등에 관해 이야기를 나누는 과정에서, 셰릴은 문제를 털어놓고 감정들을 처리하고자 했다는 사실이 분명하게 드러났다. 그녀는 자신의 기억과 생각을 말로 표현하고 싶어 했다. 그러나 알베르토는 셰릴이 무슨 말을 하건 막무가내로 가로막으며 그녀와 '싸우려' 들었다.

그대로 가다가는 알베르토가 셰릴과의 결혼생활을 파국으로 몰고 갈 수도 있었다. 그는 자기 내부에서 어떤 일이 일어나고 있는지 이해하고, 자신이 어떤 식으로 지배적인 태도를 보이고 있는지 살펴봄으로써 흥분을 잠재울 필요가 있었다. 나는 알베르토가 셰릴의 말을 가로막는 것을 멈출 수 있도록 도와줘야 할 필요를 느꼈다. 셰릴이 더 오랫동안(2~3분 이상) 감정들을 표현하도록 놔둘 필요가 있었다. 나는 알베르토에게 충돌을 무작정 중단시키기보다는 셰릴의 말을 가로막는 행동을 몇 분에 한 번만으로 한정하거나 다른 말로 바꾸어 표현하라고 충고했다. 한편으로 셰릴에게는 자신이 원하는 것이 무엇인지, 말하는 요지가 무엇인지를 반드시 명확하게 밝히라고 충고했다.

처음에 알베르토는 변화하지 않으려 했다. "나는 언제든 그녀의 말을 자를 수 있어요. 셰릴은 항상 똑같은 말을 되풀이한단 말입니다. 내가 '그래 알아들었어, 됐지?'라고 말해도, 내가 너무 가혹하게 군다면서 더 화를 내거나 슬퍼하죠. 그게 아니면, 그저 똑같은 말을 몇 번이고 계속 되풀이합니다. 했던 말을 하고 또 하고 끝이 없어요. 결국 나는 셰릴이 말을 가로막을 수밖에 없습니다!"

내가 셰릴에게 왜 같은 말을 되풀이하느냐고 묻자, 그녀는 대답은 이랬다. "남편이 내 말을 정말 들은 건지 아닌지 몰라서요." 이 말에 알베르토는 답답하다는 듯 고개를 내저었다.

알베르토가 자신이 아내의 말을 가로막는다는 사실을 인정하긴 했지만, 셰릴이 같은 말을 되풀이할 때도 알베르토가 그 대화에 계속 머물러 있을 수 있는 방법을 찾아 문제를 해결하지 않는 한, 그가 자기 부부에게 필요한 것이 무엇인지를 스스로 알아차리지 못하리라는 것이 초기 관찰들을 통해 드러났다. 그건 단지 "알베르토, 셰릴이 말할 때는 무조건 귀 기울여 들어주세요"라고 말하는 것만으로, "셰릴, 더 이상 같은 말을 반복해서는 안 됩니다"라고 말하는 것으로도 해결될 문제가 아니었다. 두 사람 모두가 노화 과정의 첫 번째 단계에 들어선 지금 각자 자기만의 행동양식과 개성이 확고하게 정립되어 있었고, 그런 상태에서 내 사무실을 찾아온 터였다.

그러므로 앞으로 남은 상담 시간들은 '상대방 말의 요점을 귀담아 듣는 것'에 초점을 맞추어 해결방법을 찾기로 했다. 이것은 상대방의 말을 중단시키는 사람에게 효과적일 수 있었고 또한 감정이나 느낌, 기억에 관해 이야기할 때 끊임없이 옆길로 새면서 어떤 한 가지 생각을 미처 다 말하기도 전에 또 다른 생각을 갖다 붙여 끝없이 말하는 경향이 있는 사람들에게도 효과적일 수 있었다. '요점 듣기'는 집중 테크닉으로, 말하는 사람이 똑같은 내용의 말을 장황하게 늘어놓을 때, 그 사람의 말을 중간에 끊지 않고 들어주는 것을 의미한다. "잠깐, 당신 말을 중단시켜도 될까? 당신이 무슨 말을 하는지 알아들은 것 같아." 그러고 나서 상대방이 했던 말의 내용을 그 사람에게 다시 들려준다. 가능한 한 상대방이 말한 단어를 똑같이 사용하고 말투도 그대로 따라하면서 내용을 되풀이해 들려주거나 환언하는 것도 도움이 된다. "당신이 말하는 요점은, 당신이 아버지의 새 직업에 관해 말할 때 내가 당신 말을 귀담아 듣지 않았다는 거였어"라거나 "당신은 시몬에게 숙제하라는 말을 내가 해주기를 바란다고 했지." 언제나 요점은 간단하다. 그러나 상대가 그 말을 되풀이했다면, 그것은 상대에게 매우 중요하고 가치 있는 이야기임을 받아들여야 한다. 알베르토는 셰릴과 함께 이 기법을 이용하는 법을 점차 터득해나갔다. 남편이 조금이나마 자신의 말을 가로막는 일이 줄어들자 셰릴은 조금씩 남편이 자기를 소중히 생각해주고 자신의 말을 훨씬 더 귀담아 들어준다고 느끼게 되었다.

마르시아와 샘, 알베르토와 셰릴, 두 부부의 갈등을 해결해가는 과정에 숨겨진 메시지는 차이들을 인정하고 받아들이라는 것이다. 서로 간의 즐거움은 어느 정도까지는 차이들을 허용하고 서로의 다양한 면들을 즐겨야 가능하다. 이 차이들을 인정할 때, 이성과 더 깊은 친밀함을 나눌 수 있을 뿐만 아니라 '흠모'까지도 가능할 수 있다. 젊은 시절에는 상대방에 대한 흠모의 감정이 '쉽게' 생겨난다. 그리고 그 감정은 상대의 외면적인 매력에서도 느낄 수 있다. 하지만 인체생물학의 진실은, 나이가 들어갈 때 한 관계에서 흠모는 정신적인 추구로부터 생겨나야만 한다는 것이다. 상대에 대한 흠모의 감정이 커져갈 때, 스트레스는 사라진다. 그렇다면 이제 남녀의 본성에 내재하는 차이들로부터 발달하는 여섯 가지 성 차이들을 살펴보도록 하자.

단도직입적인 태도 VS. 어떻게 생각해?

남자는 일반적으로 우뇌를 이용하는 언어활동을 거의 하지 않기 때문에 여자에 비해 뇌에 언어 센터들의 수가 적고, 심지어 중뇌의 언어 센터들과 감정 · 감각 센터들이 서로 연결되는 경우가 더 적다. 많은 남자들이 여자들에 비해 감정을 말로 표현하는 빈도가 낮다는 사실을 알아차렸다면, 이 차이가 당신들의 생활에서 어떤 식으로 나타나는지 확인할 수 있을 것이다. 실제로, 글을 읽거나 쓰거나 말을 할 때 하루에 사용되는 총 단어 수를 비교해보면, 평균적으로 남자들이 여자들보다 단어를 더 적게 사용한다. '언어적'이라는 것은 단지 말하는 것만을 의미하는 게 아니라 읽고 쓰는 것과 관련된 모든 단어 사용을 의미한다. 말을 많이 하는 남자들도 많지만, 과학자들이 모든 문화권에서 다양한 직업과 계층을 대상으로 남자들과 여자들의 평균적인 언어 사용량을 살펴본 결과, 남자는 생물학적으로 여자보다 단어를 적게 사용하는 경향이 있다는 사실을 발견했다. 그리고 이 발견으로부터 다음과 같은 보다 심층적인 사실이 한 가지 더 발견되었다. 여자들은 감정이나 느낌과 연결되는 언어 센터들을 더 많이 갖고 있고 따라서 말하거나 글을 읽거나 쓸 때 훨씬 더 다양한 감정과 느낌, 관계적인 내용을 표현하기 위해 그 언어 센터들에 더 많이 의존한다는 사실이다. 여자들은 하루 종일 친구들과 이야기를 나누며 시간을 보낼 수도 있다. 그리고 그런 대화를 통해 남자들로서는 불가능한 방식으로 자신의 정신을 충족시킬 수 있다.

또한 남성들이 테스토스테론을 더 많이 가지고 있다는 사실에 비추어, 남자들이 여자들보다 더 신체적이거나 행동 지향적일 것이라고 예상할 수 있다. 심지어 남자들은 늙어서 기력이 완전히 떨어질 때까지도 여자들보다 더 행동 지향적이다. 남자들은 흔히 말 대신 행동을 취한다. 반면에 여자들은 감각을 통해 대부분의 일상생활을 받아들이고 처리하는 경향이 더 많고, 따라서 차를 마시면서 차의 맛과 냄새 같은 좋은 감각들을 말과 결합시키면서 타인들과 관계를 맺을 수 있다. 남자들도 물론 차를 마실 수 있다. 그러나 남자들은 여자들에 비해 그런 '좋은' 감각적 경험들을 선택하는 경우가 적고, 유대를 위해서 비언어적인을 선택하는 경우가 많다.

이러한 차이점들을 주위에서 관찰해보면, 아마도 남자들보다 여자들이 더 자주 말끝에 "어떻게 생각하세요?"라거나 "당신도 그렇게 생각해요?" 같은 질문을 함으로써 대화가 끝나지 않고 계속될 수 있도록 한다는 사실을 알아차릴 것이다. 그 결과, 감각적이고 감정적인 세부적인 기억들을 이야기함으로써 대화는 더욱 길게 이어지고, 관계하는 시간이 말을 통해 더 증가된다. 남자들은 문장이나 말끝에 이런 종류의 질문을 하는 경우가 더 적으며, 따라서 여자들에 비해 언어적 관계를 가지는 시간이 더 짧다는 사실을 알아차릴 수 있다.

이 '말하기'의 차이는 우리가 성 차이를 지혜로운 관계에 이용할 기회를 제공한다. 남자와 여자는 스트레스 없는 관계를 위해 서로에게서 배워야 한다. 여자들은 남자들에게서 단도직입적으로 말하는 태도를 배울 수 있다(오랜 시간 본론은 말하지 않고 세부적인 사실들을 끝없이 늘어놓거나 옆길로 새는 소재들을 끌어들였다가는 남자들이 달아나버리고 만다!). 한편으로 남자들은 더 많은 인내심을 가지고 들어주면서 자기가 그녀를 이해하고 있고 소중하게 여기고 있다는 것을 보여주기 위해 고개를 끄덕이거나, "어떻게 생각해?" 같은 개방적인 질문으로 말을 끝맺을 수도 있을 것이다. 이것은 사소한 것처럼 보일 수도 있지만, 나이 들어가는 커플이 서로를 깊이 흠모할 수 있게 해주는 수용적인 태도이다.

신체적 공격성 VS. 언어적 공감

남자들은 여자들보다 농담을 더 많이 하거나 상대방을 짓궂게 놀려대는 경향이 있고, 심지어 동의나 애정의 표현으로 상대의 등이나 팔을 때리기도 한다. 반면에 여자들은 애정을 표현하기 위해 신체적으로 공격적인 행동을 하는 경우가 덜하다. 여자들은 또한 자기가 좋아하는 사람이 스트레스를 받고 있을 때 그 사람을 위해 보다 직접적인 공감을 표시하는 경향이 있고("나도 마음이 아파", "괜찮아?"), 어떤 사람을 싫어한다는 것을 보여주기 위해 은근 슬쩍 진심을 전하는 경우도 많을 것이다("그 여자는 그렇게 신경 쓸 만한 여자가 아니야, 내 말 믿어"). 꼭 명심하고 있어야 할 한 가지 사실은 우리가 늙어갈 때 60세 남자는 여전히 60세 여자보다 직접적이고 신체적인 공격성을 표현하는 경향이 많은 반면, 60세 여자는 여전히 60세 남자보다 은밀한 형태의 공격성을 보이는 경향이 있다는 점이다.

남자들은 자녀 양육에 있어서도 공격성을 드러낸다. 무슨 뜻일까? 실제로 남자들(그리고 소년들)은 스스로 공격하고 공격받으면서 성장해 가는 사람들이다(그 공격성이 폭력적으로 변하지 않는 한). 남성의 공격적인 양육 방식은 다음 세대를 힘과 강한 자신감을 지닌 인간으로 키우는 데 있어서 효용성이 아주 크다. 60세 전후의 남자가 자기보다 젊은 남자에게 동기를 부여하고 의지를 심어주기 위해 대단히 적극적으로 밀어붙이는 모습은 흔히 볼 수 있다. 나이 든 남자가 자기 방식으로 젊은 남자를 양육하려 애쓰고 있는 것이다. 그리고 흔히 이런 종류의 양육 방식은 온화한 대화나 끊임없는 칭찬보다 효과가 더 좋겠지만 보다 여성적인 '직접적인 공감'보다 위험도가 아주 높은 방법이다. 그래서 남자들은 그들이 돕고자 하는 젊은 사람의 핵심 자아를 파괴하지 않도록 끊임없이 주의를 게을리 하지 않아야 하지만, 어쨌든 이 양육 방식은 계속 동기를 유발하고, 가르치고, 밀어붙이고, 격려하면서 젊은 사람의 인격을 구축한다. 여자들은 흔히 인생의 초기 단계에서 이런 양육 방식을 오해한다. 그러나 남자들이 약간 부드러워지고 여자들이 남성 심리를 더 깊이 들여다볼 수 있게 된 단계에 이르면, 여자들은 이러한 남성적 공감 방법과 보살핌을 이해하게 되며, 보다 직접적으로 공감을 나타내면서 "기분이 어떠니?"라고 말하는 여성적 양육 방식과 동등한 가치를 지니는 것으로 생각할 수 있게 된다.

생화학적 주기의 차이

폐경기를 지난 여성의 몸은 예전처럼 체내에 쇄도하던 호르몬들을 분비하지 못하게 된다. 그러나 부신은 여전히 어떤 호르몬들을 권장하고 있고, 그래서 많은 여성들이 호르몬 대체요법을 이용한다. 대개의 호르몬은 폐경기 이후에 그 힘이 소멸되지만, 앞에서 언급했듯이 여전히 주기적으로 여자들에게 영향을 미칠 수 있다.

남자들에게도 생화학적 주기가 있다는 사실은 일반적으로 덜 알려져 있다. 남성의 생화학적 주기는 아주 늙은 나이에 이르면 그 영향력이 다소 감소되기는 하지만 분명히 계속되고 있다. 이 남성 주기는 여성 주기만큼 분명하게 한 달에 한 번씩 오는 것이 아니다. 각각의 남자들은 자신만의 미묘한 월주기를 갖고 있다. 남성들은 또한 몇 시간마다 한 번씩 테스토스테론이 쇄도한다. 새벽에는 테스토스테론 수치가 더 높아지고, 오전 8시나 9시경에는 낮아지다가, 오전 10시경 다시 높아지고, 한낮에는 낮아지다가 밤이 되면 새롭게 쇄도한다. 남자들은 계절에 따라서도 테스토스테론 수치에 변동이 있는데, 흔히 10월에는 테스토스테론 수치가 더 높고, 4월에는 더 낮다.

남성의 일일 호르몬 주기를 알고 있으면, 깊이 있고 감정적인 것들에 관해 남자들과 언제 대화하면 좋을지 계획을 세우기가 더 수월할 것이다. 만일 중요한 뭔가를 남자에게 납득시키고자 한다면, 테스토스테론 수치가 낮은 시간대에 대화를 시도하는 것이 좋다. 그럴 경우 언쟁을 벌이더라도 남자는 덜 공격적인 태도를 보이거나 당신의 말을 더 잘 들어줄 것이다. 점심식사가 끝난 오후에는 남녀 모두가 약간 나른해지지만, 특히 남자들의 경우 테스토스테론 수치가 낮아지면서 경쟁적인 성향과 공격성이 감소한다. 그리고 저녁 8시경에는 테스토스테론 수치가 낮아지는 반면 남성 옥시토신이 증가한다. 옥시토신 수치가 혈류 내에 증가되었다는 것은 남자가 더 순응적이 된다는 것을 의미한다. 따라서 저녁 시간은 남자가 감정에 관해 말하기 쉬운 때이며 그만큼 원활한 유대관계가 가능해지는 때이기도 하다.

심사숙고하고 걱정하는 차이

여자의 뇌와 남자의 뇌를 스캔해보면 '심사숙고하기'와 '걱정하기'를 관장하는 뇌의 두 구조가 달라 보인다. 이 두 구조는 우리의 두개골 한복판에 위치한 뇌의 변연계에 들어 있는 대상회와 편도인데, 대상회는 '관심-집중'의 센터이고, 편도는 '감정(흥분)-그다음-행동'의 센터이다.

에이먼 클리닉에서 실시한 뇌 스캔 결과들을 보면, 여자들은 남자들보다 더 활동적인 대상회를 갖고 있다. 에이먼 박사가 최근 내게 말한 바로는 "여자들은 남자들보다 이 뇌 센터가 4배까지 더 활동적"일 수 있다. 이 특별한 뇌 차이의 한 가지 잠재적인 결과는, 여자들이 남자들보다 하루에 몇 시간 더 심사숙고하고 근심하고 끊임없이 재검토하는 경향이 있다는 것이다. 반면에 남자들은 이 '반추 센터'를 오래 사용하는 경우가 드물다. 따라서 관계, 감정, 지난 경험 들을 내적으로 처리하거나 되새기면서 시간을 보내는 경향이 덜하다.

이 차이가 여자들과 남자들 모두를 불만스럽게 할 수 있다. 그것은 최근에 어떤 여자가 내게 말했듯이 "남자들은 상황에 대해 나만큼 신경을 쓰지 않"기 때문이다. 물론 남자들도 신경을 쓴다. 하지만 남자들은 어떤 문제나 관계에 관해 생각하면서 많은 시간을 보내지 않기 때문에 그만큼 관심이 없는 것처럼 보일 수 있다. 그리고 남자들이 실생활 속에서 뭔가를 실제로 걱정할 때도 편도 내에서의 남녀 성 차이가 나타나는데, 이는 대상회에 관한 연구 결과를 뒷받침해주고 있다. 스트레스를 받고 있는 여자들의 뇌에서는 더 많은 혈류가 편도의 왼쪽, 즉 심리학자 조앤 디크가 '근심 영역'이라고 부르는 곳으로 흘러간다. 반면에 남자들의 뇌에서는 편도의 오른쪽, 즉 공격적인 부분이 더 많이 활성화되며, 이때 남자들은 자기가 누군가에게 위협받는다고 느끼거나 관계에 관해 조급한 감정들을 느낀다. 이것은 여자들이 오랜 시간 곰곰이 되새기며 감정적으로 근심하는 경향이 있고 남자들은 공격적인 태도를 보이며 더 빨리 문제를 해결하려고 하는 경향이 있는 또 다른 이유일 수 있다.

휴면 상태의 차이

펜실베이니아 대학의 신경학자 루벤 거는 남자들의 뇌는 여자들의 뇌보다 더 자주, 더 오랫동안 텅 비게 된다는 사실을 증명했다. 특히 늙어갈 때 이런 경우가 많다. 앞서 이 차이에 대해 잠깐 짚었는데, 이제 좀 더 깊이 살펴보기로 하자. 이 차이를 이해하는 것은 남자와 여자의 관계에서 스트레스를 덜어내는 데 매우 중요한 일이 될 것이다.

　'휴면 상태'는 눈이 게슴츠레해질 때, 혹은 TV 앞에서 멍하게 의식을 잃고 있을 때(거의 무의식적으로 채널을 이리저리 돌리면서), 허공을 멍하니 응시하고 있거나 소파에 누워 잠깐 눈을 붙이려 할 때의 바로 그 정신 상태를 말한다. 긴 하루의 일과가 끝날 때, 남자든 여자든 모두 휴면 상태로 들어가고 싶어 한다. 그때 남자의 뇌는 실제로 거의 텅 빈 상태로 들어가는 반면, 여자의 뇌는 텅 비워지지 않는다. 따라서 남자는 진정으로 멍하게 의식을 잃을 수 있지만 여자는 이 휴식 시간 동안에도 휴식을 취하는 동시에 여전히 다른 뭔가를 하고 있거나 하려 할 수 있다. 음식을 만들고, 전화 통화를 하고, 그 외에 다른 대여섯 가지 일들에 관해 생각하는 등등.

이 휴면 상태에 관해 한 가지 기억해야 할 것은, 이 상태에 들어갈 때 남자의 뇌는 활발하게 주제를 따라가거나, 생각을 하거나, 정보를 저장하거나, 기억을 하거나, 진지한 대화를 하지 못한다는 사실이다. 그러므로 당신과 대화를 나누고 있는 도중에 남자의 눈이 점점 게슴츠레해진다면, 그 남자의 뇌는 휴면 상태로 접어들고 있는 것일 수 있다. 그래서 당신은 나중에 그가 당신이 한 말을 기억하지 못하거나, 당신이 한 말을 당신이 바라는 만큼 가치 있게 여기지 않는다고 불만을 가질 수 있다. 모든 문화권에서 휴면 상태가 남성 뇌의 고유한 특성이라는 사실을 고려할 때, 당신이 남자에게서 원하는 것을 얻으려면 그를 이전과 다른 방식으로 대할 필요가 있을 것이다. 대화를 하는 도중에 상대방 남자가 멍해지는 것을 볼 경우, 당신은 그 사람의 뇌를 다시 깨워 대화에 끌어들이기 위해 신체적인 자극을 줄 필요가 있다. 아니면 우선은 대화를 그냥 접고 나중에 다시 꺼내야 할 것이다. 당신이 감정을 실은 말들을 끊임없이 계속할 경우, 어떤 남자들, 특히 일반적으로 감정이나 느낌을 말로 표현하는 경우가 별로 없는 남자들은 더욱 빠르게 휴면 상태로 들어갈 수 있다. 이 점을 고려할 때 그 남자와의 대화 시기로 언제가 좋을지 알아낸 뒤 새로운 방식으로 대화를 재시도하는 것이 좋을 것이다. 어떤 남자들은 계속 말을 하면서도 휴면 상태에 빠지지 않을 수 있다. 그런 반면 그렇지 못한 남자들도 있다. 한 남자가 이 스펙트럼의 어디에 해당하는지 알면 대화와 관계에서 발생하는 스트레스를 상당히 감소시킬 수 있다.

도구적 애도 VS. 직관적 애도

지금쯤이면 우리들 대부분은 몇 번의 장례식에 참석했고, 적어도 한 번쯤은 죽어가는 사람을 돌보거나 죽음을 지켜보았을 것이다. 우리들 대부분은 애도의 순간과 시간을 겪었다. 그런데 남자와 여자는 사별의 슬픔을 겪을 때도 서로 다르게 반응한다. 애도하는 방식의 차이를 이해하는 것은 마치 불빛으로 우리의 마음속을 비추어 보면서 두 사람이 어떤 식으로 서로 다르게 슬퍼하는지를 이해하는 것과 같을 수 있다.

미국, 유럽, 아시아에 국한된 성 차이에 관한 연구 결과들은 성별에 따라 애도 방식에 차이가 있다는 사실을 입증해주고 있다. 평균적으로, 여자들은 남자들보다 더 많이 눈물을 흘리며 슬픔을 겉으로 표현한다. 여자들은 남자들에 비해 더 빠르게 슬픔에 완전히 빠져드는 반면, 남자들은 더 느리게 반응을 보이는 경향이 있다. 또한 여자들은 남자들보다 더 빨리, 그리고 더 오랫동안 애도의 감정에 대해 말하고 싶어 하는 경향이 있다. 이른바 여자들은 '직관적 애도(intuitive grief)'라 불리는 애도를 하고 있는 반면, 남자들은 '도구적 애도(instrumental grief)'를 하는 경향이 더 많다.

직관적 애도는 기분이나 감정, 말에 온전히 집중되어 있다. 주어진 순간에 가능한 한 많은 내적 감정을 표현하고, 감정과 기분을 통해 자신을 적응시키고 변화시켜나간다. 따라서 평균적으로 여자들은 가능한 한 슬픔을 밖으로 많이 드러내고 언어화하며, 쓰고 말하고 읽는 행위를 통해 대부분의 슬픔을 처리하면서 자신들의 슬픔을 통해 성장한다.

도구적 애도는 보다 행위 지향적이다. 일반적으로 가슴보다는 머리를 더 많이 사용하면서 슬픈 상황을 숙고하고 해결한다. 이때 일반적으로 말을 더 적게 사용한다. 이는 남자가 슬픔을 별로 느끼지 않는다는 의미가 아니라, 남자의 뇌와 몸이 슬픔을 다루는 방식이 행동 지향적이며, 남자가 말을 사용할 때 자신의 내적 감정보다는 자신의 현재 생각이나 고인에 관해 말하는 경향이 있다는 것을 의미한다. 그러므로 남자들은 다른 많은 것을 할 때와 똑같은 방식으로 배우자나 친구의 죽음을 넘어서서 계속 앞으로 나아가는 경향이 있다. 배우자를 잃고 슬퍼하는 이들 가운데 남자들의 자살률이 더 높은 이유이기도 하다. 슬픔을 겪는 과정에서 자살은 하나의 수단이 되어줄 수 있다. 한 남자가 슬픔이 너무 커서 삶으로부터 거의 완전히 물러날 정도라면, 논리적·도구적으로 그는 '뭔가를 행하는 것', 즉 자살하는 것에 관해 생각하게 된다.

직관적 애도와 도구적 애도 가운데 어느 것이 더 낫거나 더 나쁘다고 할 수 없다. 여자가 계속해서 표현하는 슬픔과 비통함에 짓눌릴 때, 남자는 흔히 그 행동을 중지시키려 애쓸 것이다. 그는 "그녀는 약하다"라고 생각하거나, 아니면 자신이 그 여자의 감정을 계속 따라갈 수 없다고 느낄 수 있다. 뿐만 아니라 울고 있는 여자를 계속 위로하다 보면 자신의 감정이 주체할 수 없을 정도로 격해지지 않을까 걱정될 수도 있다. 여자의 직관적 애도에 대한 이러한 반응은 성에 국한된 뇌 스펙트럼 상으로 '남성적'인 남자에게는 정상 범주에 해당하는 것이다. 그럼에도 그런 반응은 여자들에게 사랑의 배신처럼 느껴질 수 있다. 남자는 사랑하는 여자의 슬픔에 귀를 기울이며 받아주고, 자신은 이끌어갈 수 없는 곳으로 그녀의 감정을 이끌어가줄 수 있는 사람들과 함께 시간을 보내도록 그녀를 도와주면서 이 상황을 헤쳐나가야 한다.

반면 여자들은 때때로 남자들의 도구적 애도가 가지는 특성과 기능을 알아차리지 못하고 오해할 것이다. 다시 말해, 남자가 자기처럼, 즉 '여자들처럼' 슬퍼하지 않는 것을 보고 남자에게 문제가 있다고 생각하기 쉽다. 여자는 감정들을 말로 표현하지 않는 그를 미성숙하다고 생각할 수 있다. 아니면 그가 슬픔을 말로는 거의 표현하지 않지만 사라진 영혼을 기리기 위해 이 세상에 새로운 뭔가를 만드는 것─잔디를 깎거나 손자를 위해 나무집을 짓거나─으로 고인에 대한 애도를 표하며 슬퍼하고 있다는 사실을 보지 못할 수도 있다.

우리는 남자와 여자가 서로를 더 많이, 더 완전하게 이해하고, 그렇게 함으로써 노화의 경이로움을 간직할 수 있도록 하기 위해서 여러 가지 성 차이들을 살펴보았다. 우리는 성 차이들을 강조했지만, 늙어가면서 어떤 성 차이들은 한결 완화된다는 사실 또한 느낀다. 우리는 청소년기나 자녀를 키우던 시절만큼 서로 다르지 않다. 갱년기 이후로 어떤 성 차이들은 감소한다. 당신도 주위에서 성 차이들이 완화되는 것을 보았을 것이다.

60대, 70대 또는 그 이상의 나이가 되었을 때, 더 이상 풀타임으로 일하지 않게 된 남자들은 유대를 가질 기회를 이전보다 더 많이 찾는다. 그들은 빠르게 흘러간 세월 동안 아이들의 엄마처럼 유대를 가지지 못했던 자식들에게 더 많이 손을 내밀거나 자기 자식들에게 충분히 할애하지 못한 시간을 손자들과 보낸다. 남자들은 또한 이전보다 독립적인 느낌이나 "힘내!" 같은 자기 동기 부여를 덜 느끼게 된다. 이전보다 더 부드러워지며, 아주 즐겁게 감정이나 관계의 토대를 넓혀나갈 수도 있다. 이전에 자신들이 몰두했던 전투 가운데 많은 것들이 이제는 덜 중요하게 생각된다.

여자들은 보다 독립적인 느낌을 가질 수 있다. 마치 새로운 활력을 얻고 있는 것 같고, 핵심적인 자기를 개발하고 자신감을 얻는 데 있어서 이전보다 남편에게 덜 의존하는 듯한 기분을 느낄 수 있다. 자녀들이 성장해서 집을 떠날 때, 이전에 비해 자상하고 온화한 면이 다소 감소되는 반면 사회적으로 보다 야심차고 의욕 넘치는 모습으로 변할 수 있다. 많은 여자들이 폐경기를 거치면서 새로운 일을 시작하게 된다. 내가 아는 한 여인은 72세에 평화봉사단에 가입했다. 거기서 그녀는 남은 반평생을 사는 사람들, 새로운 야심과 목적을 발견해낸 사람들(대부분 여자들)을 위해 특별히 만들어진 프로그램에 합류했다.

자신과 상대의 '새로운 성 자아'를 받아들이는 것은 관계와 인생에서 승부수가 될 수 있다. 만약 여자들이 "나는 이제 예전과 달라. 이제

나는 ___와 ___와 ___이 필요해"라고 말하지 않는다면, 남자들은 여자가 지금 필요로 하는 것이 무엇인지 모를 것이다. 그리고 여자가 새롭게 변해가고 있는 남자의 모습을 보고 그 사실을 받아들여주지 않는다면, 남자는 여전히 이전처럼 공격적인 남자가 되려고 애쓸 것이다. 그러나 그는 자기가 예전에 추구했던 것들에서 기쁨을 느낄 수 있는 신체적 조건이나 뇌 능력을 이제는 갖추지 못하고 있다.

당신 부부만의 성 차이들에 관해 연구해보는 것은 유익한 경험이 될 수 있다. 가정, 직장, 이웃들과의 관계에서 매일 언제 어떻게 성 차이가 나타나는지 배우자와 함께 또는 혼자서 한 달 동안 관찰해보라. 내가 이 장에서 열거한 것 같은 성 차이가 나타나지 않을 경우, 그것 역시 기록하라. 법칙에서 벗어난 예외들은 성에 대한 우리의 이해를 심화하는 데 아주 큰 도움이 될 수 있다. 모든 사람들은 하나의 개인이며, 뇌에서는 성 이외에도 많은 것들이 항상 계속 진행되고 있다.

성공한 남자는 외롭다

캘리포니아의 한 공동체에서 강연을 하고 난 뒤, 나는 그 공동체의 일원인 신디(54세), 데비(57세)와 함께 라구나 해변에서 아주 즐거운 점심식사 자리를 가졌다. 이 새로운 책이 대화 주제로 떠올랐을 때, 데비가 이런 말을 했다. "정말 멋진 생각이에요. 당신은 그 책을 써서 특히 남자들을 꼭 도와줘야 합니다." 신디가 동의했다. "여자들을 위한 자료는 많지만 남자들을 위한 건 별로 없죠. 그리고 내 생각에 나이 들어간다는 건 실제로 여자보다는 남자에게 더 큰 타격을 주는 것 같아요. 우리 여자들은 온갖 종류의 관계를 맺고 있고, 해야 할 일도 많죠. 하지만 남자들은 약간 길을 잃는 것 같아요. 그건 슬픈 일이에요."

나는 거의 30년에 걸쳐 남자와 여자 양측 모두로부터 이런 비슷한 말을 들어왔다. 나이가 들어서도 사회에서 여전히 확고하고 강력한 위상이나 지위를 고수하고 있는 남자들도 있지만, 대부분의 남자들은 우리가 알아차리지 못하는 곳에서 관심과 보살핌을 필요로 한다는 것이 바로 현실이다. 이런 남자들에 대한 우리의 이해 부족은 삶의 질, 수명, 그리고 사회에 큰 손실을 가져온다. 데비와 신디가 말한 것처럼 우리의 문화 속에 늙어가는 여자들을 위한 자료가 더 많건 아니건, 또는 여자들이 늙어갈 때 그녀들 스스로 그 자료를 이용하건 하지 않건 간에, 여자들은 대부분의 남자들과는 달리 친구들이나 의사의 도움을 받으면서 노화를 거쳐나가는 경우가 아주 많다. 반면에 남자들은 늙어갈 때 다소 위험할 정도로 자신들의 목적과 정체성에 대한 의식을 잃기 쉽다. 남자들은 일에 매진하고 있을 때나 가족과 함께 지내면서 자신들의 유산을 구축하는 동안에는 그러한 의식을 단단하게 붙들고 있는 편이지만, 앞을 향해 달려가던 삶이 멈춰버리면 자기정체성에 혼란을 느끼기 쉽다. 이런 남자들은 아주 위험한 선택을 하기도 한다. 극단적으로는 자신의 목숨을 구해줄 수 있었을지도 모를 건강검진을 차일피일 미루면서 그들이 떠나버린 것을 슬퍼하게 될 가족을 남겨두고 우울감에 빠진 채 자살을 택하기도 하는 것이다.

남자들에게 도움을 줄 수 있는 중요한 한 분야는 바로 남성 갱년기에 관한 교육이다. 나에게 상담을 받으러 오는 45세부터 65세 사이의 남자들 가운데 남성 갱년기라는 것이 있다는 사실을 전혀 모르고 있거나 그것이 일시적으로 유행하는 엉터리 개념이라고 생각하는 사람들이 많다. 남성 갱년기가 생물학적이고 자연적인 변화라는 것을 깨닫지 못하는 것이다. 그들이 변화를 받아들이면서 갱년기를 의식적으로 인내심 있게 겪어내지 못한다면, 갱년기기 지나가고 난 뒤 남자로서의 근간은 완전히 텅 비게 될 수도 있다. 나뿐만 아니라 로스앤젤레스 '멘스 센터(Men's Center)'의 창립자이자 『성스러운 길The Sacred Path』의 저자인 스티븐 존슨 같은 사람들은 늙어가는 남자들을 상담할 때, 테스토스테론이 사라지면서 그들의 뇌 활동이 둔해지고 있다는 사실을 그들이 인식할 수 있도록 돕고 있다. 스티븐은 "영혼의 생명이 새로운 방식으로 남자들에게서 일어나야 한다"라고 말한다.

스티븐의 견해로는, 과도한 일과 자녀 양육으로 분주한 세월 동안 남성의 영혼은 많건 적건 지하로 숨어든다. 그럴 경우, 생의 초기에 정신적이나 감정적인 면에서 인생의 기초를 제대로 다지지 못했다면, 그 남자는 나이 들어갈수록 기초가 부실함을 느끼게 된다. 그래서 갱년기를 거치면서 그는 현대 미국 시인 로버트 블라이가 "어떤 게 자기 것인지 몰랐던 남자(the man who didn't know what was his)"라고 일컫는 그런 존재가 될 수 있다. 블라이는 그 시에서, 이 남자는 집 옆에 이어 붙인 창고 같은 존재가 될 거라고 쓰고 있다(집에는 토대가 있지만 창고에는 토대가 없다). 이 남자는 정신적 토대가 거의 없기 때문에, 불과 5분 사이에 한없이 다정했다가도 불같이 화를 내고, 성마르고, 변덕이 심하고, "이쪽으로 기울었다가 이내 저쪽으로 가버리면서 시계추처럼 오락가락하는"

그런 류의 성인 남자일 수 있다. 그는 완전하게 사랑하고 사랑받는 법을 측정할 수 있는 내적 기준이 없다. 이 남자는 50대 또는 그 이후까지 내면에 뚫린 구멍 때문에 절망적인 무기력함에 빠져들 수 있고, 그러다가 결국 인생을 포기하거나 타인들, 신, 가족, 죽음과 성난 싸움을 벌일 수도 있다.

사이먼(69세)은 그런 남자들 가운데 하나다. 나에게 상담을 받으러 온 그는 이렇게 말했다. "아내가 절 여기로 보냈습니다. 제가 이제는 바쁘게 살아가는 법조차 잊어버리고 자기를 미치게 만든다더군요." 그가 어떻게 생활하고 있는지 함께 살펴보았을 때, 그는 이렇게 시인했다. "저는 계속 사무실에 나갑니다. 직장 사람들이 저를 반기지 않는다는 걸 알아요. 하지만 매일 골프를 칠 수는 없는 노릇이잖아요. 멍하니 소파에 앉아 TV나 보고 싶지도 않고요." 사이먼에게는 다른 남자와 대화를 나눈다는 것 자체가 도움이 되었는데, 그와 나눈 대화의 대부분은 우리가 함께 걷는 동안 일어났다.

나는 남성 내담자들과 걸으면서 상담을 할 때가 많다. 함께 걸으며 이야기를 나누는 이 상담 방식은 사이먼 같은 남자에게 많이 부족한 운동을 제공해주고, 뇌를 계속 깨어 있게 해준다. 우리가 함께한 시간 덕분에, 사이먼은 자신의 내부에 뚫려 있는 구멍을 인지하게 되었고, 새로운 삶의 목적을 개발할 필요를 느꼈다. 또 인생에서 사소한 것들의 의미와 사무실에 나가 일주일에 60시간 일을 하지 않아도 되는 즐거움을 제대로 음미할 필요성 역시 느끼게 되었다. 하지만 사이먼은 이후로 상담을 오래 받지 않았다. 그래서 나는 그에게 남자친구들로 이루어진 친목 모임을 만들어보라고 조언했다. 사이먼 같은 남자에게는 늙어가는 여정에서 혼자 우두커니 서 있지 않도록 도와줄 친구들이 필요했다.

오토바이 사고로 인해 퇴직하고 휠체어 생활을 하게 된 폴(59세)이 내 사무실을 찾아왔다. "내가 할 수 있는 일은 화를 참는 것뿐이에요. 아내는 내 곁을 떠났고, 나에게는 자식도 손자도 없어요. 나는 그냥 모든 걸 박살내고 싶을 뿐입니다." 첨단 기술 분야에 종사했던 폴은 퇴직하기 전까지 자기 분야에서 정점에 올라 있었다. 그런 그에게 그 사고와 휠체어는 그의 가슴에 메울 수 없는 커다란 구멍을 만들어놓았다. 폴은 심각하게 자살을 생각하고 있었다. 그는 저명한 임상심리학자 토머스 조이너 박사가 『남자, 외롭다』에서 언급한 대표적인 예에 속했다. 인생의 남은 절반을 앞에 둔 자살자들 가운데 80퍼센트가 남성이다. "남자들의 부와 능력 사이의 불균형에 대해서는 많은 관심이 집중되지만, 우리는 높은 자살률로 나타나는 남자들의 불행에 대해서는 별로 관심을 가지지 않는다."

나는 불구자가 되고 정신적 외상을 입은 한 남자로서 폴이 느꼈던 두려움과 혼란을 스스로 이해하도록 도와야 했다. 폴은 거의 홀로 고통에 직면해 있었기 때문에 그에게는 상담치료뿐만 아니라 새로운 우정이 무엇보다 절실했다. 나는 6개월 동안 지속적으로 폴을 만나 상담치료를 했다. 한동안 연락이 끊기고 3년 뒤 다시 만났을 때, 그는 다시 "남자가 된 것 같은" 기분을 느끼기 시작했다고 말했다. 폴은 상담치료 과정에서 한 트라우마 지원 단체에 가입했는데, 거기서 그에게 절실하게 필요했던 공동체를 발견했다. 자신이 겪고 있던 아픔을 이해해줄 수 있는 친구 모임이었다. 그는 또한 로터리클럽과 여러 고등학교에서 자기 경험을 바탕으로 '남자란 과연 어떤 존재인가'에 대한 강연을 하기도 했다.

태어나서 50세가 될 때까지 자신이 남자로서 제대로 성장했다고 확고하게 인식하고 있는 남자들이라고 해도, 그다음 수십 년 동안 남자다움을 유지할 수 있는 또 다른 방법을 발견하지 못한다면 그는 살아오면서 그 인식이 약해졌다고 생각하며 나머지 인생을 살아가게 될 것이다. 릴케는 그의 시 「비가1 First Elegy」에서, 우리가 사랑해온 자아를 여전히 사랑하는 그 순간에도 그 자아로부터 벗어나야만 하는 인생의 한 시기에 대해 썼다. 그것은 이 시기에 우리가 자기 자신과 타인들을 계속 사랑한다 할지라도 이전에 우리가 끊임없는 노력과 애착, 몸과 마음의 기량을 통해 의미를 발견하던 그 분주한 길들에서 어느 정도 벗어나고 있다는 뜻이다. 이제 우리는 우리의 근간을 살펴보면서 그 근간을 완전히 느끼고, 그것이 우리를 영혼의 새로운 장소로 데려가도록 놔둬야 한다. 릴케의 이 시는 이 단계의 남자들과 여자들 모두에게 "우리가 머물러 있을 곳은 세상 어디에도 없을" 인생의 시기에 처해 있다는 사실을 알려준다. 우리는 새로운 인생을 만들고, 새로운 인생의 단계들로 날아가야 한다. 그러나 날아가기 위한 그 길에서 현재 자신의 모습을 이해하지 못한다면, 그리고 새로운 인생에 적합한 공동체와 목적을 만들지 못한다면, 우리는 완전히 길을 잃을 수 있다.

남자들에게서 노화의 경이로움은 갱년기를 거치면서 일어나는 새롭고 강렬한 영적 탐구에서 찾아볼 수 있다. 만일 당신이 내면의 구멍을 인식하게 된 남자를 알고 있다면, 그 남자가 의식적으로 현실적인 영적 활동(신앙 공동체), 친구 모임, 남성 집단에 참여하고 배우자나 친구와 진정한 관계를 맺을 수 있도록 도와주기 바란다. 지금까지는 가족을 보호하고 부양하며 자신의 유산을 구축하기 위해 영혼의 성장을 미루었을 수도 있지만, 이제부터 자신의 영혼을 성장시킬 수 있는 날이 수십 년이나 남아 있다는 사실을 그에게 알려주길 바란다.

릴케는 다시, 이 새로운 여정을 위한 아름다운 글을 우리에게 선사하고 있다. 「비가 8 *Eighth Elegy*」에서, 그는 우리를 이제 다른 길을 통해 세상으로 다시 들어가야 하는 구경꾼으로 묘사하고 있다. 우리는 과거에 "삶의 재료들"을 통해 세상으로 들어갔다. 그러나 지금의 우리가 그 길을 선택한다면, 그 길은 만족스럽지 못하고 뭔가가 결여되어 있으며 우리 나이에 완전히 적합하지 않다는 사실을 발견하게 될 것이다. 우리는 과거로 되돌아갈 수 있는 상황을 만들려고 시도할 수도 있다. 그러나 릴케는 경고한다. "그것들은 아무리 정리해도 허물어지고 만다." 우리는 "그것들을 다시 정리"하려고 계속 애쓸 수도 있다. 그러나 마지막으로 그는 이렇게 경고한다. "우리는 그것들을 다시 정리하다가 함께 허물어질 것이다."

여자와 남자 모두에게 이 얼마나 아름다운 일인가. 우리는 허물어져야 한다. 그것이 바로 변화다. 허물어지는 것은 남자와 여자가 50대, 60대, 그 이상의 나이에 거쳐야만 하는 통과의례다. 하지만 남자들은 여자들에 비해 허물어지는 것에 익숙하지 않다. 이 시기의 남자들은 변화, 상실, 이혼, 재혼, 계속되는 결혼생활, 성생활에서 이전만큼 잘 해내

지 못하리라는 두려움, 곁을 떠나는 자식들로 인한 상실감, 죽음과 마주
할 수 있는 정신적 토대를 거의 갖고 있지 않다는 사실을 제대로 깨닫
지 못하고 있는 것, 그리고 늙어가면서 축복들을 발견하는 일을 똑같이
겪어나가고 있는 타인들과 함께 "허물어져야" 한다.

6장

당신들은 지나치게
가까이 있지는 않습니까

사랑이 무엇인지 알지 못하는 한, 우리는 인생이 어떤 것인지 알 수 없다.

— 에마누엘 스베덴보리, 신학자, 천문학자

코린은 부부상담치료를 받기 위해 나를 찾아왔다. 그녀는 상담치료를 받자는 말에 시큰둥한 반응을 보이는 남편 에디에게 이렇게 말했다. "우리 사이에 뭔가 문제가 생겼어. 그래서 나는 우리의 결혼생활이 지속될 수 있을지 자신이 없어." 육상선수처럼 마른 근육질의 코린은 자신의 외모에 만족하는 것 같았다. 그녀는 청바지와 파란 스웨터를 입고 있었다. 우리가 만난 날은 눈이 내렸는데, 그녀는 자리에 앉을 때 젖은 코트를 벗어서 남편 에디가 앉았어야 할 의자에 걸쳐놓고는 이야기를 시작했다. 그녀는 부부간의 내밀한 일들을 세세하게 기억하고 있었다. 그래서 불과 10분 만에 나는 그녀의 이야기에서 두 사람 관계의 기본적인 사항들을 쉽게 파악할 수 있었다.

결혼생활 21년 차인 그녀는 현재 52세, 남편 에디는 55세였다. 약 4년 전 두 자식들이 각각 14살, 17살이 되었을 때, 그들의 관계에 변화가 일어나기 시작했다. 소프트웨어 디자인 분야에 종사하던 에디는 직장을 잃었고, 1년 뒤 다른 직장을 구했지만, 새 직장에서는 한 달에 거의 보름은 출장을 다녀야 했다. 그는 쉴 틈이 없어 항상 기진맥진해 있었다. 에디와 결혼하던 당시 코린은 다른 주에서 변호사로 일하고 있었지만, 자식들이 태어나기 시작하자 아이들을 키우면서 법조계와는 무관한 일로 파트타임 근무를 했다. 그리고 아이들이 다 자라고 나자, 그녀는 살고 있는 주에서 다시 변호사 시험을 쳐서 법률회사에 들어갔다. 그녀는 여전히 시간제 근무를 했지만 근무 시간이 전보다 더 늘었고, 거기다 자식들과 남편 뒤치다꺼리까지 이전과 다름없이 거의 혼자 책임지고 있었다. "에디는 나무랄 데 없는 아버지예요." 그녀는 그렇게 단언했다. "문제는…" 그녀가 말을 이었다.

에디와 저의 부부관계가 사실상 예전 같지 않다는 거예요. 에디가 먼저 잠자리를 요구하는 경우는 절대로 없어요. 그래서 늘 제가 먼저 요구해야 하죠. 예전에는 그가 항상 먼저 요구했는데 말이에요. 예전에 우리는 서로에게 틈만 나면 "사랑해"라고 말하곤 했어요. 전화를 끊을 때나, 아침에 눈을 뜰 때, 밤에 잠자리에 들 때도. 그런데 이제는 제가 "사랑해"라고 말하면 그는 "고마워"라고 말합니다. 우리는 이제 그다지 친밀하지 않아요. 그는 항상 피곤해해요. 나는 사랑 없는 관계에 얽매여 있고, 그는… 일에 얽매여 있다고 할 수 있겠죠. 인생은 그가 생각했던 대로 풀리지 않았어요. 그는 아이들이 다 자라고 나면 삶에 약간이나마 여유가 생길 거라 생각했거든요. 인생은 제가 생각한 대로 되지도 않았습니다. 아이들은 다 자랐고, 그래서 저는 다시 직업을 가졌어요. 하지만 이제 부부생활이 순조롭지 않네요.

그런 식으로 2년 정도를 보낸 끝에, 결국 저는 용기를 내어 말했어요. "에디, 우리 이대로 괜찮은 거야?" 우리는 오랫동안 대화를 나눴습니다. 그는 솔직하게 말하더군요. "모르겠어. 난 여전히 당신을 많이 생각해, 지금도 당신에게 최선을 다하려고 노력하고 있어. 하지만 내가 뭘 생각하고 있는지는 나도 모르겠어. 난 그저 살아남기 위해 할 수 있는 것을 하고 있을 뿐이야." 저는 지난 한 해 동안 이 문제를 여러 번 되풀이해 꺼냈고, 그는 항상 자기는 우리의 현재 상황이 어떤지 모르겠다거나, 자기가 날 예전처럼 열정과 애정을 가지고 사랑하는지는 잘 모르겠다고 말하기만 해요. 저는 엄청난 상처를 받았어요. 그에게 어떤 것도 강요하지 않으려고 노력하는데… 저는 아주 불행해요. 우리는 더이상 사랑하지 않아요. 적어도 제가 느끼기에는 그렇습니다. 저는 남편이 함께 상담치료를 받기를 원하지만, 그는 거부해요. 심지어 이제 저를 거의 쳐다보지도 않아요. 내가 얼마나 불행한지에 관해 말을 꺼내면, 그는 화를 내거나 시무룩해져서 입을 다물어버립니다. 저는 그의 그런 태도가 정말 싫어요.

코린은 이야기하면서 흐느끼기 시작했다. 대화를 잠시 쉬었을 때, 그녀는 조용히 눈물만 흘리고 있었다. 평생토록 사랑하겠다던 약속이 깨진 것처럼 보이는 부부생활을 해온 여자. 자기가 눈물을 흘리고 있다는 사실을 깨달은 코린은 당황하면서 나에게 사과했다. 나는 티슈를 건네주면서 그녀가 이 안전한 공간에서 있는 그대로의 자기를 마음 놓고 드러낼 수 있도록 도왔다. 이윽고 그녀의 눈물이 진정되자 우리는 격의 없이 대화를 계속 나누면서 신뢰를 쌓아갔다. 우리는 그녀가 매우 자랑스러워하는 자식들, 그녀의 일, 아직 살아 계시는 어머니와 세상을 떠난 아버지, 플로리다에서 보낸 어린 시절, 캘리포니아에서 보낸 남편의 어린 시절에 관해 이야기했다. 첫 상담의 나머지 시간과 그다음 상담 시간들에서 나는 그녀와 에디, 그리고 그들의 결혼생활에 관해 아주 세세한 부분들까지 많은 것을 알게 되었다. 나는 그녀에게 몇 가지 질문들을 제시하면서 에디에게 물어보라고 했고, 그녀 자신에게도 어떤 '숙제'를 주었다. 그녀는 일기를 쓰기 시작하면서 자신의 관계, 자신의 정체성, 그리고 자신이 필요로 하는 것들과 바라는 것들에 관해 세세하게 적어 내려갔다.

열다섯 번째 상담 시간에, 그녀는 자기가 지난 한 주 동안 에디와 부부생활에 관해 대화를 하려고 시도했지만 그가 짜증을 내며 집을 나가버렸다는 얘기를 했다. 그녀가 얼마나 상처를 받았는지, 얼마나 절망했는지에 관해 이야기를 나누고 있던 순간, 나는 그녀에게 이렇게 물었다. "당신과 에디가 지난 7, 8년 동안 지나치게 가까이 있었던 건 아닐까요?" 이 질문에 그녀는 어떻게 그런 말을 할 수 있느냐는 듯 인상을 찌푸렸다. "지나치게 가까워요? 아뇨." 그녀는 즉시 고쳐 말했다. "가깝기는커녕, 우린 거의 남남처럼 살고 있어요." 나는 동의했다. "그래요, 확실히 알겠습니다. 하지만 그래도 의문이 드는 게, 당신은 자신이 깨닫는 것보다 훨씬 더 에디에게 휘말려 있는 건 아닐까요? 그리고 에디의 행동들이 단지 나이가 들어가면서 변했다기보다는 부부생활에서 자신이 새로운 종류의 자유를 원한다는 것을 알리는 그의 방식이기도 하지 않을까 하는 생각이 들거든요."

이 사례를 돌이켜 생각해볼 때, 나는 이때가 코린 자신에게는 물론
이고 궁극적으로 나중에 에디가 두 사람의 관계를 회복하기 위해 상담
에 동참하게 만든 전환점이었다고 생각한다. "당신들은 지나치게 가까
이 있지는 않습니까?"라는 질문은 나에게서 부부상담치료를 받던 많은
부부들에게 전환점이 되어주었다. 이 질문은 자신들의 결혼을 다시 생
각하고 심지어 부부 사이를 회복하기를 바라는 40세부터 60세 사이의
부부들에게 특히 유용하다.

친밀한 독립성, 사랑의 새로운 현실

"다른 사람을 사랑하는 것은 신의 얼굴을 보는 것이다." 작가 빅토르 위
고는 거의 150년 전에 그렇게 썼다. 우리는 관계와 접촉이 꼭 필요한
사회적 동물이다. 친밀해지기 위한 노력에 생각보다 훨씬 더 많은 시간
을 보내는 것이 사실이다. 따라서 친밀함은 모든 직장, 모든 가정, 모든
만남의 장소에서 일어난다. 친밀함을 보호하고 발전시키는 것은 노화
의 여러 단계에서 무엇보다 중요하다.

우리가 늙어갈 때 건강한 친밀함이 있고, 건강하지 못한 친밀함이
있다. 그리고 아마도 그 각각에는 다시 수십 억 가지의 형태들이 있을
것이다. 친밀해지고, 결혼하고, 이혼하고, 재혼하고, 친밀함을 거부하기
로 하고, 다시 친밀함을 선택하고, 성생활을 하고, 성생활을 자주 하기
로 하거나 두 사람이 함께 성생활을 포기하기로 결정하는 데 있어서 단
하나의 올바른 방법이란 분명히 존재하지 않는다. 사랑, 섹스, 친밀함은

우리가 만드는 것이라는 사실을 깨달을 수 있는 특권도 노화의 경이로움에 속한다. 그리고 우리는 그것들을 자신과 배우자가 원하는 형태로 만들어나가야 한다. 지배적이던 욕망은 점차적으로 누그러든다. 대신, 깊은 친밀함이 점점 우리를 장악한다. 이것이 어떻게 일어나는지에 관해 집중하지 않는 한, 우리는 이런 일이 일어나고 있다는 사실조차 모를 수 있다. 부부 사이의 친밀함이라는 경이로움은 정직함과 현실적인 낙관주의, 그리고 사랑의 새 목표를 향한 협력에서 비롯된다.

부부들을 상담치료할 때 나는 그 커플이 필요로 하는 것을 향해 나아가려고 노력한다. 그리고 그들은 성적인 변화 같은 특수한 문제들에 대한 단기적인 해결책을 원하는 경우가 많다. 때때로 단기적인 해결책이 실현되면 그 즉시 상담을 끝내버리기도 한다. 그렇지만 대체로 상담은 노화의 단계들에서 사랑을 지속시키는 방법을 이해하는 새로운 국면으로 계속 이어진다. 부부간의 사랑은 이제 50세 이후의 사랑에 적합한 보다 진전된 친밀함으로 변화해야 한다. 관대한 유형의 사랑, 나는 이를 '친밀한 독립성(intimate separateness)'이라고 이름 붙였다.

친밀한 독립성 쪽으로 관계를 맞추는 것은 50대, 60대, 70대, 80대, 그 이상의 연령대까지도 결혼생활(또는 새로운 동반자 관계)을 지속시키는 데 도움을 줄 수 있다. 이 장에서 중요한 인생의 동반자 관계를 편의상 '부부생활'이라는 용어로 지칭하겠다. 수십 년 동안 부부생활을 계속해오고 있건 새로운 부부생활을 시작하고 있건 간에, 당신이 50세가 될 무렵이면 당신의 신체와 뇌는 이전과는 다르게 욕망과 갈망, 이상과 현실, 갈등과 화해, 정적과 열정의 균형을 필요로 하는 자아로 성숙해 있다. 당신이 노화의 단계들을 밟아가며 늙어갈 때, 감정적인 친밀함과 성적인 친밀함은 변화할 필요가 있다. 우리가 자세히 살펴보지 않는 한 이것보다 더 어려운 일은 없어 보인다.

젊은 시절의 사랑은 욕망 더하기 친밀함이다. 그러나 자녀들을 키우고 일주일에 60시간씩 일을 할 때, 사랑은 아드레날린이자 탈진이다. 어쩌다 기회가 날 때마다 놓치지 않고 데이트를 하고, 섹스 일정을 짜고, 두 사람 모두에게서 최선을 끌어낼 수 있는 방식으로 소통하고 충돌하는 방법을 터득하는 등, 함께 해야 할 일들이 수백만 가지 결부되어 있다. 청소년기부터 성년기를 거쳐 중년에 이른 우리는 아마도 진정한 사랑을 위해 '분리'가 얼마나 중요한지에 관해 별로 생각해보지 않을 것이다.

그러나 우리가 늙어가고 있을 때, 친밀함과 분리가 균형을 이루지 않는 한 진정한 사랑은 일어나지 않을 것이다. 이 등식에서, 일반적으로 '친밀함'은 애착, 결속, 그리고 배우자와 갖는 신체적이고 심리적인 접촉을 의미한다. 그리고 '분리'는 같은 집에서 같이 생활하면서 공통적인 일들과 사랑에 의존하지만 서로 얽매이거나 휘말리지는 않으며, 나아가 배우자의 개인적이고 자유로운 정체성을 존중하는 한편, 자신의 개인적인 정체성 역시 그 자체의 궤도에서 자유롭게 점점 발전해가는 것을 의미한다. 특히 결혼생활이 이처럼 유약한 제도가 된 현대사회에서, 진정한 친밀함은 '친밀'과 '분리'가 균등한 몫을 차지하지 않고서는 일어날 수 없다. 견고한 관계의 본질은 친밀한 독립성이다. 특히 자녀들이 성장한 이후의 견고한 관계는 이를 바탕으로 이루어진다. 사랑은 친밀한 독립성에서 비롯된다.

우리의 문화는 결혼생활의 파국을 순전히 친밀함의 결여 탓으로 돌리고 있는 듯하다. 코린 역시 그러했다. 하지만 친밀함의 결여에 전적인 책임을 묻는 것은 받아들이기 어렵다. 결혼생활이 실패로 돌아가는 것은 친밀함의 결여 못지않게 개별성, 즉 분리의 결여 때문이기도 하다. 사랑의 초기 단계에서, 우리는 '사랑은 매우 힘든 것'이라는 사실을 받아들이고, 사랑을 지속시키기 위해 '어떤 희생을 감수하는 시간'을 겪어나간다. 만약 너무 강하게 자아를 고수하려 한다면 둘 사이의 사랑이 깨어질 것이라는 사실을 알고 있을 뿐만 아니라, 사랑을 영원히 지속시키기 위해서는 두 사람이 끊임없이 소통하고, 모든 것을 털어놓아 아무런 비밀이 없어야 하며, 항상 친밀해야 한다는 것도 알고 있다. 이 모든 것은 결혼 후 10년 이상 부부가 함께 살 때 친밀함을 위해 반드시 필요할 것이다. 그리고 이것들은 사랑에 대한 인간적인 논의의 초점이 된다.

친밀함의 근저에는 언제나 사랑의 다른 구성요소인 '침묵하는 상대'가 있다. 그러나 상대방의 말을 조용히 들어주기만 하던 그 상대는 40대에 다다르고 50대를 향해가면서 점점 더 자기주장이 강해지면서 시끄러워진다. 커플들은 그것을 말로 표현하지는 못하지만, 상대방에게 너무 가까워지려고 계속 애를 쓴다면 그 사람을 잃게 되리라는 것을 안다. 한편 '지나친 분리'(상대방을 방기하는 것)가 관계를 깨지게 만든다는 것은 실패한 사랑을 돌이켜보면 확실하게 알 수 있다. 그러나 더 깊이 들여다본다면, 지나치게 친밀한 것(대체로 우리 자신의 무능감을 완전히 덮어 가리기 위해 상대를 통제하고 조종하는 것에서 비롯되는) 역시 부부생활과 관계를 파괴한다는 사실도 알아차릴 수 있다. 우리가 늙어가고 있는 지금, 관계를 분명하게 돌아보고 우리의 사랑이 친밀함의 수많은 칼날에 들러붙는 그 무시무시한 집착으로 미숙했고 견고하지 못했고 불행했다는 사실을 알아차릴 수 있다면 좋을 것이다. 우리가 열다섯 살이나 스물다섯 살 또는 서른다섯 살, 심지어 마흔다섯 살이었을 때, 그 수많은 칼날들은 불확실했다. 그러나 지금 우리는 마음만 먹으면 그 칼날들을 볼 수 있다.

심리학 분야에서 '지나치게 친밀한'이라거나 '친밀함의 수많은 칼날'이라는 어휘는 '얽혀든 것'을 의미한다. '얽혀듦'은 자신과 상대를 분리할 수 없을 때 일어나고, 상대가 그 자신을 우리와 분리하지 못할 때도 일어난다. 우리의 정체성은 매몰되고, 우리는 서로에게 얽매이고 구속된다. 이 새장 안에서 우리의 관계는 우리의 정체성, 또는 결혼생활 바깥에서 우리가 발달시킨 정체성의 자유를 부인하게 된다. 우리는 직장에서, 친구들과의 관계에서, 운동을 하거나 봉사를 하거나 자식들과 손자들을 키우면서 정체성을 구축한다. 그러나 부부생활에서는 어려움을 겪는다. 부부생활에서 우리는 항상 다투거나 아니면 상대방의 정체성을 완전히 부인한다. 우리는 배우자가 우리의 정체성을 좋아하지 않을까 봐, 또는 만일 우리가 자기주장을 하면 유약한 자아를 가지고 있는 배우자가 상처를 받을까 봐, 또는 우리가 필요로 하는 것을 요구할 때 그가 지원해주지 않을까 봐 두려워서 우리 자신의 정체성을 완전히 덮어 가리려 한다. 결혼생활 밖에서 우리는 하나의 개별적인 자기이지만, 20년간의 부부생활 뒤 우리는 배우자에게 매몰되고, 인정받지 못하고, 끊임없이 상처를 입는다(그리고 우리 역시 배우자에게 상처를 입힌다).

이것이 우리의 현실적 상황이라면, '얽혀듦'은 우리의 심리적 상황이다(우리는 그물에 걸려든 물고기와도 같다). 당연히 우리는 어떤 시점에서 달아나고 싶을 것이다. 5년, 10년, 15년 또는 그보다 더 오랫동안 결혼생활을 해왔을 때 우리의 배우자(혹은 우리 자신)는 더 이상 얽혀들지 않을 계획을 세우기 시작할 것이다. 우리는 자유를 추구할 것이다. 우리가 늙어갈 때, 자유로워지려고 애쓰는 것은 자연스러운 일이다. 에디는 무의식적으로 그 '얽혀듦'을 더 심하게 느끼고, 끊임없이 친밀해지려 하는 코린의 시도를 싸워서 물리치려고 했다. 이런 일은 흔히 일어난다. 통계상으로 여자들이 먼저 이혼 의사를 꺼내는 경우가 대부분이긴 하지만, 남자들은 '탈출 패턴'을 시작한다. 그리고 여자들이 탈출 패턴을 시작하는 경우도 많지만, 남자들은 그런 양상이 벌어지고 있는 것을 결코 인지하지 못한다.

나는 코린이 나를 찾아온 것은 자기가 에디와 지나치게 융합되고, 지나치게 얽매여 있다는 것을 무의식적으로 알고 있기 때문이라고 생각한다. 그녀가 지난 20년 동안 남편과 자식들의 자아들과 뒤섞임으로써 하나의 새로운 자아를 발달시켰다는 사실을 무의식적으로 깨달은 순간이 그녀의 인생에 찾아온 것이다. 이 자아는 몇십 년간 결혼생활을 하고 자녀를 양육하는 동안 이행된 용감하고 기능적인 자기희생의 결과물이다. 그러나 이제 변화의 시기에 이른 지금, 그런 삶의 태도는 달라져야만 한다. 그녀의 자아와 정체성이 성장한 자식들과 새로운 존재방식을 찾으려 몸부림치고 있는 남편에게 얽매여 있다면(그리고 그들에게 침수되어 있다면) 앞으로 몇십 년 동안 계속될 두 사람의 결혼생활은 결코 행복할 수 없을 것이다. 코린과 에디 두 사람 모두 서로에게 얽매이고 매몰된 어정쩡한 자아에서 독립적인 자아로 변모할 필요가 있었다. 독립적인 자아만이 인생의 후반부에서 '친밀한 독립성'이 우리에게 제공하는 깊이 있고 기적적인 사랑을 이루어갈 수 있기 때문이다.

지나치게 친밀한가 VS. 너무 독립적인가

당신이 지금 "여자들은 지나치게 얽혀드는 경향이 있는 반면에 남자들은 지나치게 분리되는 경향이 있는 게 확실해"라고 생각했다면, 당신의 생각이 옳을 것이다. 과학에 근거를 둔 대부분의 관계 연구들은 여자들은 '친밀함'을 더 추구하는 경향이 있고(이것은 '얽혀들기'와 '빠져들기'가 된다), 남자들은 개별성, 즉 '분리'를 더 추구하는 경향이 있다(이것은 결국 '거리두기'와 '사랑하지 않는' 것처럼 느껴질 수 있다)고 말한다.

저명한 신경인류학자 헬렌 피셔는 세계 전역의 인간과 동물을 대상으로 패턴 연구를 진행했다. 그녀는 한 온라인 데이트 사이트에서 천만 명을 조사한 다음 그 정보를 생물학적인 정보와 매치시켜 다음과 같은 네 가지 유형의 '관계 뇌'를 밝혀냈다. 탐험가, 건축가, 지도자, 협상가. 피셔는 협상가 범주에는 남자들보다 여자들의 수가 훨씬 더 많고, 지도자 범주에는 여자들보다 남자들이 훨씬 더 많다고 말한다. 그리고 협상가들은 공손한 경향이 있는데 "에스트로겐은 뇌 반구 사이와 뇌의 앞쪽과 뒤쪽 사이에 훨씬 더 많은 연결망을 구축하면서, (협상가들로 하여금) 양육하고, 신뢰하고, 외교적인 지능을 이용하게 한다"고 한다. 이와는 달리 지도자들은 테스토스테론 수치가 높은 경향이 있고, "분석적이고, 논리적이며, 직접적이고, 단호하고, 정신력이 강하며, 규칙에 근거한 체제들에 잘 맞고, 창의적인 한편, 다른 유형들만큼 사교적이지 못하다. 그들은 아주 친한 친구가 몇 되지 않고, 나비처럼 이리저리로 돌아다니며 사교를 즐기는 유형이 아닐 가능성이 높다"고 한다.

피셔 같은 과학자들의 생물학에 근거한 연구는 친밀함과 분리 두 가지 모두를 더 잘 이해할 수 있는 토대를 제공해준다. 성 패턴들이 항상 들어맞는 것은 아니지만(가령 어떤 여자들은 남자들보다 더 지도자 유형에 가깝다), 성 경향들을 이해하는 것은 당신과 당신의 배우자가 늙어갈 때 당신들의 '친밀한 독립성'의 현주소가 어떤지 측정하기 위한 유용한 관점과 도구가 될 수 있다. 그것은 "내가 지나치게 친밀한가?"와 "내가 너무 독립적인가?"라고 묻는 시발점이 될 수 있다.

여기에서 주목할 점은 관계에 대한 보다 '남성적인' 접근 방식의 이면에는 독립적인 분리를 지향하는 경향이 있다는 점이다. 반면에 관계에 있어서 '여성적인' 접근 방식의 이면에는 의존적인 친밀함을 노골적으로 드러내는 경향이 있다. 노화하고 있는 우리의 뇌는 50세 이상의 나이인 지금 우리에게 진정한 상호의존, 친밀한 독립성을 구축할 기회를 제공한다. 우리는 노화의 단계들에서 결혼생활의 경이로움을 제대로 경험하기 위해 친밀함과 분리 두 가지 모두를 재구성하고 재조정해야 한다. 만일 우리가 무의식적으로 지나친 '거리두기'나 지나친 '얽혀듦'을 계속 강요한다면, 우리의 결혼생활은 아마도 실패할 것이다. 노화의 단계들에서 관계가 순조롭게 발전하기 위해서, 친밀한 독립성은 사치가 아니라 필수이다. 코린과 에디처럼 우리 모두는 사랑을 지속시키기 위해 노화의 첫 단계인 변화의 시기 동안 사랑하는 방식을 변화시켜야 한다.

부부생활에서 당신들이 지금 친밀한 독립성을 얼마나 건강하게 실천하고 있는지 그 정도를 가늠해볼 수 있는 도구를 소개하려고 한다. 일기장에 다음의 내용들을 적고 곰곰이 생각해보는 시간을 가지길 바란다.

- 나는 분리(개별성)보다 친밀함을 강조하는 경향이 있는가? 혹은 그 반대인가?
- 나는 통제자인가?
- 배우자와 가능한 한 많이 거리를 두고 있는가?
- 배우자와 나는 매주 혹은 격주로 결속을 다지는 의식들(밤 데이트, 둘만의 점심식사)을 가지는가?
- 배우자의 개별적이고 개인적인 정체성을 적어도 일주일에 몇 번씩 칭찬하는가?
- 배우자가 "내가 그(혹은 그녀)를 사랑한다는 것을 안다"고 생각하는가(따라서 상대에게 칭찬하는 말은 거의 할 필요가 없다고 생각하는가)?
- 배우자와 충돌이 있을 때 항상 내가 옳다고 생각하는가?
- 배우자의 감정을 다치게 했을 때 사과하는가?
- 배우자의 결함들을 용서하는가?
- 나는 관계하는 방식에 있어서 이성의 방식을 소중히 여길 만큼 성

차이들에 관해 충분히 알고 있는가?

- 하루에 한 번 이상 배우자의 행동을 비판하거나 통제하려 하는가?
- 비록 이전만큼 빈번하지는 않더라도, 배우자와 만족스러운 성생활을 갖고 있는가?
- 배우자가 무슨 생각을 하고 있고 어떤 기분을 느끼고 있는지 들어주는 걸 좋아하는가?
- 우리(배우자와 나)는 혼자만의 영역, 혼자만의 관심 분야들을 통제하지 않고 서로에게 허용하는가?
- 우리는 서로의 일과 취미들을 인정하는가?
- 친구들 앞에서 공개적으로 서로를 칭찬하는가?

이제 나와 배우자의 손이 어떻게 놓여 있는지 떠올려보자. 얽혀든 친밀함(지나친 친밀함)은 두 사람이 서로 손을 움켜잡고 있는 그림이다. 거리를 둔 독립성(지나친 분리)은 두 사람의 손이 팔 길이만큼 거리를 두고 있는 그림이다. 친밀한 독립성은 서로 얼굴을 마주한 상태에서 두 사람의 손이 약 10센티미터 정도의 거리를 유지하고 있는 그림이다. 이 마지막 그림이 인생의 나머지 절반에서 누릴 수 있는 성숙한 사랑을 표현한 것이다. 당신과 배우자가 친밀함과 분리 두 가지 모두가 가능한 방법을 알고 있는지 다음과 같이 물어보자.

- 어떤 측면들에서 나는 친밀함에 능숙한가? 어떤 측면들에서 나는 배우자보다 친밀함에 더 능숙한가?

- 어떤 측면들에서 나는 분리에 능숙한가? 어떤 측면들에서 나는 배우자보다 분리에 더 능숙한가?
- 어떤 측면들에서 내 배우자는 친밀함에 능숙한가? 어떤 측면들에서 내 배우자는 나보다 친밀함에 더 능숙한가?
- 어떤 측면들에서 내 배우자는 분리에 능숙한가? 어떤 측면들에서 내 배우자는 나보다 분리에 더 능숙한가?

일기장에 각 항목에 대한 대답을 상세히 기술하라. 당신들의 관계가 어떻게 흘러왔는지 이야기를 나누어보라. 특히 지난 5년 동안의 일들을 이야기하고, 당신이 말한 내용과 배우자가 말한 내용을 비교해보라. 배우자가 당신과 함께 이 작업을 하지 않으려 한다 해도, 당신에게 이것은 여전히 도움이 될 것이고, 이것에 대해 친구들과 많은 이야기를 나눌 수 있을 것이다.

처음에 코린은 혼자 이 작업을 해야 했다. 에디가 완강하게 거부했기 때문이다. 코린은 일기를 쓰고, 질문들에 답하고, 친구들과 이야기를 나누고, 친밀함과 분리, 그리고 그녀의 정체성에 관해 다시 생각해보았다. 그녀는 에디에게 의존하던 마음을 어떻게든 물리치고 자신의 존재와 가치를 확인하기 위한 새로운 과정을 시작했다. 그리고 그녀는 배우자와 분리된 자신의 개별적인 가치를 발전시키기 시작했다. 보다 도전적인 일을 추구하고, 에디의 조용하고 때때로 확인할 수 없는 거리감 앞에서 무능감을 느끼는 자신의 두려움에 관해 상담을 받았다.

그녀의 경우, 그녀가 에디에 대한 의존으로부터 벗어나기 시작하자 그들의 결혼생활에 변화가 일어났다. 에디는 그녀를 이전과 다르게 보기 시작했다. 그는 그녀가 계속 그를 잡아끌어 휘말려들게 만들고, 감정적으로 그에게 불만을 갖고, 그의 실패들을 되풀이해 말할 거라는 두려움을 이전보다 덜 느끼게 되면서 그녀를 더 존중하게 되었다. 코린이 스스로 변모하기 위해 노력을 기울인지 1년 만에, 마침내 에디는 이렇게 물었다. "거리언이라는 그 친구를 내가 함께 만나러 갔으면 좋겠어?"

당신 부부가 친밀함과 독립성의 전체적인 균형을 잡기 위해 서로의 애정을 조절하고, 성숙시켰는지 아는 방법이 있을까? 물론 그런 방법이 있다. 천천히 시간을 가지고 당신들의 관계를 재평가하고 새롭게 시작하면서, 스트레스가 낮고 보다 질 높은 친밀한 독립성이 이루어지는 관계가 되도록 조정한 뒤(이 작업은 몇 달 또는 몇 년이 걸릴 수 있다), 다음의 친밀한 독립성에 관한 질문에 답해봄으로써 당신들의 관계가 지금 어떤 상태인지 확인해보기를 권한다. 당신의 대답에 '그렇다'가 많을수록 더 좋다. '그렇다'가 더 많다는 것은 당신이 현재 관계의 만성적인 스트레스를 가능한 한 많이 감소시켰고 관계에 있어서도 앞으로 수십 년 동안 노화의 경이로움을 유지하고 보호하게 해줄 당신의 한 부분을 만들었다는 것을 의미한다.

- 나 또는 배우자가 서로의 영역에 대해 통제하는 태도를 버렸는가? 일상생활과 각자의 관심 영역에 대해 통제하지 않고 존중하는가?
- 나 자신과 배우자의 별난 행동, 약점, 특이한 성격, 치부 같은 것들에 관해 서로 농담을 주고받을 수 있는가?

- 매주 혹은 격주로 결속을 다질 수 있는 의식들(밤 데이트, 둘만의 점심 식사)을 가지는가?
- 서로의 정체성과 행동에 관해 적어도 일주일에 몇 번씩 칭찬을 해주는가?
- 부부싸움을 할 때 각자 어떤 것들에 대해 상대방이 옳다고 인정하는가?
- 상대방의 감정을 다치게 하고 몇 시간 뒤 서로에게 사과하는가?
- 대체로 상대의 결함과 자신의 결함을 용서하는가?
- 여자와 남자로서 친밀함과 분리를 실천하는 방법에 있어서 서로의 성 차이들을 인정하는가?
- 서로를 비난하는 일이 전보다 줄었는가?
- 비록 이전만큼 빈번하지는 않더라도 만족스러운 성생활을 하고 있는가?
- 서로가 생각하고 느끼는 것들을 기꺼이 들어주는가?
- 친구들 앞에서 공공연하게 서로를 칭찬하는가?

이 질문들 중 대부분에 '그렇다'라고 대답한다면, 당신들은 스트레스 없는 성숙한 사랑을 향해 나아가고 있는 것이다. 당신들은 사랑을 지속시키기 위해 친밀한 독립성을 받아들이고 있다. 당신들은 노화의 가장 놀랍고 충만한 부분 가운데 하나, 즉 여생 동안 사랑하는 동반자 관계를 유지하기 위한 새로운 토대를 세우기 위해 나아가고 있다. 당신은 젊은 시절 친밀함의 지도와 자아의 거울로 배우자를 찾고 사랑이 시작되었음을 깨달았고, 그 깨달음을 행동에 옮겼다. 그리고 오랜 세월 동안, 그 거울을 고수하고 지도를 따라갔다. 그러나 결혼 후 7년, 10년 또는 20년 동안 두 사람이 함께 살아오면서 어느 시점에 두 사람 중 어느 한 사람 혹은 두 사람 모두가 지도를 포기하고 거울을 버리는 실험을 했다. 그 결과는 고통스럽고 무시무시했다. 이전에 우리는 최고의 친구를 가진 것 같았지만, 이제는 더 이상 그렇지 않게 되었다. 이전에는 사랑에서 기대하고 있던 것을 찾았지만, 노화의 실험이 일어난 지금은 사랑을 잃었다.

그러나 이 고통과 두려움 속 어딘가에서 사랑을 위한 새로운 가능성들을 볼 수 있기를 바란다. 젊은 시절의 지도와 거울을 내던지는 것이 자신과 상대방의 새로운 정체성, 새로운 만족, 안전하고 현실적이며 진실하게 사랑하는 새로운 방법—똑같이 결속되는 만큼 분리되고, 동등하게 사랑하고 사랑받는—을 불러올 수 있다는 사실을 알기 바란다. 노화의 첫 단계인 변화의 시기에 우리에게 내외적으로 일어나는 생물학적, 사회적, 심리적 변화들은 일반적으로 사랑의 다음 단계를 배우기 위한 절호의 기회다.

결혼생활을 유지하건 이혼을 선택하건 간에, 우리는 남은 반평생을 사는 동안 더욱 발전된 '친밀한 독립성'을 발휘하는 성숙한 사랑을 할 수 있다. 그것은 도전해볼 만한 가치가 충분하다. 그리고 그것에 도전하기 위해서는, 친구 모임, 부부 모임, 강연회, 상담, 부부생활 대화 모임, 그 밖에도 우리가 늙어가면서 젊은 시절에 나누던 사랑의 방법들을 더 이상 사용하지 못하게 된 것에 대한 깊은 슬픔과 불만에서 벗어나 새로운 친밀함과 성생활이 주는 깊고 지속적인 기쁨을 느낄 수 있도록 사랑과 지원을 베풀어줄 수단들이 필요할 것이다.

섹스와 친밀한 독립성

잔(56세)과 크리스(58세)가 부부문제로 나를 찾아왔다. 과체중에 카이저수염을 기른 크리스는 앞머리가 벗겨져가고 있었다. 하지만 군데군데 희끗거리는 머리칼과 수염 때문에 그의 얼굴은 위엄이 있어 보였다. 반짝이는 짙푸른 색 눈이 그의 은발을 상쇄해주고 있었다. 눈가와 뺨에 주름이 져 있었고 자신의 체중 때문에 남의 시선을 의식하고 있는 게 분명했지만 그럼에도 잘생긴 남자였고, 특히 다정한 미소를 띠고 있을 때면 더 잘생겨 보였다.

잔 역시 크리스만큼 매력적이었다. 그녀도 다소 과체중이었기 때문에 헐렁한 청바지와 늘어지는 파란색 블라우스를 입었는데 터키옥 목걸이와 귀걸이가 눈에 띄었다. 거무스레하게 탄 얼굴에 갈색 눈이 돋보였고 머리칼은 금빛이 도는 은발이었다. 나중에 그녀가 털어놓기를, 한때는 머리를 염색했지만 지금은 자기 외모에 자신감이 있기 때문에 더 이상 염색을 하지 않는다고 했다. 그녀는 크리스보다는 더 수줍음이 많아 보였지만 웃을 때는 활짝 미소를 지었고, 할 말도 남편보다 뭔가 더 많아 보였다.

이 부부와 함께 대화를 나누면서 나는 그들에게 성생활에 관한 문제가 있다는 것을 알 수 있었다. 잔은 48세에 자궁절제술을 받았다. 인생을 살아오는 동안 거의 항상 불안과 관련된 문제들과 씨름했던 크리스는 53세부터 불안과 우울증을 치료하기 위해 약을 계속 복용해오고 있었다. 이 부부는 둘 다 체중이 불었다. 잔은 정상 체중보다 약 20킬로그램, 크리스는 10킬로그램이 더 나갔다. 산과 크리스는 또한 직업상 함께 일했는데, 그것은 그들이 하루 종일 끊임없이 접촉해야 한다는 것을 의미했다. 이는 친밀함이 깊어질 수 있는 환경일 수도 있지만 경우에 따라서는 오히려 친밀함을 파괴할 수 있는 환경이기도 했다. "어쩌면 우리는 좀 지나칠 정도로 붙어 지내는 게 아닌가 싶어요." 잔이 즉시 자기 생각을 말했다. 더 많은 대화를 나눈 결과, 이 부부가 노화의 단계들에 적응하지 못하고 있다는 것을 분명하게 알 수 있었다. 그들은 서로에 대한 사랑을 위한 새롭고 자유로운 방법들을 알지 못했다. 그들은 스무 살 때 가졌던 열정을 더 이상 갖고 있지 않았고, 심지어 10년 전의 열정조차 남아 있지 않았다. 그래서 그들은 엄청난 슬픔을 느꼈다.

어느 날 상담을 하던 중에 크리스가 자신들의 성생활에 관해 입을 열었다. "저는 이제 더 이상 예전의 제가 아닙니다. 제가 복용하고 있는 약들 때문인지 모르겠지만, 그걸 제대로 해내려면 더 많은… '도움'이 필요해요. 잔의 도움이, 그러니까, 약간의 오럴 섹스가 필요합니다, 그런데 그녀는 그걸 하면 무릎이 너무 아프다고 합니다…. 잘 모르겠어요. 당혹스러운 일이지만 여하튼 우리는 예전만큼 친밀하지 않습니다." 내가 잔에게 말할 기회도 주기 전에 잔이 끼어들었다. "요즘 저는 바이브레이터에 의지해 살고 있어요. 바이브레이터가 제 섹스 파트너랍니다. 물론 저는 크리스를 사랑해요. 하지만 섹스는 우리에게 너무 힘들어요. 우리는 서로를 사랑하지만… 상황이 예전 같지 않아요. 그건 확실해요." 그녀는 자신들이 대략 6개월에 한 번 정도 부부관계를 가졌다고 고백했다.

성생활은 친밀한 독립성의 중요한 부분일 수 있다. 이 부부는 성적으로 지나치게 분리되어 있었다. 섹스에 대한 그들의 욕구는 불균형을 이루고 있었고 어느 하나도 충족시키지 못하고 있었다. 이전 세대는 적어도 성에 관한 그런 세부적인 문제를 대체로 솔직하게 털어놓지 않았고, 잔과 크리스 부부 역시 그런 세대에 속했다. 나는 이 부부에게 다음과 같이 조언했다. "우리 나이에 섹스에 관한 문제는 어떤 것이건 정상적인 범주에 속합니다. 그리고 우리는 지금 그 어느 때보다 그 모든 것에 관해 훨씬 더 자유로울 수 있습니다. 그러니 어떤 것이건 기탄없이 이야기해보세요."

잔은 크리스보다 섹스에 관해 입을 여는 걸 쑥스러워했지만, 점차 크리스 못지않게 마음을 터놓고 솔직해졌다. 그리고 바로 그 덕분에 그들의 부부생활이 위기에서 벗어날 수 있었다.

50세 이후의 섹스에 관한 일곱 가지 진실

섹스는 노화의 첫 번째 단계에서 대단히 중요하다. 그리고 관계의 친밀성과 개별성이 균형을 이루는 데 섹스가 특히 중요한 위치를 차지하는 사람들이 있다. 현재 우리의 성생활 빈도가 이전보다 줄어들었을 수도 있지만, 우리의 뇌는 여전히 섹스에 관해 생각하고, 심지어 우리가 알아차릴 수 있는 것보다 더 많이 섹스에 의존한다. 캔자스 대학의 옴리 길라스 교수가 발표한 최근의 한 연구는, "성적 자극은 분위기, 동기부여, 그리고 뇌가 반응하는 방식에 영향을 미친다. 성적 절정에 무의식적으로 노출되는 것은 긍정적인 영향을 미치며 성욕을 증가시킨다"는 사실을 확인했다. 이 연구에 참여한 피실험자들은 성적인 그림들과 그 외의 자극물(사진이나 동영상의 성적 이미지들)을 통해 숨겨진 성적 자극에 노출되었다. 그들은 성적 자극을 접하지 않았을 때보다는 접하고 났을 때 지겨운 퍼즐이나 철자 바꾸기 게임에 계속 몰두하기가 더 쉬워지고 심지어 더 쉽게 완성했다(섹스에 관한 생각들이 동기를 부여하고 있었다). 길라스의 신경촬영법은 성적 자극들이 나타나지 않았을 때보다 나타났을 때 여자와 남자 양쪽 모두 뇌의 더 많은 영역들이 흥분한다는 사실을 보여주었다. 여자들의 뇌에서는 뇌의 통제 센터들이 남자들에게서보다 더 많이 흥분되었다. 남자들의 뇌에서는 동기 유발 센터들에서 더 많은 자극이 일어났다.

이 연구는 섹스가 50세 이후에 얼마나 중요한지를 보여주는 많은 증거들 가운데 하나다. 섹스는 스트레스를 완화시키고, 고통을 감소시키며, 우울과 불안을 줄여주고, 수면을 개선하고, 혈관을 강화하고, 면역력을 높여주고, 전립선암이나 유방암 같은 종류의 암 발생률을 낮추고, 사람들이 새롭고 흥겹고 발전적이며 건강에 유익한 방식으로 친밀해지도록 도와줌으로써 수명을 연장시킬 수 있다.

그와 동시에, 우리 모두는 성욕이 감소하는 건 자연스러운 현상이라는 것을 알고 있다. 그것은 우리가 점점 늙어갈 때 애써 회피하려 하는 진실들 가운데 하나다. 그렇다면 또 어떤 진실들이 있을까? 내가 내담자들을 상담치료할 때 사용하는 일곱 가지 진실들을 아래에 소개한다. 나는 이 진실들이 특히 50세 이후의 성생활에 영향을 미친다는 사실을 발견했다. 이 진실들을 알면 관계에서 친밀한 독립성을 위한 합의된 기준을 정하는 데 도움이 될 수 있다

첫 번째 진실. 성생활에 똑같이 적용되는 단 하나의 기준은 없다

성생활만큼 다양성을 보여주는 영역은 거의 없다. 따라서 만일 당신 또는 당신의 배우자가 성적인 친밀함을 가늠하는 데 있어서 한 가지 방법만을 고집하고 있다면, 당신 또는 배우자는 섹스를 관계를 얽어매는(또는 거리를 두는) 수단으로 이용하고 있는 것일 수 있다. 섹스는 따라야 할 사회적 혹은 문화적 관념이 아니라 성숙한 사랑의 일부분으로서 관계와 함께 진화한다.

2010년에 미국 전역의 사람들을 대상으로 실시한 '성 건강과 성 행동 연구(National Survey of Sexual Health and Behavior)' 결과에서 성생활에 관한 다음과 같은 사실들이 밝혀졌다. 이 조사의 궁극적인 메시지는 다양성과 포괄성이다.

- 50세 이후 남자들은 대다수가 자위를 하고, 이 연령층의 여자들 가운데 거의 절반이 자위를 한다. 50세 이상의 남자들은 50세 이상의 여자들에 비해 약 다섯 배 더 많은 수가 일주일에 네 번 자위를 한다. 자위를 하는 50세부터 60세 사이의 남자들 중 대부분은 한 달에 서너 번 정도 자위를 한다.
- 지난 한 해 동안 50세 이상의 남자들 가운데 거의 40퍼센트가 파트

너에게 오럴 섹스를 해주었지만, 50세 이상의 여자들은 불과 25퍼센트만이 상대방에게 오럴 섹스를 해주었다. 오럴 섹스를 받는 것에 있어서도 이와 유사한 통계 결과기 나왔다. 오럴 섹스를 받은 경우는 남자들은 40퍼센트 미만, 여자들은 25퍼센트 미만이었다.

- 지난 한 해 동안 50세 이상의 남자들 가운데 절반 이상이 성관계를 가졌지만, 50세 이상의 여자들은 40퍼센트만이 관계를 가졌다. 일주일에 여러 번 관계를 가진 남자들은 매우 드물었고 여자들은 훨씬 더 드물었다(남자들의 경우 10퍼센트, 여자들의 경우 7퍼센트). 여전히 성적으로 활발한 50세 이상의 남자들과 여자들의 경우, 한 달에 한 번에서 세 번 사이가 평균이었다. 그리고 이들 가운데 남자들은 한 달에 세 번, 여자들은 한 달에 한 번 성관계를 가지는 경우가 많았다 (이 차이는 남자들이 여자들보다 더 많은 파트너들을 가지고 있었다는 것을 시사한다).

- 지난 한 해 동안 50세 이상의 남자들 중 7퍼센트, 그리고 50세 이상의 여자들 중 4퍼센트가 애널 섹스를 했다.

- 지난 한 해 동안 50세부터 60세 사이의 남성 가운데 8퍼센트가 발기부전 약물을 적어도 한 번 이상 사용했고, 60세부터 70세까지의 남성 가운데 30퍼센트, 그리고 70세부터 80세까지는 23퍼센트가 사용했다.

당신이 현재 어떤 성적 경향을 갖고 있다면 이 세상의 다른 누군가도 그런 경향을 갖고 있다. 섹스에 있어서 '정상적'인 것은 지극히 상대적이다. 당신과 배우자는 성생활에서 어떤 것이든 부끄러워하지 않고 함께 얘기를 나누어야 한다. 현실적으로 불가능한 건 없다.

두 번째 진실. 늙어가면서 우리 모두는 결국 성생활의 빈도가 줄어든다

설령 비아그라나 다른 약물을 이용해 몇 해 동안 성생활을 예전처럼 자주 갖는다 할지라도, 남녀 모두 성관계의 빈도가 감소하는 것은 50세 이후의 삶에서 피할 수 없는 사실이다. 따라서 이 시기가 되면 섹스를 통해 자연스럽게, 보다 건강한 분리가 가능해진다. 만일 당신이 최근 몇 년 동안 상대에 대한 성적 욕구가 감소한 것을 알아차렸다면, 당신은 지극히 정상적인 성욕 쇠퇴 과정에 있는 것이 확실하며, 그로 인해 인생의 감정적, 정신적, 사회적 영역들에서 더 큰 성장과 변화가 따라올 수 있다. 자연은 당신이 성욕을 느끼기 위해 필요로 하는 여러 가지 화학물질들을 감소시킴으로써 당신이 노화의 경이로움을 맞을 준비를 시키고 있다.

신경정신병학자 루안 브리젠딘은 다음과 같이 지적했다. "50세 무렵이면 남자들은 부신에서 분비되는 테스토스테론의 절반을, 고환에서 분비되는 테스토스테론의 60퍼센트를 잃는다." 이런 쇠퇴 현상은 그다음 10년과 그 이후에도 계속 이어진다. 여자들의 경우, 성욕 화학물질의 쇠퇴는 남자들에 비해 훨씬 더 가혹할 수 있다. 브리젠딘은 다음과 같이 기술하고 있다. "50세 무렵 여성들의 성욕 화학물질 수치는 70퍼센트까지 떨어지고, 테스토스테론의 분비도 매우 낮아진다." 이는 50세 이후에 강한 성욕을 갖고 있는 여성들이 없다는 의미가 아니다. 이것은 우리 모두에게서 일어날 수 있는 자연스러운 변화들이고 친밀한 독립성을 위해 고려해야 할 평균들일 뿐이다. 하지만 어쨌든 당신의 신체는 변화하고 있고 몸과 체형에서 성적 매력이 점점 사라져가게 된다(전보다 더 뚱뚱해지고 자세도 구부정해진다). 일상생활에서의 행동이나 태도에서 활기가 떨어질 것이고, 따라서 잠재적인 짝에게 성적 매력이 덜할 것이다. 그리고 이 시기의 사람들 가운데 우리가 생각하는 것보다 훨씬 더 많은 이들이 약물로 인한 심각한 성욕 감퇴 현상을 겪고 있다. 혈압약이나 우울증약을 비롯해서 신체적 또는 정신적 건강을 유지하기 위해 복용하는 거의 모든 의약품들이 성욕과 성생활에 영향을 미칠 수 있다.

환자들과 내담자들은 젊었을 때처럼 성생활을 할 수 있는 방법을 발견하리라는 희망을 품고 상담치료나 임상실습에 참여하는 경우가 많다. 성생활이 옛날만큼 순조롭지 않기 때문에 자신들의 정체성이 크게 손상당한 것 같은 기분이 들기 때문이다. 상담에서 성욕이 변하고 있는 이유를 이해하는 과정은 개인 또는 커플에게 심리적인 위축감을 해소해가는 계기가 된다. 어떤 부부들은 성욕이 감소된 실제적인 원인(약물, 신체적인 변화, 갱년기, 심리적인 문제들)이 무엇인지 알게 되고, 새롭게 생겨난 섹스에 대한 관심과 더불어 그 원인에 따라 자신들이 갈 길을 찾아낼 수도 있다. 그들은 새로운 도구, 새로운 자세, 새로운 접근방법 등을 시도할 수 있다. 한편 어떤 커플들(특히 지난 10년 동안 이미 거의 모든 실험적인 성적 도구나 체위를 시도해본 사람들)은 마침내 감소된 성욕에서 깊은 평화를 발견하기도 한다.

만일 당신이 성욕이 감소되는 것을 느끼고 있다면, 반드시 의학적,

심리적 분석을 받고 도움을 얻도록 하라. 주위 사람들, 특히 당신과 비슷한 연령대의 사람들과 대화를 나누고, 믿을 수 있는 여자들과 남자들에게 손을 내밀어라. 그럴 경우 외로움을 덜 느끼게 될 것이고, 자신의 인생에서 터득하고 있는 50세 이후의 섹스에 관한 진실들이 그들에게도 예외가 아니라는 사실을 발견하게 될 것이다.

내가 자주 들었던 성욕에 관한 한 가지 질문은 다음과 같다. "내 배우자는 이제 더 이상 먼저 섹스를 원하는 법이 없습니다. 우리의 부부생활이 곤경에 처해 있다고 걱정해야 할까요?" 첫 상담 시간에 코린은 이 질문에 대한 대답을 듣지 않고서는 자리를 떠나지 않을 것 같았다. 그 대답은 만일 두 사람 사이에 다른 문제가 있다면 '걱정해야 한다'일 수 있지만, 결혼생활이 견고하다면 그 대답은 일반적으로 '걱정할 필요 없다'이다. 특히 섹스를 먼저 하자고 하지 않는 상대에게 어떤 변화가 있었거나(에디는 현재 만성적인 피로에 시달리고 있었기 때문에 섹스를 먼저 시작할 여력이 없었다. 그는 또한 남성 갱년기를 겪고 있었다), 둘 중 한 사람 또는 두 사람 모두 성적 욕망이 떨어졌다면 그 대답은 '걱정할 필요 없다'이다. 감소된 성욕은 부부에게 근심거리일 수 있지만, 대체로 삶의 정황이 달라졌기 때문일 때가 많다. 그리고 한두 해가 지나면 상황이 다시 바뀌는 경우가 아주 많다.

세 번째 진실. 여자는 남자보다 성욕이 더 서서히 감소한다

남자들의 경우 일반적으로 질병이나 노화 또는 의약품으로 인한 발기 부전 장애의 가능성이 있고 그 기능장애가 성욕과 성생활에 직접적인 영향을 미치는 반면, 여자들은 성욕과 섹스 빈도가 감소되는 것과 관련된 신체적 조건들이 남자들보다 훨씬 더 복잡하다. 그래서 통계적으로, 늙어가면서 장기간 성욕이 감소된 상태라면 그 사람은 여자일 가능성이 더 많다.

2010년 '미국 전역 성 건강과 성 행동 연구 조사'에 따르면, 50세 이상의 여자들의 경우 매년 평균적으로 섹스 빈도가 5퍼센트씩 줄어들고 오럴 섹스는 7퍼센트로 줄어든다고 한다. 따라서 변화의 시기 동안 여자들은 평균적으로 섹스 빈도가 50퍼센트 정도 감소하게 된다.

워싱턴 대학의 갱년기 장애 전문가 수전 리드 박사의 말에 따르면, 여자들의 신경전도계는 50세 전후로 변화한다. 그 결과로 클리토리스 크기가 변할 수도 있고, 니트릭 옥사이드 같은 다양한 화학물질들이 혈류 속에서 성적 에너지를 감소시킬 수 있다. 질 안을 매끄럽게 해주는 분비물의 양도 줄어들고, 폐경기가 시작되면서 성욕과 섹스 빈도가 감소하는 데 더 큰 원인이 되는 여러 가지 신체적, 생화학적, 생물학적 문제들이 나타날 수 있다. 성교 동통(삽입 시의 극심한 통증), 질 경련(질 근육의 원치 않는 경련) 등이 바로 그런 문제들이다.

자연은 지금 이 순간에도 우리에게 뭔가를 하고 있다. 우리의 몸이 변할 때, 우리는 친밀한 독립성과 관련된 문제에 끊임없이 도전을 받는다. 즉, 성적 변화들을 겪어나가면서 새로운 성적 친밀함에 적응하는 동시에, 섹스에만 의존하지 않고 독립적이지만 상호의존적으로 느껴질 수 있는 사랑의 대화와 행동을 지향함으로써 새로운 방식으로 친밀한 독립성의 균형을 잡는 것이 바로 그 도전이다.

네 번째 진실. 남자들은 여자들보다 오르가슴에 더 많이 집착한다

2010년 '미국 전역 성 건강과 성 행동 연구 조사'에 따르면, 남자들의 85퍼센트가 가장 최근의 성행위에서 오르가슴을 느꼈지만, 여자들의 경우에는 64퍼센트만이 오르가슴을 느꼈다고 답했다. 이는 전 세계적으로 일관되게 나타나는 남녀 차이이다. 남자들은 여자들이 실제로 느끼는 것보다 더 많이 오르가슴을 느낀다고 생각하는 경향이 있다.

이 연구는 또한 여자들이 구강성교, 자위, 진동기 사용을 포함해서 다양한 성행위를 통해 오르가슴을 느끼기가 더 쉽다는 사실을 발견했다. 그와 동시에, 여러 연구들은 여자들이 일반적으로 남자들보다 오르가슴의 빈도에 더 만족한다는 사실을 보여주었다. 남자들은 더 오랜 시간 더 많은 오르가슴을 원하는 경향이 있기 때문이다. 어떤 여자들의 경우, 만족스러운 성적 경험은 전적으로 또는 주로 오르가슴에 근거하기보다는 침대나 그 밖의 장소에서 '단지 상대방과 연결되는 느낌'에서 비롯될 수 있다.

개인으로서, 커플의 한 사람으로서 이 사실을 알고 항상 유념한다면 노화의 과정이 훨씬 더 자유로워질 수 있다. 다시 말해, 우리가 오르가슴에 관해 오래도록 믿고 있었던 '꼭 도달해야 한다'라는 강박감에서 벗어나 상대방과 친밀해질 수 있는 다른 방법들을 찾을 수 있다. 그와 동시에, 만약 당신의 배우자(또는 당신)가 오르가슴을 느끼거나 느끼지 못하는 것과 관련된 흥분이나 불안을 당신에게 알릴 경우, 그것을 진지하게 받아들여야 한다. 불만족스러운 섹스는 관계를 손상시킬 수 있다. 섹스를 즐기고 오르가슴에 다다르기 위해 무엇이 필요한지 상대와 반드시 대화를 나누어야 한다. 이전에 당신 부부가 자신들이 원하는 것들에 관해 거의 말을 하지 않았다 하더라도, 지금 당신들의 부부생활에서 친밀함과 분리를 균형 있게 결합하여 새롭고 스트레스 없는 건강한 사랑의 방식들로 옮겨가고자 한다면, 그에 관해 반드시 대화를 나눌 필요가 있다. 특히 50대에 이전에 느끼지 못했던 오르가슴을 상대가 느낄 수 있도록 도와주는 것이 곧 성적으로 관계를 보호하는 것일 수 있다. 그리고 모험을 즐기는 새로운 방식들로 상대의 성적 요구들에 맞추는 것은 동반자 관계의 다른 영역들에서도 친밀해질 수 있는 계기가 된다.

다섯 번째 진실. 자위는 유익하며 노화 과정에도 도움이 된다

앞선 보고에 따르면, 대부분의 사람들은 어느 시점에서 자위를 했다. 남자들은 95퍼센트, 여자들은 85퍼센트. 50세에서 60세까지의 남자들은 지난달에 56퍼센트가 자위를 했고, 작년 한 해 동안은 72퍼센트가 자위를 했다. 50세부터 60세까지의 여자들은 그 수치가 더 낮았다. 28퍼센트가 지난달에 자위를 했고, 작년 한 해 동안은 54퍼센트가 자위를 했다. 남자와 여자 양쪽 모두 80대, 90대까지 살아가면서 혼자서 혹은 배우자와 함께 자위를 할 수 있는 사람들에게 자위는 성생활의 핵심 요소가 되며, 이 퍼센티지는 10년에 약 10퍼센트씩 감소한다.

성공적인 자위의 성적 기쁨과 발산보다 자유의 느낌을 더 잘 묘사할 수 있는 감정들은 별로 없을 것이다. 자위는 사람들이 입에 올리기를 꺼리는 말이지만, 우리가 늙어갈 때 아주 특별한 가치를 지닐 수 있다. 사실, 혼자서 하는 자위와 둘이서 함께하는 상호 자위에 관해 사회적으로 길들여진 수치심을 극복하고 그것을 실행하는 것은 50세 이후의 성공적인 성생활과 친밀함의 핵심 요소일 것이다. 오래 지속된 결혼 생활에서 자위는 필수적일 수 있으며, 특히 부부 중 한 사람이 병중에 있기 때문에 성적으로 해소할 길이 없을 때는 더더욱 그러하다. 늙어가는 남자들에게 자위는 발기가 잘되지 않을 경우 일종의 치료책이 될 수 있으며(또는 발기할 수 없다는 두려움에 대한 치료책이기도 하다), 여자들에게는 질의 윤활 작용을 증가시킬 수 있는 효과적인 방법이기도 하다. 전희로서의 자위는 이전에는 경험하지 못한 방식으로 서로 결합하는 즐거운 의식이 될 수 있다.

여섯 번째 진실. 포르노그래피는 노화하는 뇌에 유익할 수 있다

여자와 남자 모두가 포르노그래피를 즐길 수 있다. 그러나 남자들은 시각적인 포르노그래피를 더 많이 즐기는 편이고, 여자들은 글로 쓰인 성애물을 즐기는 경향이 있다. 인지신경과학자인 오기 오가스와 사이 가담은 컴퓨터 프로그램을 이용해 수많은 웹 연구조사들을 분석한 결과, 다음과 같은 사실을 확인했다. "여자들은 온라인 서비스를 이용하는 방법에서 남자들과 매우 다르다. 전 세계적으로, 대부분의 여자들(그 숫자는 점점 증가 추세를 보이고 있다)이 추구하는 것은 성행위의 노골적인 장면이 아니라 로맨틱한 관계를 다룬 인물 중심의 스토리이다." 일반적으로 여자들은 남자의 적합성 여부를 판단할 때 세 가지 측면—신체적, 사회적, 감정적 측면—을 동일한 비중으로 보는 반면, 남자들은 여자를 볼 때 나머지 두 가지에 비해 신체적인 측면에 더 큰 비중을 둔다.

우리는 포르노그래피를 생각할 때 로맨스 소설보다는 사진이나 영상을 떠올리기가 더 쉽다. 그런데 그 사진이나 필름은 시각적인 것이고, 따라서 우리는 포르노물을 보다 남성적인 것이라고 생각한다. 하지만 변화의 시기에 있거나 그보다 더 나이 든 여자들의 경우, 포르노물은 로맨스 소설일 수 있다. 그리고 포르노그래피가 전 세계에 존재하고 그 역사가 수천 년을 거슬러 올라가기 때문에(가령, 기미수토라를 생각해보라) 과학적인 관점에서 포르노그래피가 본질적으로 잘못된 것이라거나 나쁜 것이라고 주장하기는 어렵다. 앞서 언급한 설문조사는 50세 이후의 남녀 가운데 약 5분의 1이 파트너와의 친밀감을 높이기 위해 시각적인 성애물을 이용한다고 보고하고 있다.

포르노그래피는 성적인 기능이 저하되는 남자들이나 폐경기 이후 섹스에 관심을 잃게 되는 여자들에게 유용할 수 있다. 하지만 포르노그래피가 일상생활에 영향을 줄 정도로까지 깊이 침투해 있다면, 그것은 위험할 수 있다. 그럴 경우 어쩌면 끊임없이 자위를 하거나 성 중독으로 이어질 수도 있다. 만일 두 달이 넘는 기간 동안 이런 중독 증상이 계속되고 있다면, 전문가를 찾아가 상담을 받고, 치료적 개입을 통해 도움을 받아야 한다. 이 개입이 필요한 사람들 가운데 어떤 사람들에게는 약물 치료가 병행될 수도 있다. 그렇지만 당신이나 배우자가 포르노나 섹스 중독 패턴에 빠져 있지 않다면, 포르노에 대한 시각을 다소 바꾸어, 적어도 50세가 넘은 사람들에게는 포르노가 어떤 유용성을 갖고 있다는 사실을 알 필요가 있을 것이다. 시각적이고 관능적인 자극은 아주 많은 경우들에서 성적 친밀함을 위해 유용하다.

일곱 번째 진실. 성적 판타지도 건강한 성의 일부가 될 수 있다

남자들은 하루 동안 성행위에 관해 여자들보다 더 자주 공상을 한다. 한 연구는 남자들 가운데 절반 이상이 하루에 여러 번 성에 관한 공상을 한다는 사실을 확인했고, 또 다른 연구는 그 수치가 훨씬 더 높다는 결과를 얻었다. 대부분의 연구들은 여자들이 하루 동안 성적으로 노골적인 공상을 하는 수치는 남자들보다 훨씬 더 낮다는 데에 동의하고 있다(그렇지만 여자들은 남자들보다 하루 동안 로맨틱한 공상을 훨씬 더 많이 한다). 또 다른 연구조사들에 따르면 성적으로 가장 만족도가 높고 문제가 별로 없다고 말하는 사람들이 자주 또는 다른 사람들에 비해 더 빈번하게 성적인 공상을 한다고 한다.

성적 판타지는 불건전하다고 간주되는 경향이 있는데, 만일 당신의 성적 판타지들이 당신이나 상대에게 해로울 수 있다고 생각했다면, 그 이유를 재고해볼 필요가 있을 것이다. 비록 그 판타지에 등장하는 주인공이 배우자가 아닌 다른 사람이라고 할지라도. 사실, 당신의 마음속 이미지들과 당신이 펼치는 시나리오들은 실제로 당신의 부부생활이 50대 이상이 되더라도 계속 견고하게 유지될 수 있도록 도와준다. 그러한 판타지들은 배우자와 훨씬 더 완전하게 결합하도록 당신을 자극하고 동기를 유발할 수 있다. 많은 여자들과 훨씬 더 많은 남자들이 성적 행위를 위해 흔히 이런 판타지들을 필요로 한다.

만일 당신의 성적 판타지들이 당신 인생의 다른 윤리적 부분들을 거스르는 것처럼 보인다는 이유로 스스로에게 뭔가 문제가 있다고 생각했다면, 당신은 그 판타지들이 당신의 스트레스 수치를 크게 높이고 있느냐 아니냐에 중점을 둘 필요가 있다. 만일 그렇지 않다면(즉, 그 판타지들이 당신의 성생활에 계속 도움을 주는 한), 그것들은 그냥 유익할 수 있다. 그러나 그 판타지들이 당신이나 상대의 스트레스 수치를 크게 높이는 요인으로 작용하고 있다면, 전문가의 도움을 받아 그 이유를 자세히 살펴보는 것이 좋을 것이다. 상대방이나 자신에게 해롭게 작용하는 성적 판타지는 위험하다. 당신은 그 위험을 충분히 삼지힐 수 있다. 그 성적 판타지들로 인해 사랑하는 사람에게서 멀어지거나 문란하고 유해한 행동들을 하게 될 수 있기 때문이다. 그 판타지들은 관계에서 친밀함을 몰아내고 분리를 더 많이 불러온다. 그리하여 결국 친밀한 독립성의 균형을 깨뜨리고 만다.

그러나 대체로 성적 판타지들은 옳고 그름으로 판단할 문제가 아니다. 그것은 단지 편안한 기분, 활력, 흥미를 선사하는, 자신이 상대에게 가치 있는 존재라는 느낌이 들도록 자극하는 뇌 화학작용일 뿐이다. 성적 판타지들은 즐거움과 기쁨을 준다. 이는 심지어 폭력적인 성적 환상들을 갖고 있는 사람들의 경우에도 해당될 수 있다.

내담자들을 상담하면서 흔히 폭력적이지 않은 사람에게서 폭력적인 성적 판타지에 관한 이야기를 듣게 된다. 그 남자 혹은 여자는 자신의 폭력적인 환상이 도착증세가 아닐까 걱정할 것이다. 사실 대부분은 그렇지 않다. 폭력적인 성적 환상들은 흔히 어린 시절의 성적, 신체적 또는 정서적 학대에 그 원인이 있다. 그 남자 혹은 여자는 현재 50대나 그 이상의 나이이고, 부모 중 한 사람에게 빈번하게 볼기를 맞거나 구타를 당했거나 그와 유사한 방식으로 학대를 당했던 것에서 비롯된 일련의 내적 환상들을 갖고 있다. 폭력적인 판타지들은 아마도 청소년기에 처음 나타났을 것이고 그 후로 성년기를 통해 발전하면서 뇌 안에서 다양하게 확장되어 기억 센터들에 저장되었을 것이다. 폭력적인 환상들은 그 사람이 성적으로 자극을 받거나 자극을 받고 싶을 때 자극제가 된다. 특히 늙어가는 남자들은 성행위 전에 발기할 수 있기 위해 그런 환상들에 의존해야 하는 경우가 아주 많다. 그러나 그 환상들은 일반적으로 어떤 도착증이나 변태적 행위 또는 위험한 일탈적인 행동을 야기하지는 않는다. 단지 평생토록 한 인간의 뇌리에 남아 있는(그리고 심지어 도움을 주는), 어린 시절에서 비롯된 성적 판타지일 뿐이다.

'변태적인' 성적 판타지들을 받아들이는 것은 결국 자유로 가는 여정의 일부분일 수 있다. 적절히 이용하기만 한다면 현재 자신이 성적으로 무기력하다는 느낌 대신 유능하다는 느낌을 계속 키워나갈 수 있는 방법이 될 수 있다.

새로운 사랑법

노자는 "누군가에게 깊이 사랑받으면 힘이 생기고, 누군가를 깊이 사랑하면 용기가 생긴다"고 했다. 인생의 나머지 절반은 노화의 단계들을 통해 많은 허물을 벗고 다양한 형태로 계속 변화해가면서 더 확고하고 완전한 사랑의 시기, 기적적인 사랑의 시기가 될 수 있다. 나이가 들어감에 따라 이전에는 과감하지 못했던 측면들—정직함, 솔직함, 적응력, 융통성, 새로운 지식, 더 깊어진 지혜—로 사랑에 관해 용감해질 필요가 있다.

우리 가운데 많은 이들은 자신이 인생의 다른 부분들에서는 연장자가 될 수 있지만 사랑에 있어서만큼은 그렇게 하지 못하다는 사실을 깨닫곤 한다. 우리들 대부분은 아무리 열심히 노력한다 해도 여전히 사랑에 성공하지 못한다. 그럼에도 어떤 이들은 분명히 사랑에 성공하고 있고, "어쨌든 난 이 사랑을 받아들일 거야. 난 이 사랑이 지속되기를 바라"라고 생각한다.

친밀한 독립성은 결혼 후 10년, 20년이 지나서도 사랑을 지켜내는 일종의 자유와 해방이라고 나는 생각한다. 나는 모든 부부들이 사랑의 어떤 단계에 있건 친밀한 독립성에 대해 경이감을 가지기를 바란다. 그리고 이혼을 생각하고 있는 모든 부부들이 전문적인 도움을 받아 친밀한 동시에 개별적으로 분리될 수 있는 자유를 발전시켜나가기를 바란다.

결국, 늙어갈 때 자유롭지 못하다면 우리는 결코 자양분이 풍부한 비로 변하지도 않고 태양에게 자리를 내주지도 않는 잿빛 구름 아래에서 우리의 짝을 사랑하게 될 것이다. 두 사람 모두에게 하루하루가 의무와 분노의 투쟁이 될 것이고, 그래서 우리는 수치심에 눈이 먼 채 서로를 노려볼 것이다. "그 빛은 어디로 사라졌을까?" 늙어가고 있는 우리는 "우리의 관계나 그 밖의 것들로부터 자유로워져야 한다고 느끼면서도 왜 거기에 그대로 머물러 있는 것일까?"라는 의문이 들 것이다. 만일 그런 의문을 느끼고 있다면, 상대는 분명히 이런 의문을 가지고 있을 것이다. "어떻게 이 새장을 열고 나가 새로운 여행을 할 수 있을까?" 누군가를 분명하고 완전하며 깊이 있고도 아름답게 사랑할 수 있는 이 인생의 나머지 절반에 많은 것들이 위태롭기 그지없다. 사랑은 예전과 같을 수 없다. 하지만 그렇다 해도 상관없다. 사랑의 새로운 현실은 우리의 기적이며, 그 새로운 현실은 이전에 생각하던 친밀함의 기준들보다 훨씬 더 많은 것으로 이루어진다. 그것은 아무도 우리에게 줄 수 없는 종류의 자유다. 우리는 지금 균형 잡힌 정신과 마음으로 다른 인간존재를 사랑하는 법을 배우기 위해 한 걸음 더 나아갈 기회를 얻고 있기 때문이다.

3부

.
.

죽음을

선택하기

위하여

7장

도착했다는 안도감과
깨어 있다는 자유로움

들판의 백합을 생각하라.
아기의 귀에 난 솜털을 보라.
뒷마당에 앉아서 햇살을 받으며 책을 읽어라.
행복해지는 법을 배워라.
그리고 인생을 곧 막이 내릴 무대라고 생각하라.
그러면 기쁨과 열정을 품고 하루하루를 살게 될 것이다.

— 애너 퀸들런, 작가, 칼럼니스트

홀로코스트 생존자인 에바 라스만을 처음 만났을 때, 그녀는 81세였고 나는 44세였다. 두껍고 네모진 안경 때문에 더욱 작아 보이는 에바의 작은 두 눈은 중앙으로 몰려 있었다. 나는 키가 185센티미터의 장신이었고, 에바는 155센티미터 정도의 작은 키였다. 그래서 그녀와 대화를 하려면 내가 허리를 굽혀야 했다. 나의 이 겸허한 자세는 신체적으로는 어색했지만 정신적으로는 내게 활기를 북돋아주었다. 에바는 폴란드계 독일인의 억양이 희미하게 남아 있는 어투로 신중하게 말했고, 나는 귀 기울여 들었다. 아마도 앞으로 10년 안에 에바 같은 홀로코스트 생존자들을 더 이상 볼 수 없게 될 날이 올 것이다. 최악의 상황을 이겨낸 다른 많은 감동적인 이야기들도 시간이 지나면 잊히듯이, 그녀의 이야기 역시 우리의 기억 속에서 사라질지도 모른다. 다만 그녀가 그 극한의 고통을 겪고 난 뒤 살아가면서 많은 사람들에게 그 이야기를 들려주었다는 사실만은 남을 것이다.

에바는 폴란드의 로츠에서 3남매 중 둘째로 태어났다. 나치에게 가족 중 한 사람을 잃고 바르샤바로 도망간 그녀는 바르샤바 게토 폭동 후 마이다네크 수용소로 강제 이송되었다가 온갖 시련과 고통을 견디고 살아남았다. 러시아군에게 구조된 그녀는 적십자 본부를 찾아갔고, 또 다른 생존자인 제프 라스만을 만나 결혼해 1949년 미국으로 건너왔다. 그들은 워싱턴 주 스포캔에 정착해 그곳에서 자식들을 키우며 살았다. 비교적 젊은 나이에 세상을 떠난 남편 제프와 사별한 뒤, 그녀는 홀로코스트에서 겪은 고통스러운 기억에 관해 가족과 친구들에게 이야기해줘야겠다고 생각했지만 쉽게 입을 열 수가 없었다. 그녀가 나에게 말한 바로는, 그 이야기를 못하고 있다는 생각에 마음이 괴로웠지만, 그렇다고 그 이야기를 꼭 들려줘야 할 만큼 절박하지는 않았다. 아직은 아니었다.

그 뒤로 그녀의 손녀에게 일어난 어떤 사건을 계기로 에바는 자신이 겪은 일들을 이야기하기 시작했다. 그 작은 사건 때문에 그녀는 워싱턴에서 열린 어떤 강연회에 참석하게 되었고, 거기서 노벨 평화상 수상자이자 홀로코스트 생존자인 엘리 위젤의 강연을 듣게 되었다. 엘리 위젤은 모든 홀로코스트 생존자들은 상상도 할 수 없는 그 끔찍한 잔혹 행위가 의미를 가지도록 하기 위해 자신의 사연을 공개적으로 밝혀야 한다고 역설했다. 에바는 나에게 이렇게 말했다.

그날 나는 내가 해야 할 새로운 일이 무언지 알게 되었어요. 나는 그동안 그 기억을 애써 숨겨왔어요. 하지만 60대가 되어, 이제 내 이야기를 전할 제2의 기회가 왔던 겁니다. 강연회에서 집으로 돌아와 나는 혹시 학생들에게 내 사연을 들려줄 수 있는지 지역초등학교에 문의했어요.

그 후로 에바는 초등학교, 대학교, 강연회, 그 외에 많은 모임들에서 자신의 이야기를 들려주기 시작했다. 건강이 나빠지기 전까지 그녀는 20년 동안 계속 이 제2의 기회에 매진했다. 그녀에게 있어서 제2의 기회는 처음에는 주로 '살아남은 것'에 대한 의미를 찾는 한 방법이었다. 그녀가 내게 말했다.

나는 이제 더 많은 것을 해야 했습니다. 내가 겪은 일들을 두고 그저 슬퍼하고 있게만 하지 않도록 무언가를 해야 했어요. 나는 젊은이들에게 내가 겪은 일들을, 그리고 여전히 풀리지 않는 그 불가사의들을 내가 어떻게 이해했는지 말해야 했습니다. 예전에는 이해할 수 없었던 것, 이제 그걸 이해할 기회를 얻은 겁니다. 고맙게도 오래 산 덕분에 나는 과거에 대해서 무언가를 할 수 있었어요.

워싱턴 주 스포캔에 위치한 곤자가 대학은 등이 구부정하고 웃을 때 한쪽 입술이 뒤틀리는 작은 여인 에바 라스만에게 그동안 용기 있게 역사를 증언하고 많은 가르침을 준 공로를 인정해 명예박사학위를 수여했다. 그리고 곤자가 대학에는 그녀 자신이 지칭한 대로 '로츠 출신의 소박한 여인'을 영원히 기억할 수 있도록 '증오연구학과'라는 새로운 학과가 만들어졌다.

나는 에바와 「에바의 노래」로 이 장을 시작하고 있다. 왜냐하면 그녀를 계기로 내가 인생의 제2의 기회를 연구하게 되었기 때문이다. 나는 그녀가 자신에게 주어진 제2의 기회들을 발견했다는 사실을 알게 되었을 때, 50세를 넘긴 다른 사람들에게서도 동일한 추진력을 보기 시작했다.

한 남자가 출세를 위해 정신없이 달려가던 삶을 접고 어느 날 교사가 되기로 결심한다. 어떤 여자는 자식들을 다 키우고 나서 직장으로 다시 돌아가기로 결심한다(물론 이 성별들은 뒤바뀔 수도 있다). 세 번 결혼했으나 중독이나 그 밖의 자기 파괴적인 문제로 또 다시 이혼을 하게 된 어떤 사람은 갱년기를 겪고 나서 마침내 파괴적인 길들을 끝내고 새로운 과정으로 접어든다. 거대 기업을 세운 어떤 사람은 자신의 재산 중 상당 부분을 혜택 받지 못하는 사람들에게 기부함으로써 공동체에 기여한다. 사업이나 가족 부양을 성공적으로 해낸 어떤 사람은 추리소설을 쓰는 작가로 거듭난다. 자식들을 다 키운 부모는 이제 손자들을 키우며 제2의 기회에 관해 즐겁게 이야기한다.

제2의 인생을 사는 많은 사람들은 어느 시점에 지금 자신의 인생을 새로운 기회로 보거나 미뤄왔던 것을 이루고 싶은 마음이 드는 순간들을 경험한다. 그리고 내가 관찰한 사람들은 하나같이 제2의 기회를 위한 내면의 여행을 할 필요가 있는 것으로 보였다. 따라서 나는 늙어가는 내담자들이 이 여행을 발견해나가는 것에 초점을 맞출 수 있도록 돕기 시작했다. 그 결과, 어떤 사람들은 다른 사람들보다 제2의 기회에 더 쉽게 뛰어든다는 것을 확인할 수 있었다. 내가 할 일은 내담자가 제2의 기회들을 기획하는 것을 돕고 그 기회를 밀고 나갈 수 있도록 자원과 방법을 제시하는 것이었다. 그렇게 해서 나는 그 여정을 위한 새로운 프레임을 가지고 일하게 되었다. 나는 여기서 당신과 함께 이것을 더 깊이 천착해보고자 하며, 「에바의 노래」에 담긴 사례와 함께 이 주제를 심화시키는 여정을 시작하려 한다.

「에바의 노래」

나는 에바 라스만의 이야기를 시와 웅변의 형식으로 대중 앞에서 낭독하기 위해 그녀와 함께 준비하면서 나 자신의 '완성과 영성(completion spirituality)'이 시작되었다고 믿고 있다. 내가 49세, 에바가 87세일 때 나는 에바의 이야기를 하나의 작품으로 만들고자 에바와의 인터뷰를 시작했다. 우리는 몇 해에 걸쳐 자주 만나면서 작품의 초안을 완성했다. 그러나 그녀가 세상을 뜰 때까지도 작품은 완성되지 못했다(그녀는 2011년 2월, 92세에 세상을 떠났다). 그 무렵 나는 54세였다. 나는 에바에게 바친 이 5년간의 헌신이 나 자신의 '영성과 완성'의 시작이자 그녀의 '영성과 완성'의 마지막 한 부분을 장식했다고 생각한다. 우리 두 사람 모두에게 그것은 인생의 제2의 기회에 속했다. 나는 그녀의 유산을 기록하는 이 작업을 통해 다른 사람들 역시 그들 자신의 제2의 기회와 완성을 향해 나아가리라고 희망한다.

지금 조용한 장소를 찾아 편안하게 자리를 잡고 앉길 바란다. 이 글을 크게 소리 내어 읽을 용의가 있다면, 부디 그렇게 하라. 마치 저 너머의 에바 라스만이 지금 집회에서 낭독하는 것처럼 나는 이 작품을 크게 소리 내어 읽는다. 언젠가 내 고향의 유태교 회당에서 열린 낭독회에서는 배경 음악도 사용되었다. 이 낭독회를 보고 싶다면, 유튜브에 들어가 마이클 거리언을 입력하고 「에바의 노래Eva's Song」를 찾아 클릭하면 된다. 낭독 시간은 17분 정도다. 이 낭독문은 「에바의 노래」라 불리지만, 그냥 「인생의 제2의 기회」라 불렸어도 좋았을 것이다.

에바의 노래

1.
친구들이여,
사랑 때문에 손을 떠는 일이 더 이상 없게 된 늙은 여인인 나는
그대들의 꿈 너머에서 그대들에게 말합니다.
한때 내 목소리는
하늘나라로 올라간 6백만 개의 양초들에 대해 말했습니다.
그리고 이제 나는 다시 노래를 부릅니다.
여기 모인 그대들,
그대들은 원하는 모든 것을 갖고 있는 선량한 사람들입니다.
그대들의 가족, 친구들, 라일락과 장미로 이루어진 그대들의 도시,
그대들의 거실에서 푸른빛을 발하는 모니터,
끝없는 시(詩)가 담긴 그대들의 인터넷.
이제, 이 모임에서, 그대들에게 줄 어떤 선물이 나에게 남아 있을까요?
나에게는 마지막 노래가 있습니다.
지금 이곳과는 다른 시간에 대한 나의 기억,

아직도 내 안에서 빛나고 있는 불빛 같은 영원한 영혼의 질문,
"나는 최선을 다해 인생을 살았는가?"

2.

그대들이 살고 있는 이 세상에서 나는
1919년, 에바 비알로그로드라는 이름으로 태어나
에바 라스만이라는 이름으로 살았습니다.
기마병, 용맹함, 군인들의 행진이 있던 그 옛날 1919년,
내 고향 폴란드의 로츠에서
저녁 하늘이 두근거리는 심장처럼 빨갛게 불타오르면
언제나 희미하기만 하던 지도들이 하나하나 선명하게 보였습니다.
곱슬머리에 검은 외투를 입은
우리 하시딕 유태인* 남자들이
눈에 보이지 않는 영광의 배를 타고 앞뒤로 흔들리며
유태교 회당에서 기도문을 외우는 동안,
우리네 여자들은 부지런히 일하던 손으로
나그네의 달을 잡았습니다.

우리 유태인 가족은 3천 년 동안의 슬픔을
작은 기쁨으로 잊을 수 있었습니다.

---

* 유태인 중에서도 가장 정통적이고 보수적인 사람들.

아버지는 나를 무릎에 앉히고

그 거대한 빛에 대해 이야기해주셨습니다.

"에바, 하느님은 약속을 지키실 기야,

항상 네가 기대하는 대로는 아니겠지만."

어머니는 우리 집 창문에 달 커튼을 뜨는 법과

안식일에 촛불을 밝히는 법을 가르쳐주셨습니다.

남동생 카임이 태어났을 때, 어머니는 미소 지으며 말씀하셨습니다.

"에바, 이 세상에 감사하고,

항상 어린아이들을 사랑하거라."

우리 오빠 모세의 딸이 태어났을 때,

나는 그 아이의 작은 주먹을 손에 꼭 쥐고 미소를 지으며 말했습니다.

"이 아기는 우리의 나비가 될 거예요!"

내 가족이 보이나요?

나는 한때는 가족의 사진들을 갖고 있었습니다.

하지만 지금은 남아 있는 사진이 없습니다.

우리 가족에게, 그리고 유태인들에게

많은 일들이 일어났습니다.

나는 알게 되었습니다.

너무도 무한해서 깜빡이며 꺼질 때까지는

보이지 않는 빛이 있다는 것을.

3.
친구들이여, 그대들은 알았나요, 모든 걸 빼앗길 수 있다는 것을?
그대들이 격렬한 사랑의 분노 속에서 방황하고 있는 동안,
세상은 사랑의 분노로 스스로를 증오할 수 있습니다.

미국에서 사는 동안 사람들은 내게 줄곧 물었습니다.
"에바, 유태인들은 위험이 다가오고 있는데도 어떻게 그걸 모를 수가
있었나요?"

내 대답은 이렇습니다.
증오는 불빛 가까이에서 노래를 부르면서 서서히 일어납니다.
어린아이들이 눈밭에서 빵 조각 같은 하얀 입김을 내뿜으며 놀고
늙은이들이 모여 앉아 자신들의 훈장을 서로 자랑하는 동안 서서히.
라디오는 요란한 거짓말들로 가득 차고,
거리는 온통 폭군들로 가득 차 있지만
그러나 우리는 서로에게 말합니다.
"유태인들이 증오의 대상이 아니었던 적이 있던가?"

나치가 "노란별을 달아라!"라고 명령해도
우리는 자긍심으로 고개를 쳐들었습니다.
경찰이 우리의 자전거를 빼앗아가도 우리는 생각했습니다.
"뭐, 걷는 게 더 좋아."

빰에 금빛 솜털이 난 젊은 독일군이

내 속옷으로 길바닥을 깨끗이 닦으라고 명령했을 때,

나는 거절했습니다.

그는 검은 몽둥이로 나를 때렸습니다.

내 꽃 같은 육신이 그의 잔인한 황홀경을 위한

살덩어리에 지나지 않게 될 때까지

그럼에도 나는 나 자신이 아닌 다른 존재가 되고 싶다고

생각하지 않았습니다.

다가오고 있었던 일들을 우리가 어떻게 몰랐을까요?

그건 한 사람의 유태인이 대답할 수 없는 질문입니다.

그 질문에 대답할 사람들은 모두 죽었으니까요.

4.

나치가 문을 부수며 소리쳤습니다.

"더러운 유태인 놈들, 빨리 나와!"

그들은 거친 들판을 달려 우리를 추격했습니다.

"에바, 숨어!" 우리 가족이 외쳤습니다.

"에바, 달아나!"

나의 어머니, 그녀의 외침이 살아남아야 한다는 것을 일깨웠습니다.

어머니는 도망을 치다가 심장이 그대로 멈추었습니다.

아버지는 온몸에 구멍이 숭숭 뚫린 채로 피를 토하며 죽어갔습니다.

내 오빠 모셰와 그의 아내와 딸은 총에 맞아 죽었고

카임, 내 어린 동생 카임은 넝마 같은 옷마저 발가벗겨진 채

아우슈비츠에서 한 줌의 재가 되었습니다.

나는 가까운 바르샤바로 달아나다 붙잡혔습니다.

·그 슬픔의 게토 안에서, 나는 여인이 되었습니다.

나는 하느님의 침묵의 지도를 읽는 법을 배웠습니다.

친구들이여, 가족의 죽음을 그저 지켜볼 수밖에 없을 때,

자신을 용서하는 것은 세상 그 무엇보다 고통스러운 형벌입니다.

5.

나치는 게토에 불을 질렀고,

살아남은 사람들은 가축 운반차에 태워졌습니다.

우리는 쇳소리를 내며 신음하는 기차를 타고

마이다네크로 실려 갔습니다.

내 옆의 랍비가 속삭였습니다.

"우린 용기를 잃어서는 안 돼. 하지만 주여,

유태인들은 도대체 어떤 길을 따라가고 있는 건가요?"

우리는 마치 하느님이 증오의 심포니를 만든 것처럼 메아리치는

통곡의 벽에 다다랐습니다.

나는 수용소의 독일군에게 애원했습니다.

"제발! 마지막 남은 가족사진이라도 간직하게 해주세요!"

그는 내 머리에 총을 겨누고 말했습니다,

"죽으면 그걸 영원히 간직할 수 있을 거야."

떨어지는 눈 속에서, 나는 한 장밖에 남지 않은 나의 가족사진이

재로 변하는 것을 지켜보았습니다.

사람들이 내게 물었습니다.

"에바, 그 공포의 수용소에서 당신들은 어떻게 살아남을 수 있었나요?"

나는 이렇게 답했습니다.

"우린 유태인들의 발자국이

이 땅에서 지워지지 않게 해야 한다고 결심했어요.

그래서 우리가 바위를 옮길 수 있을 만큼은

살아 있다는 걸 증명하기 위해

한쪽 벽에서 다른 쪽 벽으로 바위들을 옮겼습니다.

낮이면 우리는 매일 밤 우리의 작은 손에

산산조각 난 것들의 살아 있는 심장을

받쳐 들 수 있을 정도로만

공기를 마셨어요."

6.

친구들이여, 그대들이라면 어떻게 했을까요?

세상을 포기했을까요?

신을 증오했을까요?

더 이상 아무것도 사랑하지 않게 되었을까요?

나는 신을 증오하려 했고, 스스로 목숨을 끊으려 했습니다.

하지만 나는 아름다운 태양의 정원에서

아주 오랜 세월을 버티며 살아온 유태인이었습니다.

나는 가족과 고향을 잃었지만,

그럼에도, 옛 시가 떠올랐습니다,

그럼에도, 오래된 출입구의 틈새로 빛이 나타났고,

그럼에도, 그림자가 그 빛의 신비로운 진실들을 약속했습니다.

어머니가 속삭였습니다.

"에바, 우릴 위해 노래를 불러주겠니?"

그리고 아버지가 말했습니다.

"에바, 어떤 일이 있더라도 너의 떨리는 손에

하느님의 별들을 간직하고 있어야 한다."

그래서 나는 기도했습니다.

"주여, 만일 제가 이곳에서 죽는다면, 부디 저의 뼈를

주님의 빛을 밝힐 촛불로 써주세요."

사람들이 내게 물었습니다.

"에바, 그처럼 어둡고 사악한 시절에 어떻게 믿음을 간직할 수 있었나
요?"

친구들이여,

하느님이 왜 그 수없이 많은 참담한 무덤으로 우리를 데려가셨는지

나는 그 이유를 모릅니다.

하지만 한때 아기였던 내 살을 만졌던 그 모든 사람들의 이름으로

나는 그 빛을 탓할 수 없었습니다.

사람들은 말합니다.

"하지만 에바, 하느님은 당신을 버렸어요!"

나는 말합니다.

하느님은 가장 어두운 암흑 속에서도

빛을 비추고 계셨다고.

사람들은 말합니다.

"하지만 에바, 그 신은 아무 능력도 없어요!"

나는 말합니다.

이 우주에 그보다 더 위대한 신은 없다고.

7.

텅 빈 두 팔로 죽어가는 어머니들과

흐릿해진 눈으로 죽어가는 아버지들과

불태워지기 전에 흐느껴 우는 어린아이들을

주님의 천사들이 인도할 때, 나는 들었습니다.

"젊은 여인이여, 그대는 살아남을 것이다."

그리고 또 들었습니다.

"젊은 여인이여, 그대는 어떤 약속들을 지킬 것인가?"

살갗에 누더기를 걸친 스물다섯 살의 나는

내가 가진 모든 것을 약속했습니다.

씨앗들을 영원히 빛나게 하겠다고,

높은 굴뚝들에서 피어오르는 재가 그 빛과 함께

저편 기슭으로 무게 없는 탄생들을 실어가게 하겠다고.

야비하고 냉혹한 얼굴의 러시아 군인들이 왔을 때,

그들이 우리에게 자유를 되돌려주었을 때,

모든 것을 잃은 대가로

다시 얻은 그 무심한 장엄함,

나는 살겠다고 맹세했습니다.

친구들이여, 나는 낙원을 보았습니다.

그대들이 자유롭게 숨 쉴 수 있는 그곳이 바로 낙원입니다.

8.

나는 마이다네크에서 로츠까지 죽을힘을 다해 걸었습니다,

그곳에서 나는 성구함*과 길게 늘어뜨린 칫칫**,

곱슬머리, 토라***를 다시 볼 수 있었습니다.

나는 부헨발트에서 온,

숨을 쉬고 있지만 해골이나 다름없는 이를 만났습니다.

제프 라스만과 나는 다시 먹고 마시는 법을 배웠습니다.

우리는 우유와 사탕을 맛보았습니다.

유리가 깨어진 제단 앞에서 우리는 결혼식을 올렸습니다.

사랑해야 할 이유는 6백만 가지도 넘지만,

사랑하지 않아야 할 이유는 단 한 가지도 없습니다.

미국으로 가는 배의 난간에서 손을 맞잡고,

제프와 나는 물결을 가로지르며 미끄러지는 바람을 지켜보았습니다.

너무도 아름다웠습니다!

영원한 빛이 보석처럼 바닷물을 주름지게 했습니다.

미국에서 우리는 세 명의 아들을 낳았습니다. 이로, 조엘, 실반.

그 아이들은 하느님이 우리의 떨리는 손에 간직하라고 주신

별들이었습니다.

---

* 유태인들이 차고 다녔던 가죽 상자. 구약성서의 율법 구절이 들어 있다.
** 유태인들이 기도할 때 쓰는 숄의 네 귀퉁이에 달린 장식물.
*** 유태인들의 율법.

9.

우리의 사내아이들은 건강하게 자라 결혼을 했고,

나는 할머니가 되었습니다.

이국적인 억양이 아직도 남아 있는 줄기 구부러진 백합,

그리고 내 줄기에 달라붙어 있는 나비들.

제프가 세상을 떠난 뒤,

어느 날 팔에 힘이 없어 커튼을 들어 올리지 못하고 있을 때,

손녀가 나를 도와 창문에 커튼을 달아주었습니다.

그 아이는 다정한 목소리로 물었습니다.

"할머니는 왜 옛날 사진이 한 장도 없어요?"

나는 그 아이에게 내 이야기를 들려주었습니다.

손녀 아이의 두 눈에 분노의 눈물이 글썽였고,

우리는 서로를 부둥켜안았습니다.

우리는 옛날에 세상이 어땠는지에 대해 오랫동안 이야기했습니다.

마침내 그 아이가 물었습니다.

"할머니, 내가 독일 사람들을 미워해야 할까요?"

나는 내가 알고 있는 진실을 말했습니다.

"유태인들은 절대로 다른 사람들을 미워해선 안 돼.

우리는 그 재를 꽃을 피우는 데 써야 한다."

오 친구들이여, 사랑하는 이들이여, 이것은 나의 노래입니다.

나는 유태인입니다. 그리고 유태인들은 꽃을 심기 위해 태어났습니다.
수많은 비명이 울려 퍼지는 정원이라 할지라도.

10.
그대들은 이해합니까?
여기, 그대들의 시간, 그대들의 장소에 살아 있다는 것이
얼마나 멋진 일인지 그대들은 알고 있습니까?
그대들이 해야 할 일이 무엇인지 알고 싶습니까?

그대들은 불길 속을 걷지 않아도 됩니다.
그대들이 자유롭게 꿈꿀 수 있도록 우리가 이미 그걸 했으니.
그대들은 마치 사랑하는 이들이 곧 모두 죽을 것처럼
사랑하지 않아도 됩니다.
그것 역시 우리가 이미 대신 했으니.
그대들이 해야 할 일은 그대들의 약속을 지키는 것입니다.

친구들이여, 굳게 약속하세요.
그대들의 가족을 보살피겠다고, 그들의 사진을 찍겠다고.
그들을 그대들의 걸작으로 만들겠다고.

그대들의 삶이 지치고 힘들 때,
약속하세요, 그럼에도 인생을 소중히 여기겠다고.

그대들의 결혼이 그대들을 충족시키지 못할 때,

약속하세요, 그럼에도 사랑을 실천하겠다고.

심지어 하느님이 자신의 생각을 감추고

사라진 것처럼 보일 때라도,

약속하세요, 그럼에도 단맛과 쓴맛 중에 하나를 택하겠다고.

그리고 항상 더… 더… 더 많은 것을 원하는 그대들이여,

약속하세요, 그대들이 이미 가지고 있는 것들을 사랑하겠다고.

금박을 입힌 우리 속에 갇혀 현실에 안주하는 그대들이여,

그대들의 여정을 찾으세요, 그리고 하나의 별도.

11.

그대들이 불가에서 음식을 만들고,

그대들의 자식들이 눈밭에서 놀고 있는 동안,

공포가 문을 두드릴 때

그대들의 인터넷이나 텔레비전, 라디오에서

"너희들의 신은 올바른 신이 아니다,

너희들의 자식들은 내 자식들만큼 믿음이 깊지 않다"라고

증오가 쉭쉭거릴 때

약속하세요, 몇 번이고 그 증오와 맞서 싸우겠다고.

그대들의 신념이 무엇이든, 피부색이 어떠하든,

증오의 재가 우리 인간의 발자취를
덮어 가리게 내버려두지 마세요.

그대들의 인생에서 하느님의 별들을 더 이상 찾을 수 없을 때,
"나는 더 이상 믿음을 가질 수 없다"라는 생각이 들 때,
기억하세요, 최초의 꽃이 꽃잎을 펼치는 건
그 향기로운 마음을 보여주기 위해서라는 것을.
꽃은 활활 타오르는 무한한 눈길 같은 광대한 빛에 힘을 얻었고,
어둠 속에서도 진실을 찾아냈으며,
그리고 그곳에서
영원히 다시 태어난 하나의 창조물을 반짝이게 했습니다.

12.
나는 1919년 에바 비알로그로드로 태어난
에바 라스만의 목소리입니다.
나는 하느님의 넘쳐나는 작품들 속에서 살아남은 유태인입니다.
아흔두 살 나의 인생이 끝났을 때, 나는 '그 진실'을 알았습니다.
진실은 인간의 두려움에 큰 소리로 답하는 것이 아닙니다.
진실은 세상에서 가장 연약한 어린아이만큼이나 섬약한 질문입니다.
"어떻게 살 것인가?"
나는 내가 갖고 있던 모든 것을 주었습니다,
그러므로 그것은 단순히 빼앗긴 것이 아니겠지요.

이제 나는 그대들과 그대들의 가정을 사랑하고

내 인생과 그대들의 인생에 존경을 표하면서

나의 마지막 노래를 끝내려 합니다.

아주 먼 훗날 태어날 그대들의 자식들의 자식들이

그대들의 결심을 들을 수 있을 만큼 크고 분명한 목소리로

지금, 그리고 항상

"나는 어떻게 살 것인가?"라고 그대들 자신에게 물어보기를 바라면서

나의 노래를 마칩니다.

내 소중한 친구들이여, 그대들도 나처럼

살아 있는 것의 자유를 느끼기를,

그리고 내가 배웠던 교훈을 얻기를 바랍니다.

인생을 살면서 아무리 많은 고난을 겪더라도,

그대들이 그 어떤 실수들을 했다 하더라도,

어느 날 하느님이 그대들의 영혼을 열고

"천지창조 때 내가 너희에게 한 약속을 지키겠느냐?"라고 물을 때,

대답하세요.

"예, 주여, 제 심장박동이 멈추기 전까지,

제가 마지막 숨을 거두기 전까지,

제 빛이 꺼지기 전까지

오직 주님이 지키신 그 약속을 따르며 살겠나이다."

완성과 영성

이 서정적인 낭독문을 쓰면서 에바와 함께 보낸 5년의 시간은 50세 이후 인생에서 집중해야 할 '완성과 영성'을 연구하는 데 많은 도움이 되었다. 에바는 60대에 자신의 '완성과 영성'을 갈고 닦기 시작했다. 당신은 50대나 70대에 시작할 수도 있고, 그보다 더 이르거나 훨씬 더 늦게 시작할 수도 있을 것이다. 그것이 인생의 나머지 절반을 사는 우리에게 가장 강력하게 영향을 미치는 건 분명한 사실이지만, 거기에 정해진 시간은 없는 것 같다.

갱년기 이전(인생의 전반기)에 느끼는 영혼의 성장감은 인생의 후반기에 느끼는 이 '완성과 영성'과는 생물학적으로나 사회적으로나 전혀 다르다. 첫 반평생 동안 우리는 자식들을 위해 희생하거나, 가족이 없는 경우 자신의 야망을 위해 희생한다. 우리가 이 지구상의 어디에 살고 있건, 우리가 맡은 역할이 어떤 것이건 간에, 우리의 문화는 첫 반평생에서 인생을 시작하고 꿈을 추구하도록 몰아붙인다. 이런 욕구에서 저런 욕구로, 이런 관심사에서 저런 관심사로, 이 위기에서 저 위기로, 이 목표에서 저 목표로 옮겨갈 때 우리는 그것을 우리가 맞이한 최초의 기회라고 생각한다.

그러나 50세에 다가가거나 50세를 넘어설 때, 뭔가가 변화하기 시작한다. 우리는 '돌아보기' 시작한다. 우리의 야망들은 속도가 느려진다(그러나 그 야망들이 완전히 사라진 것은 결코 아니다). 우리의 초점은 전보다 더 내면을 향하게 된다. 우리의 마음이 스스로 명확해질 때 우리는 두 번째 기회의 가능성을 느끼기 시작한다. 가령 40대나 50대에 재혼해서

제2의 가정을 시작한 사람들은 대체로 자신들이 두 번째로 이룬 가정을 "이번에야말로 제대로 해낼 제2의 기회"라고 생각한다. 많은 남성 내담자들이 특히 이런 말을 했다. "처음에는 내 인생의 가장 중요한 부분인 가정에서 실수를 저질렀지만, 이제 나는 보다 성숙해졌습니다. 나는 이제 다시 한 번 도전해볼 기회를 얻었습니다." 그들은 과거에 대해 깊은 회한을 갖고 있을 수도, 치유해야 할 많은 것들과 해야 할 일들을 갖고 있을 수도 있지만, 그것 역시 그들에게 주어진 제2의 기회에 속한다. 이 사람들의 경우, 부모로서의 자신들을 이해하기 위한 제2의 기회가 주어졌기 때문이다.

인생에서 제2의 기회가 오는 시기는 자녀들(적어도 첫 가정에서 태어난 자녀들)이 성장하거나 거의 성장한 시기이다. 이 시기에는 자식들에 대한 경제적 의무뿐만 아니라 자기 자신에 대한 경제적 의무까지도 줄어들 수 있다. 그리고 직장에서의 관계도 이전과 다를 수 있다. 내밀한 관계에 있어서도 이전보다 친밀한 독립성을 더 잘 실천할 수 있게 된다. 생활환경이 어떠하건 간에, 우리는 새롭게 맞닥뜨리는 신체적·정서적 현실에 자신의 감정을 맞추어나가지 않으면 안 된다고 느낀다.

누적되는 이 모든 것을 새로운 시작이자 재탄생의 기회라고 생각한다면, 이 모든 것은 무시무시한 상실감이기보다는 노화의 경이로움으로 느껴질 것이다. 이런 맥락에서, 우리는 다음과 같이 말할 수 있다. "나는 내가 목적한 바를 이루었는가? 만일 그렇게 하지 못했다면, 이제 어떻게 해야 할까? 만약 실현했다면, 다시 새로운 목적을 가질 것인가?" 우리가 바라는 제2의 기회가 어떤 것인지 결정하기 위해 천천히 시간을 갖고(심지어 몇 년까지도) 자신의 내면을 깊이 들여다본다면, 노화에 불가피하게 따르는 신체적인 노쇠에 대해서까지도 자유로움을 느낄 수 있을 것이다. 이러한 제2의 기회는 관계에서 생겨날 수도 있고, 새로운 열정과 새로운 모험심을 자각할 때 생겨날 수도 있다. 제2의 기회는 인생의 새로운 단계로 나아가는 통과의례들을 즐기고 정신적으로 완전해지는 것에 주력할 때 생겨날 수 있다. 후회되는 일들이 있다면, 그 회한들과 화해하고 변화하기 위해 노력할 수 있다. 우리는 자원봉사자가 될 수도 있고, 버킷리스트를 실천하거나 새로운 나라로 갈 수도 있으며, 지금까지 거추장스럽게 걸치고 있던 모든 것들을 어느 시점에 과감히 내던져버릴 수도 있다. 이 제2의(그리고 제3, 제4의) 기회들은 거기서 그치지 않고, 인생의 마지막 몇십 년 동안 우리의 '완성과 영성'의 토대가 되어줄 것이다.

만일 10년 전에 당신이 일 때문에 가족을 비롯해 모든 것을 포기했다 하더라도, 이제 당신에게는 그것을 만회할 두 번째 기회가 있다. 만일 당신이 당신의 잘못으로 가족을 잃었다 하더라도, 이제 당신에게는 그것을 만회할 두 번째 기회가 있다. 만일 당신이 사랑하는 누군가를 잊고 있었다면, 지금 다시 사랑을 시작할 수 있다. 제2의 기회를 신성한 임무(이전의 잘못들을 바로잡고, 가족과의 반목을 끝내고, 우리가 한평생 해온 일을 지켜내고, 타인들에게 반드시 도움이 될 수 있도록 하는 것)로 봄으로써 영혼을 자유롭게 해줄 수 있다. 에바의 행동―그녀가 겪었던 잔혹행위들을 타인들에게 들려주는 데 있어서 아주 깊은 내면의 두려움을 직면하고 희망과 함께 그 이면 역시 보여주는 것―은 근원적으로 자유로워지는 것이다. 제2의 기회를 얻기 위한 단 하나의 확실한 방법은 없다. 그러나 단지 우리가 제2의 기회를 발견하기 위해 시간을 내는 것도 노화의 경이로움이다.

제2의 기회를 잡을 것인가? 에바 라스만처럼 두 번째 기회가 주어진 새로운 인생을 살 것인가? "나는 최선을 다해 살았는가?"라고 묻고, 마지막 숨을 거둘 때까지 그에 대한 자신의 대답은 분명히 "자, 다음은 뭐지? 난 시작할 준비가 됐어"일 거라는 사실을 깨달을 것인가?

자신에게 물어보라, "나는 최선을 다해 살았는가?"

프란시스 슈필하겐(66세)은 뉴욕 뉴버그에 있는 마운트 세인트 메리 칼리지에서 학생들을 가르치고 있다. 나는 그녀와 여러 번 상담을 했는데, 어느 날 그녀가 「에바의 노래」를 읽고 자신에게 일어난 일들을 들려주었다. 그날은 2012년 5월, 그녀의 제자들이 졸업을 하던 날이었다. 그녀는 그 순간을 다음과 같이 회상했다.

기대와 두려움으로 가득 찬 얼굴로 이제 막 자신들의 여정을 시작하려는 제자들과 함께 인생을 축하한 뒤, 저는 집으로 돌아왔습니다. 졸업은 젊은 사람들을 겁먹게 하는 동시에 도전의식을 불태우게 만들지요. 바로 그런 순간에 저는 「에바의 노래」를 꺼내 읽었습니다. 읽는 동안 제 눈에 눈물이 맺히더군요. 그 글은 깨어 있는 정신으로 삶을 헤쳐나가야 한다고 말하고 있었습니다.

「에바의 노래」는 제가 브루클린에서 어린 시절을 보내던 당시 제 주위의 어른들을 떠올리게 합니다. 그 시절 그곳에서 홀로코스트에 대한 이야기를 꺼내는 사람은 아무도 없었지만 그 그림자는 늘 그곳에 드리워져 있었지요. 그 당시에 우리 동네에서 사탕가게를 하던 남자분이 생각납니다. 어느 더운 여름날, 그분이 소매를 걷어붙이고 아이스크림을 담아주고 있을 때, 저는 그분의 팔뚝에 숫자가 새겨져 있는 걸 봤습니다. 그 당시 저는 예닐곱 살쯤 되었습니다. 저는 그분에게 물었습니다. "버니 아저씨, 아저씨 팔에는 왜 숫자가 있어요? 우리 아빠 팔에는 글자가 새겨져 있는데." 그분이 대답했습니다. "너는 몰라도 되는 거야. 그리고 이 이야기는 아무한테도 절대로 하면 안 돼."

저는 집으로 돌아와 어머니에게 물어보았지만, 어머니는 쓸데없는 걸로 소란을 피운다며 저를 꾸짖었습니다. 그때 그곳은 1950년대의 브루클린이었고, 그래서 그때까지 나는 거대한 고통과 비극이 그들의 삶에 스며들어 있었다는 걸 몰랐습니다. 당사자들 역시, 그런 기억들을 들춰내 봤자 고통스럽기만 할 뿐 아무런 도움이 되지 않을 거라고 생각하면서 묵묵히 삶을 이어나가고 있었지요. 하지만 에바는 단호하게 그걸 변화시키기로 결심했습니다. 제가 항상 원하던 것도 바로 그런 겁니다. 어느덧 60대가 되어 나머지 반평생을 살아가고 있는 지금, 우리는 단지 오늘을 약속받았을 뿐이므로 하루하루 서로에게 손을 내밀며 살아가야 한다는 것을 저 자신에게 계속 상기시킵니다.

나는 프란시스의 이야기에서 "나는 최선을 다해 인생을 살았는가?"라는 질문을 끊임없이 던지고 싶어 하는 그녀의 의지를 감지할 수 있었다. 나는 당신 역시 그런 질문을 던지고 싶은 욕구를 느낄 수 있기를 바란다. 내면을 향한 그러한 욕구는 흔히 타인들을 향해 손을 내밀고자 하는 의지로 변할 것이다. 만일 "나는 최선을 다해 인생을 살았는가?"라는 질문을 어떻게 던져야 할지 잘 모르겠다면, 그냥 우리의 가족과 공동체를 열린 눈으로 바라보기만 하면 된다. 그러면 우리가 해야 할 일이 무엇인지 알게 될 것이다. 관계들은 언제나 상호간의 필요성에 의해 형성된다. 사람들은 미완의 인생을 살고 있고, 그래서 타인의 도움을 필요로 한다. 제2의 기회 가운데 어떤 것들은 '오직 나만을 위한' 극도로 개인적이고 독립적인 무언가일 수 있다. 또 어떤 것들은 에바의 경우처럼 20년간의 모험이 될 수 있다. 왜냐하면 일단 우리 주위의 사람들이 우리가 행하고 있는 것을 보고 느끼는 것을 안다면 자신의 시야가 그에 맞춰 저절로 확장되며, 필요는 상대적으로 무한하기 때문이다.

고통을 되돌아보라

새로운 내담자 샘이 내 사무실로 들어왔다. 64세인 그는 31세에 결혼을 했다. 그에게는 두 명의 자식이 있는데 현재 각각 24세, 28세였다. 사회복지사로 사회에 첫발을 내딛은 샘은 지금은 변호사로 일하고 있었다. 그는 거의 울먹이면서 말했다.

저는 결혼생활을 이대로 계속 이어나갈 수가 없습니다. 아내 캐롤과 저는 노력하고 또 노력했어요. 하지만 아무리 노력해도 어쩔 수가 없습니다. 우리 사이에는 친밀함이 전혀 없습니다. 우리는 지난 3년 동안 부부관계도 하지 않고 살고 있습니다. 그리고 함께 있을 때 어떤 즐거움도 느끼지 못합니다. 제가 생각하기에, 우리가 함께 즐거움을 느꼈던 건 거의 10년 전이었던 것 같습니다. 저는 이런 식으로 계속 살다가 죽음을 맞이하고 싶지는 않습니다. 아내 역시 마찬가지고요. 우리 두 사람 다 이 상황을 이겨내고 싶어 합니다. 서로를 더 많이 알아가고, 더 나아지고, 더 많은 걸 발견하고 싶이요. 우리는 공허함과 의미 없는 부부생활 속에서 삶을 이대로 멈추고 싶지 않습니다.

은발머리에 키가 작고 마른 체형의 샘은 매끈하게 다려진 양복을 입고 있었다. 그의 얼굴은 강인해 보였지만 슬픔의 그림자가 짙게 드리워져 있었다. 그와 대화를 나누는 동안 나는 그가 한때 자기 아내를 열정적으로 사랑했던 남자였다는 것을 알 수 있었다. 그는 지금 결혼생활에 관한 자신의 실망이 자기 부부가 친밀함을 이루지 못하는 것에서 기인한다는 사실을 자각하고 있었다. 몇 주일에 걸쳐 그와 함께 걸으며 대화를 나눈 결과, 나는 그들 부부의 이혼이 거의 굳어지고 있다는 사실을 알게 되었다. 그리고 그가 비록 이혼을 한다 할지라도 그 이전까지 아내와의 관계에서 느꼈던 공허함과 무의미함을 해결하고 다시 즐거움을 발견하기 위해 나의 도움을 필요로 한다는 것도 알게 되었다. 나는 그에게 제2의 기회를 위한 자신의 여정이 자신을 어디로 데려갈지 발견하라고 조언했다. 그 후, 이혼이 최종적으로 확정되어 그가 작은 아파트로 짐을 옮겼을 때 그는 자신이 얼마나 '불완전하다고' 느꼈는지에 관해 이야기했다. 그리고 우리는 불완전하다고 느끼는 내적 감정에

굴복당하기보다는 오히려 자극을 받게 되는 것이 얼마나 중요한지에 관해서도 대화를 나누었다. 그 불완전한 느낌이 이제 그의 완성과 영성의 발전을 위한 열쇠가 되어줄 것이기 때문이었다.

함께 상담치료를 해나가는 동안 우리는 고통에 대해 이야기를 나누었다. 그는 자신이 현재 겪고 있는 관절염이 얼마나 고통스러운지에 관해 말했다. 그래서 나는 그에게 그러한 신체적 느낌을 통해 살아오면서 감정적으로 가장 고통스러웠던 순간들을 되돌아보라고 격려했다. 시력 문제로 공군에 입대하지 못했을 때(그의 꿈은 파일럿이 되는 것이었다), 첫 결혼이 실패로 끝났을 때, 자신의 적성과 맞지 않는 일을 하고 있었다는 것을 깨닫고 진로를 바꾸어야 했을 때, 딸이 차 사고로 한쪽 다리를 잃었을 때, 그의 고통스러운 순간들의 목록은 길었다. 그가 자신의 신체적인 고통과 관계적인 고통의 자취를 돌아보지 않고서는 현재 그가 느끼고 있는 고통을 헤쳐 나오는 것이 불가능했다. 우리는 함께 걸으면서 고통과 스트레스, 그리고 '변화'와 '관록', '완성'에 관해 이야기했다. 나는 그가 새로운 것들에 도전하고 새로운 선택을 발견할 수 있는 자아를 다시 구축하도록 도우면서 몇 달을 보냈다.

상담치료가 거의 끝나갈 무렵, 샘은 혼자라는 것에 약간의 평화를 느꼈다. 그는 마음만 먹으면 노년을 함께할 새로운 동반자를 찾을 수 있겠지만 이제는 혼자인 게 더 좋다고 느끼고 있었다. 그는 손자들을 돌보는 일에 전보다 더 깊이 빠져들게 되었다. 그는 마침내 지팡이를 이용하는 것을 받아들이기로 결심했다. 그동안 그는 지팡이를 사용하지 않으려고 완강하게 버텨왔지만, 이제는 지팡이가 더 빠르게 더 잘 걸을 수 있도록 도와준다는 것을 인정하게 되었다. 그는 또한 전보다 기쁨을 더 많이 느끼고 있다고 말했다. 그 가운데 한 가지는 고통스럽고 공허한 관계로부터 해방되었다는 안도감을 느끼게 된 것, 또 다른 한 가지는 교도소에서 자원봉사를 하고 싶다는 강한 의지를 느끼게 된 것에 내한 기쁨이었다.

그는 젊은 시절, 교도소에서 교정사회복지사로 일한 경험이 있었다. 그리고 지금 다시 그 일을 하고 싶다는 의지를 느꼈고, 그 의지를 실현하기 위한 제2의 기회가 찾아왔다는 것을 인지했으며, 교도소에 갇혀 있는 사람들의 갱생을 돕고자 하는 의욕이 자신의 내면에서 다시 솟아나고 있는 것을 느꼈다. 샘은 자신의 내면의 변화를 명확히 표현하면서 이렇게 말했다.

나는 그 사람들이 겪고 있는 고통이 왠지 남의 일 같지 않아 생각이 자꾸 그쪽으로 쏠립니다. 마치 내 몸이 자석에 끌려 교도소 쪽으로 가는 것 같은 느낌이에요. 나의 고통과 함께 내가 껴안고 있던 문제들까지 눈앞에서 사라진 것 같은 기분이 들고, 그래서 나를 필요로 하는 곳이 어딘지 이제 더 분명하게 보입니다. 이 일은 나를 필요로 해요. 나는 그 사람들에게 필요한 존재입니다. 내게 남아 있는 시간 동안 꼭 하고 싶은 일입니다.

자신의 영혼을 이해하라

에바는 자기가 겪은 신체적이고 심리적인 고통을 되돌아봄으로써 자신의 '완성과 영성'의 중요한 부분이 될 삶의 철학과 내력을 세상에 전하기 시작할 수 있었다. 샘 역시 자신이 겪은 고통을 되돌아보았다. 그렇게 함으로써 신체적 고통에 이전보다 더 잘 적응하고 심리적 고통을 다시 한 번 격감시킴으로써, 자신을 필요로 하는 곳을 향한 강한 끌림, 그의 표현대로 마치 "자석에 끌려가는" 것 같은 기분을 느낄 수 있었다.

두 사람은 노화의 단계들에서 자신들을 필요로 하는 곳을 찾는 데 시간을 투자했다. 우리는 그런 사람들이 자기가 겪은 고통을 탐사하는 과정 속에서 자신의 완성을 위한 방향을 발견하고 있다는 사실을 알아차리지 못할 때가 많다. 실제로 내가 도움을 주었던 대부분의 경우, 내담자는 자기가 느끼는 고통으로 인해 고갈될 수도 있었고, 반면 그 고통이 진정한 연장자의 삶으로 나아가도록 그를 자극하는 현실적인 수단으로 작용할 수도 있었다. 이런 내담자는 자신의 영혼이 늙어가는 것을 필연적인 과정으로 받아들이고, 그 영혼에 자신의 확실한 목소리를 부여하기 위해 행동을 취한다. 이러한 실행의 가능성은 고통을 얼마나 분명하게 직시하느냐에 어느 정도 좌우된다. 그것은 또한 현재 자신의 진정한 영혼을 얼마나 완전하게 이해하느냐, 또는 적어도 영혼의 진정한 상태를 재검토해볼 수 있느냐 없느냐에 달려 있다고 생각한다.

이스라엘 시인 예후다 아미차이는 작고하기 직전에 출간된 그의 마지막 시집에서 영혼이란 단순히 "몸의 조종사"가 아니라 우리와 함께 성장하면서 변화하는 것이라고 썼다. 영혼은 고정된 것이 아니라 움직이고 적응하고 발전하는 것이다. 그가 쓴 바에 의하면, 영혼은 "때로는 바람 속의 머리칼", 때로는 "걸을 때 욱신거리는 발", 때로는 "경쾌하게 팔짝팔짝 뛰는 내 발", 때로는 "내 눈, 눈꺼풀, 심지어 속눈썹까지 이 모든 것이 나의 영혼"이다. 노인 아미차이에게 영혼은 육체와 분리되는 유일한 힘이 아니라, 몸의 세포 하나하나에 실제로 살아 숨 쉬고 있는 것, 따라서 몸과 함께 성장하고 적응하는 것이었다.

제2의 기회를 탐색할 때 이런 식의 사고는 매우 중요하다. 내가 끊임없는 극심한 고통에 처음 시달리게 되었을 때, 제2의 기회와 완성에 대한 이 모든 밀들은 터무니없게 들렸다. 그러나 몇 달이 지나고 그 고통에서 의미를 발견하려고 집중했을 때, 나는 고통을, 육신을 영혼으로 받아들일 필요가 있었다. 에바가 자신의 구부정한 등과 고통스러운 기억들에 대해서, 또는 샘이 자신의 관절염과 기쁨을 찾아볼 수 없는 현실에 대해서 그랬던 것처럼, 그리고 트라우마를 헤쳐 나왔던 다른 모든 사람들처럼, 그것은 나의 몫이었다.

신체적 고통은 영혼과 분리되지 않는다. 우리의 고통은 우리의 영혼의 일부분이다. 고통을 통해 내면과 그 너머를 들여다보기 위한 렌즈와 영감이 생겨난다. 그 고통이 과거에 어떠했는지 보기 위한 렌즈. 새로운 작업, 새로운 열정, 새로운 완성의 요소들을 향해 가도록 우리 자신을 격려하기 위한 렌즈. 우리가 스트레스에 관해 앞서 논의했던 뇌 연구는 이 점을 명확하게 증명하고 있다. 만성적인 스트레스가 우리의 삶을 지배하도록 계속 방치한다면, 스트레스와 트라우마가 우리를 죽일 수도 있다. 그러나 건강한 스트레스는 삶의 질을 향상시키는 방향으로 우리의 영혼을 나아가게 한다. 스트레스를 조절하는 것은 스트레스를 없애는 것이 아니라 건강한 스트레스, 우리에게 의미와 힘과 열정,

기쁨을 주는 스트레스 쪽으로 우리의 삶을 적응시키는 것이다.

50세를 넘긴 사람들 가운데 과거나 현재에 어떤 형태로건 트라우마를 겪지 않은 사람은 아무도 없다. 따라서 스트레스와 트라우마를 통해 영혼을 받아들이게 되지 않을 사람은 아무도 없다. 트라우마와 고통이 우리를 충실한 인간존재가 되는 방향으로 이끌어주는 것 역시 노화의 경이로움에 해당한다.

우리는 제2의 기회에서 신체적 고통이 영혼의 발달을 위해 맡고 있는 역할을 흔히 간과한다. 다시 말해, 우리가 나머지 절반의 인생을 살아갈 때 영혼을 있는 그대로, 우리의 모든 부분 중 하나로 보아야 한다는 뜻이다. 즉, 우리가 움직일 때 움직이고, 우리가 지향하는 것을 지향하고, 아직 이루지 못한 것들을 이루기 위한 우리의 모든 노력을 지원하며, 우리가 사랑하는 사람들을 사랑하고, 우리가 항상 되고 싶어 했던 사람이 될 수 있는 제2의 기회에 적극적으로 뛰어드는 내부의 신체 에너지가 곧 영혼이라고 생각할 필요가 있다는 말이다. 몸은 영혼이다. 그리고 고통은 새로운 즐거움의 근원적 요소다. 영혼은 당신의 내부 곳곳에 있다. 더 이상 제대로 기능하지 않는 팔다리는 영혼을 파괴한 것이 아니라 오히려 현재 훨씬 더 많은 영혼과 에너지를 갖고 작동하고 있는 다른 부분들에 당신의 관심을 향하게 해주었다.

영혼에 대한 이 새로운 논리는 과거의 열정과 새로운 열정에도 적용될 수 있다. 더 젊었을 때 우리는 수많은 열정과 방향, 목표, 자아 개념을 갖고 있었다. 그 가운데 많은 것들은 이제 실현되었고, 그래서 지금의 우리는 누군가를 향한 열정, 혹은 우리가 젊은 시절에 가졌던 그런 종류의 사랑의 열정을 이제 조금 덜 가지고 있을 수 있다. 이것은 우리가 제2의 기회를 위한 태도, 즉 새로운 영성을 지향하지 않는 한, 완전한 상실처럼 느껴질 수 있다. 그러나 새로운 영성을 향해 나아가고자 할 때 그것은 상실이 아니라 오히려 새로운 관심이나 취미, 새로운 생각의 영역들을 향해 가는 흐름이자 우리를 완성시켜줄 사랑과 관계를 보다 발전된 시각으로 바라보게 되는 지점을 향해 나아가는 과정이다.

이제 우리는 영성과 완성을 위해 한때 우리가 가지고 있었던 다양한 열정들을 포기해야 한다. 왜냐하면 지금 우리는 끊임없이 자아를 확장해나가는 것이 아니라 오히려 자아를 축소할 것을 검토하고 있기 때문이다. 우리의 몸이 쇠약해져가고 늙어갈 때, 이 인생의 단계를 제2의 기회의 시기로 보지 않으면 달리 어떻게 볼 수 있겠는가?

노화를 받아들이지 않고 언제나 성장에만 초점을 맞춘다면, 우리는 결코 영혼을 이해하지 못할 것이다. 지금 새로운 시각을 갖지 못하면 우리는 제2의 인생에서 우리에게 주어진 멋진 기회들을 잡지 못할 것이다. 결국 우리의 모든 것, 온전한 우리 자신이 곧 영혼이라는 내적 느낌을 갖지 못할 것이다. 우리는 병과 죽어가는 과정과 죽음을 다음 단계로의 초대보다는 끊임없는 상실로 받아들일 수도 있다. 우리가 노화의 첫 단계들에서 경험하는 고통들은 실제적인 것이지만 한편으로는 예행연습이기도 하다.

그러므로 늙어가면서 신체가 점진적으로 쇠약해져간다는 사실을 받아들이는 것은, 그 전에는 시간을 갖고 노력을 기울이지 못했던 측면에서 영적인 사람이 되기 위한 제2의 기회이자 영적 행위이다. 이전의 우리가 종교에 관한 '어떤 것'들을 기계적으로 암기함으로써 자신의 종교를 '능숙하게 실행'할 수 있었다면, 지금의 우리는 스승들이 항상 가르치려고 해왔던 것들―참 자아, 영혼, 정체성, 은총, 봉사―을 '터득할' 수 있기 때문에 그 종교의 영성을 더 잘 이해할 수 있게 되었다. 영성을 인생의 두 번째 기회로 삼는 시기에 접어든다면, 우리는 남은 반평생 동안 우리의 신체(우리의 영혼)에서 일어나는 일들에 대해 저급한 슬픔이나 우울, 화, 심지어 분노에 더 이상 많은 시간을 낭비하지 않고, 우리가 병에 걸렸을 때조차 계속 적응해나가며 이어지는 영혼의 생명이 얼마나 기적적인지 볼 수 있을 것이다.

나의 안식처

당신의 온몸이 영혼임을 느끼고 인생의 두 번째 기회를 온전히 누리기 위해서는, 아마도 당신은 어떤 안식처를 만들어내거나, 아니면 잊고 있었던 당신만의 안식처로 되돌아가야 할 것이다. 그 안식처는 숲속의 오두막일 수도 있고, 영적 공동체일 수도 있고, 자식들과 손자들이 사는 집의 어떤 장소일 수도 있고, 집 안에서 당신이 주로 머무는 방일 수도 있을 것이다. 당신이 그 안으로 들어갈 때, 당신의 영혼은 안식처를 만나서 확장되는 것을 느낀다. 거기서 당신은 '도착했다'는 안도감과 안전감을 느끼고, 깨어 있으면서도 아직 꿈꾸고 있는 것 같은 기분을 느끼며, 정신적으로 자유롭다고 느낀다.

　나의 안식처는 숲속의 작은 오두막이다. 나는 그곳으로 명상하고 기도하고 글을 쓰러 간다. 금방이라도 무너질 것처럼 보이는 그 오두막은 끊임없이 문제들을 일으키고 있다. 지하실 바닥에서 물이 새고, 여름철이면 모기떼가 극성을 부리고, 봄이면 딱따구리들이 귀가 따가울 정도로 시끄럽게 굴고, 겨울에는 눈 때문에 지붕이 무너지는 건 아닐까 걱정스럽다. 나의 몸처럼 그 오두막 역시 이곳저곳에 끊임없이 작은 문제들을 일으키며 수리를 해달라고 아우성친다. 내 오두막과 나는 서로를 비추는 거울이다. 그리고 거울 속에는 항상 정신이 현존하고 있다. 오두막 근처에 개울이 하나 있는데, 거기서 아주 감동적인 생명의 소리가 들린다. 지극히 일상적인 일을 하고 있을 때에도 그 소리는 나의 정신을 깨운다.

나의 안식처를 묘사한 이 글에는 당신이 당신의 안식처에서 발견할 수 있는(또는 구축할 수 있는) 세 가지 요소가 있다. 분주한 세상으로부터 멀리 떨어져 조용히 있을 수 있는 장소. '당신의 것'인 장소(즉 그곳은 거울처럼 당신을 반영한다). 자연을 포함하고 있는 장소(물이 있는 장소라면 더없이 좋다). 당신의 안식처는 당신이 명상할 수 있는 집 안의 어느 방, 당신의 책들, 여행에서 가져온 물건들, 제단, 책상, 몸에 잘 맞는 의자, 작은 샘, 또는 어쩌면 꽃과 식물들 때문에 택한 어떤 공간일 수 있다.

안식처 없이는 영적인 삶을 활성화시킬 수 없을 것이고, 온몸으로 당신의 영혼을 느낄 수도, 당신을 완성해가는 수십 년의 시간을 즐길 수도 없을 것이다. 이것이 사실인 한 가지 이유는, 안식처가 없으면 어떤 형태의 영적 수련을 꾸준히 해나가기가 매우 어려울 수 있기 때문이다. 예를 들어 나의 경우, 오전 시간은 명상과 글쓰기를 위한 수련 시간이다. 그리고 나는 어느 나라, 어느 도시에서 깨어나건 그곳에서 명상을 할 수 있지만, 나의 안식처에서 명상하는 것이 가장 효과적이다. 나의 안식처 안에서는 주의가 흐트러지지 않는다. 그곳에 있으면 나는 금세 마음이 편안해진다.

자신을 완성하기 위해 안식처가 필요한 또 한 가지 이유는, 그 안식처가 당신의 확장된 생각과 느낌, 즉 당신의 사색을 도와주기 때문이다. 그곳은 당신이 자아에 관해, 관계들에 관해, 그리고 내면의 영혼에 관해 사색하고 명상할 수 있는 장소이다. 해야 할 일들, 용서해야 할 사람들, 회복해야 할 관계, 그리고 그 방법들에 관해 그 공간 안에서 얻은 통찰이라면 전적으로 신뢰할 수 있는 그런 장소다. 어디에 있건 사색을 할 수는 있지만, 바쁜 하루의 와중에 얻은 통찰은 때때로 신뢰하기가 어렵다. 당신의 안식처에서, 당신은 이 세상에 몇 되지 않는 다른 성스러운 장소들에서처럼 신뢰감을 느낄 수 있다.

제2의 기회를 살고 있다는 것을 깨달을 무렵, 우리는 우리가 발견한 그곳으로 부름을 받는다. 자식들과 손자들이 우리의 그늘을 벗어났거나 지금 벗어나는 중임을 알 수 있고, 그렇게 해낸 그들을 상상 이상으로 자랑스러워할 수 있다. 뿐만 아니라 제2의 기회의 인생을 살고 있는 자신이 대단히 수준 높은 사랑—사랑에 대한 욕망이 편안해진 만큼 더 이상 엄청난 기쁨이 아닌 그런 사랑—을 배웠다는 사실 역시 깨달을 수 있다. 이 세상의 풍부한 자원이 모두 우리의 것이 될 수 있으며, 그럼으로써 우리는 이 세상에서 완성된 진실의 본보기가 될 수 있다. 우리는 이제 우리가 찾고 있는 것들을 발견했거나 곧 발견하게 될 현자가 될 수 있다. 우리가 발견한 자기 안의 그 장소가 바로 우리의 안식처가 될 거라는 사실이 아마도 그 무엇보다 값질 것이다.

비록 당신이 세운 모든 새로운 목표들을 다 이룰 수는 없다 하더라도, 제2의 기회의 시기를 살아갈 때 인생을 돌아보면서 미완으로 남아 있는 것이 어떤 것들인지 살펴보고 그것들을 완성하기 위한 계획을 세우기 바란다. 제2의 기회에서 중요한 것은 완전한 목적지에 도달하는 것이 아니라 새로운 방향을 정하는 것이다.

우리가 늙어갈 때 "관건은 목적지가 아니라 여정이다"라는 상투적인 말이 의미하는 바를 완전히 이해할 수 있다는 건 정말로 멋진 일이 아닐 수 없다. 혹시 방향을 정하거나 영감을 얻을 필요가 있다면, 젊은이들과 어울리면서 그들의 에너지를 받고, 나이 든 사람들과 어울리면서 그들의 이야기에 귀를 기울여라. 당신이 필요로 하는 것들을 얻는 동안, 당신은 당신의 찬탄을 간절히 필요로 하는 그 젊은이들(비록 당신에게 거리감을 두는 것 같아 보인다 해도)을 찬탄할 것이고, 나이 든 사람들이 자신들의 인생을 이야기할 때 그들(그들 역시 당신의 찬탄을 필요로 한다)의 말을 귀 기울여 들어줄 것이다. 자신의 인생 내력을 이야기하는 것 자체가 제2의 기회이다. 당신은 이제 곧, 어떤 의미에서 자신만의 이야기를 갖고 있는 아주 나이 많은 그 사람들 가운데 하나가 될 것이다.

8장

그 일이 나에게는
언제 일어날까

나는 늙어가는 나무처럼 속으로 죽어감으로써
신의 뜻에 순응한다.

― 시어도어 레트키, 시인

어느 날 퀴블러 로스 박사가 '성장의 최종 단계'라고 불렀던 단계가 우리를 찾아올 것이다. 당신과 나는 죽어가는 과정과 죽음(dying and death)의 경이를 경험하게 될 것이다. 탄생, 성장, 관계의 기적들과 함께, 모든 생물은 죽음의 여정을 공유한다. 그 여정은 부자건 가난한건, 젊었건 늙었건 간에 우리 모두에게 지극히 공평하다. 인생에서의 마지막 도전이자 집중이고, 인간 정신을 더할 수 없이 높고 깊은 차원으로 이끌고 간다. 그 여정은 우리의 참 모습이 무엇이든 저마다 유일한 방식으로 우리를 완성시킨다.

만일 우리가 인생의 절정에 도달해 있을 때 갑자기 죽는다면, 우리의 내면으로 점차적으로 들어오는 죽음의 고통들은 느낄 수 없을 것이다. 영혼이 내면 깊숙한 곳에서부터 피부와 기관, 힘줄 같은 표면으로 점차적으로 모습을 드러내면서 새로운 고통과 질병들로 우리를 데려갈 때, 우리는 자신의 영혼을 뚜렷이 목격하게 된다. 수십 년 동안 병을 앓다가 죽는다면 우리를 보살펴주는 타인들과의 관계에서 일어나는 기적들을 경험할 수도 있지만, 갑자기 죽는다면 죽음의 경이로움은 경험해도 죽어가는 과정의 경이로움은 경험하지 못한다.

서서히 죽어간다면, 허공 속으로 죽음의 숨을 내쉬고, 영혼이 모든 신경 말단들에까지 점진적으로 올라왔다가, 다시 표면에서 점점 오그라들면서 숨이 끊어지는 동시에 마침내 몸에서 흔적 없이 사라지는 그 모든 죽음의 과정을 완전하게 경험하게 된다. 우리는 완전한 우주의 에테르로 다다르는 출입구를 여는 내적 광활함 속으로 자신이 사라지는 것을 목격하게 된다. 그리고 그 완전한 우주에서 우리는 새로운 방향을 찾아 넘쳐흐르는 에너지와 물질이 된다.

시인 파블로 네루다는 말년의 몇몇 시에서 성장의 마지막 단계에 관해 썼다. 그 시 가운데 하나인 「시월의 충만함October Fullness」에서, 그는 삶이 큰 도약처럼 성큼성큼 일어나는 것 못지않게 아주 조금씩 조금씩 일어날 때도 많았다는 이야기를 한다. 그는 자신이 "내가 가는 길에서 만난 사람들 가운데 나의 존재를 공유하지 않은 사람은 아무도 없었다"와 같은 식으로 인생을 살았기를 바란다고 고백하고 있다. 그는 타인들의 불운과 고통을 껴안은 것은 영적인 충만함이자 온전함이었다고 회상한다. 그리고 이제, 죽음을 향해 나아가고 있는 그는 과거와 현재에 자기가 행한 모든 행동들의 총합이 곧 그 자신이라고 생각한다. 그의 마음은 해안으로 밀려와 풀어지는 물거품 같고, "모래 속으로 스며들면서 서서히 잦아드는, 원인을 알 수 없는 떨림 같다."

죽음은 기적적이며 완전한 진실을 불러일으킨다. 특히 우리가 잘 살았다는 것을 스스로 알고 있다면, 인생에서 죽음은 최종 목적지가 아니다. 오히려 우리의 인생은 우리가 '삶'이라고 불렀던 부실한 다리가 가로놓인 협곡과 같았다는 것을 깨닫게 된다. 우리가 그 다리를 건너는 동안 죽음은 내내 우리의 손을 붙잡고 있었다. 우리가 지금 직면하고 있는 상황은 '죽음'이라고 불리지만, 우주의 경이와 기적 안에서 그것은 사실상 재탄생이다. 에너지(영혼)도 물질(육체)도 파괴될 수 없다. 그것 들은 단지 변형될 수 있을 뿐이다. 죽어가는 과정과 죽음은 일종의 변형이다.

우리는 자신에게 죽음이 찾아올 거라는 사실을 어느 정도는 항상 예감하고 있었기 때문에, 인생을 살면서 죽음 그 자체와의 소통을 포함해서 많은 일들을 했다. 열정을 표현하고, 타인들을 보살피고, 유산을 구축하고, 우리를 필요로 하는 사람들에게 그 유산을 되돌려주기 위해 죽음을 통해 영감을 받았다. 우리가 과거를 되돌아보면서 우리의 존재역시 인생의 파도이자 물거품이었다는 사실, 영원히 현실적이며 아름답고 유용한 작품이었다는 사실을 깨닫는다면, 어느 날 우리가 모래 속으로 스며들 거라는 사실을 아는 것은 우리를 활기차게 만들어줄 수 있으며, 그 앎은 노화의 경이로움의 일부분일 수 있다.

올바른 방법은 없지만 더 나은 방법은 있다

퀴블러 로스 박사는 죽어가는 과정과 죽음에 관한 자신의 연구들을 논의하면서 다음과 같이 썼다.

자신에게 제한된 시간밖에 남지 않았다는 사실을 알게 된 사람들은 다양한 방식으로 반응한다. 어떤 사람들은 분노, 우울, 두려움 또는 과도한 죄의식의 형태로 나타날 수 있는 심적 고통을 적절하게 극복할 수 있는 것처럼 보인다. 그들은 자신들에게 남은 마지막 몇 주일, 몇 달의 생을 평온하게 마감할 수 있을 정도로 감정을 조절할 줄 안다. 반면에 어떤 이들은 이 고통을 감당할 수 없는 것처럼 보인다. 말기 환자들은 당연히 신체적인 안녕을 되찾을 수는 없지만, 죽기 전까지 남은 생을 가능한 한 두려움 없이 완전하게 살기 위해 도움을 받을 수는 있다.

내 인생에서 어느 한 해 동안 두 명의 노인이 세상을 떠난 적이 있는데, 이들은 생의 마지막 반응에 있어서 서로 다른 두 가지 본보기를 보여주었다.

내 아내의 아버지 딘은 85세에 조용히, 불평 없이 세상을 떠나셨다. 죽어가고 있을 때 그는 자신의 방을 깨끗이 치우고 물건들을 정돈하고, 자기 아내 페기와 딸 게일, 그리고 아들 마이크에게 자신의 물건들을 어떻게 처분했으면 좋겠느냐고 물었다. 86세 생일을 맞이하기 직전에, 그는 또 다시 심장수술을 받기 위해 병원으로 갔다. 그는 자신이 다른 수술들을 받았을 때처럼 이번 수술을 통해 다시 한 번 살아날 수 있기를 기대했지만, 한편으로는 그럴 수 없으리라는 것을 본능적으로 예감하고 있었다. 수술을 받은 뒤 몇 주일 동안 다른 장기들이 합병증을 일으켜 그는 퇴원할 수가 없었다. 우리는 그의 손을 잡고 이야기를 나누고, 의사와 간호사들이 그를 치료하도록 자리를 비켜주면서, 최선을 다해 그를 도우려 했다. 우리는 교대로 병원에 남아 간병을 했는데,

그건 각자 생활이 있기 때문이기도 했지만 한 문장도 제대로 끝마칠 수 없게 된 그가 그렇게 하기를 간절히 원했기 때문이었다.

2차 세계대전 때 전투기 조종사였던 딘은 독일 상공에서 격추당했다. 그 후 그는 독일군에게 붙잡혀 전쟁이 끝날 때까지 포로수용소에서 엄청난 고통과 아사 직전의 굶주림을 경험했다. 거기서 살아남아 미국으로 돌아온 그는 네브래스카에서 농사를 지으며 가족을 위해 헌신했다. 그의 세대 사람들이 대부분 그랬듯이 강인함을 최고의 덕목으로 생각하고 있던 그는 자신의 내면 세계를 가족들이나 친구들에게 거의 드러내지 않았고 자신이 과거에 겪었던 정신적 외상도 깊숙이 감춘 채 그저 계속 살아나갔다. 그는 세 아이를 낳아 키웠고, 아내를 사랑했다. 그리고 서른세 살이 되던 해 선천성 심장병으로 인한 뇌졸중으로 세상을 떠난 큰아들 톰 라이드를 땅에 먼저 묻고 죽은 듯이 살아온 그는 이제 미지의 세계로 떠날 준비를 한 채 침상에 누워 있었다. 누구나 그렇듯이 그 역시 죽음을 두려워했지만, 삶에 분노를 터뜨릴 정도로 죽음을 두려워하지는 않았다.

82세에 세상을 떠난 내 어머니 줄리아의 죽어가는 과정은 장인어른 딘과는 달랐다. 어머니는 죽어가는 기간이 딘보다 훨씬 더 길었고 고통의 강도도 훨씬 더 심해서 거의 언제나 화가 나 있었다. 딘의 경우 약 6개월에 걸쳐 죽음에 이르렀던 반면, 어머니는 죽어가는 과정을 5년이 넘게 겪어야 했다. 어머니는 복부를 가로지르는 대상포진과 함께 인생의 마지막 해를 보냈다. 대상포진만큼 극심한 통증은 거의 없다. 대소변도 가리지 못하고 말조차 제대로 할 수 없던 어머니가 마지막으로 한 말은 "싫어!"였다. 한때는 놀랍도록 명석했던 어머니의 정신이 부정적인 그 한 단어로 축소되었는데, 내 생각에 어머니는 그 난어로 죽음을 물리치고 싶어 하셨던 것 같다. 생의 마지막 몇 년 동안 어머니는 딘이 그랬던 것처럼 자신의 본성을 간헐적으로 드러냈다. 장인어른처럼 조용한 성격이 아니었던 어머니는 끊임없이 화를 내고 소리를 지르면서 죽음을 맞았다.

서로 다른 두 가지 삶과 인격, 그리고 서로 다른 삶의 경험, 서로 다른 죽어가는 방식. 당신은 서서히 죽어간 사람들 또는 단기간에 죽음을 맞은 사람들, 그리고 살아온 모습 그대로 자신의 인격을 손상시키지 않고 그대로 죽어간 사람들이나 정신이 나가 딴사람이 된 것 같은 상태에서 죽어간 사람들을 보았을 것이다. 당신은 죽어가는 과정과 죽음을 위한 많은 시나리오들을 보았을 것이다. 지금쯤이면 당신은 죽어가는 과정에는 정답이 없다는 것을 알 것이다. 사람은 누구나 자신만의 방식으로 죽는다. 그렇긴 하지만 나는 당신이 다음과 같은 의문을 가졌을 거라고 생각한다. "그 일이 나에게는 언제 일어날까, 그때 나는 어떻게 할 것인가?" 그리고 어쩌면 "내가 본 것보다 '더 낫게' 죽어가는 방법이 있지 않을까?"

과연 우리 각자는 어떤 식으로 어떻게 죽음에 다가가게 될까? 이제부터 그에 관해 곰곰이 생각해보기로 하자. 그러면 우리가 인생을 살고 나이를 먹어왔던 그 모습 그대로 우리의 죽어가는 과정을 겪어나갈 수 있을 것이다. 더 나은 방법으로 충만하게. 나는 도덕적으로 더 나은 것이 아니라 경험적으로 더 나은 방법(감정적으로, 영적으로 우리와 우리가 사랑하는 사람들을 가장 만족시킬 수 있는 방법)을 말하고 있다. 그러면 죽어가는 과정과 죽음이 우리 인생의 일부처럼 느껴질 수 있을 것이다. 노화의 경이로움은 자유에 관한 것이다. 그리고 죽음 역시 결국 자유에 관한 것일 수 있다. 한 사회에서 성숙의 주된 잣대는 그 사회의 연장자들이 얼마나 사랑하는 사람들에게 도움을 주면서 잘 죽어갈 수 있는가 하는 것이다.

"날 보내줘. 그리고 넌 네 인생을 살아."

죽어가는 과정과 죽음은 우리를 완성시킨다. 이는 우리가 인생의 마지막 몇십 년 동안 발전시키고, 그다음으로 인생의 마지막 몇 년 혹은 몇 달 동안 더욱 깊이 집중하면서(비록 무의식적이라 해도) 발전시키는 완성과 영성의 한 부분이다. 하지만 그렇기는 해도, 죽어가는 과정과 죽음이 무시무시하고 고통스러울 수 있다는 사실은 의심의 여지가 없다. 그것은 말 그대로 악취를 풍길 수 있다. 그 과정에서 존엄성도 고결함도 거의 찾아볼 수 없을 수 있다. 우리는 분별력을 잃고 우리가 얻고 사랑했던 모든 것을 잃게 될지 모른다. 지금 우리는 장수의 시대를 살고 있지만 한편으로, 더 오래 살게 되었기 때문에 쇠약해지고 자기 파괴적이고 무시무시한 죽음의 과정을 수십 년 동안 더 오래 겪게 될 가능성이 있다. 모든 사람들이 다 죽음을 담담하게 또는 기꺼이 맞이할 수 있는 것은 아니다. 그것이 바로 현실이다.

만일 어떤 사람이 죽어가는 과정과 죽음의 풍요로움을 어떤 식으로든 환영하지도 깨닫지도 못하고 죽어간다 해도, 그 사람은 단지 자신의 삶의 과정을 살아가고 있을 뿐이지, 그것을 그의 결함이라고 할 수는 없다. 어쨌든 그 사람에게 결함이 있는 것은 아니다. 이상적인 세계에서라면 모든 사람들이 죽어가는 과정과 죽음을 자연스러운 일이자 자신을 자유롭게 만드는 것이라고 받아들이겠지만, 현실 세계에서는 죽어가는 과정과 죽음이 때때로 자유로운 것으로 느껴지지 않는다. 적어도 모든 사람들이 그런 식으로 받아들이지는 못할 것이다. 사실 죽어가는 과정과 죽음은 자유롭기보다는 무시무시한 것으로 느껴진다고 보는 것이 타당할지 모른다.

이 장에서 분명히 밝혀둘 몇몇 사실들과, 당신이 죽어가는 과정과 죽음의 세계로 들어설 때 영혼의 삶을 탐사하도록 도와줄 수 있는 몇 가지 통찰들이 있긴 하지만, 나는 죽어가는 사람들과 함께 작업하는 것을 통해 나 자신이 마침내 겸허해질 수 있었다고 힘주어 말하고 싶다. 나는 여기서 이 점을 명확히 하고자 한다. 죽어가는 과정과 죽음과의 조우는 사람을 겸손하게 만드는 경험이기 때문이다. 나는 그런 정신으로, 어떤 판단 없이 나의 통찰들을 제시한다. 이에 관해 내게 확신을 준 사람들 가운데 한 명은 나의 내담자 트루디였다.

암 환자인 트루디(79세)는 어느 상담 시간에 시인 타고르의 다음과 같은 시구절을 내게 들려주었다. "죽음이 그대의 문을 두드리는 날/그대는 죽음에게 무엇을 내놓을 것인가?" 6년 동안 수술과 치료를 반복하며 암과 싸워온 트루디는 이제 더 이상 손을 쓸 방법이 없다는 말을 들었기 때문에, 자신이 말기 암 환자라는 사실을 그만 받아들여야 할 때가 되었다. 내가 할 일은, 그녀의 표현대로 "내가 내 자식들과 함께 울타리를 고치도록 도와주는 것"이었다. 그것이 바로 트루디가 자신의 문을 두드리는 죽음에게 내놓고 싶어 하는 것이었다. 그래서 나는 트루디와 그녀의 장성한 두 자식들이 서로에게 꼭 해야만 하는 말들을 하도록 도울 수 있다는 희망을 갖고 그들을 함께 만났다.

트루디는 나의 장인 딘과 내 어머니 줄리아의 중간 어디쯤에 해당하는 사람이었다. 화를 아주 잘 냈고, 쉰두 살인 그녀의 아들 말에 의하면 "걸핏하면 억지를 부렸다." 게다가 그녀는 자기가 느끼는 감정들을 꽁꽁 숨기고 입을 꾹 다물어버리기가 일쑤였다. 트루디는 죽어가는 과정에 있어서 결코 '완벽'하지 않았다. 그녀는 자기도 자신의 말과 행동을 그다지 자랑스럽게 생각하지 않는다고 털어놓았다.

그러나 트루디가 맨 마지막까지 했던 한 가지는 가족, 친구들, 그 외의 사람들에게 '봉사'를 베푼 것이었다. 그녀는 가족들에게 자기가 그들을 사랑했다는 것을 알리고, 자신의 지난 실수들에 대해 그들에게 직접 사과하고, 자신이 바라는 것을 분명하게 문서화한 것―코마 상태 시 위임대리인 지정, 존엄사 위임장, 사전의료지시서, 유언장, 스크랩북, 그 외에 그녀의 유산과 사랑에 관한 문서들―을 통해 그들이 그녀와 연결되어 있다는 사실을 반드시 알게 하겠다는 뜻을 결코 포기하지 않았다.

트루디는 가족에게 짐이 되지 않으려고 최대한 노력했다. 그녀는 나에게 "그들이 나를 떠나보내도 나는 괜찮다는 것을 그들에게 설명할 수 있도록" 도와달라고 했다. 이것은 트루디의 딸 타마라에게 아주 중요한 문제였다. 타마라는 어떤 대가를 치르더라도 새로운 치료법을 찾아내서 어머니의 생명을 연장해야 한다고 고집을 부리며 그녀를 힘들게 하고 있었다. "날 보내줘. 그리고 넌 네 인생을 살아." 트루디는 딸에게 화를 내며 애원했다. "그럴 수 없어요. 난 엄마가 좀 더 오래 살았으면 좋겠어." 타마라는 울부짖었다. "난 살 만큼 살았어. 이제 넌 네 인생을 살아. 내 목숨을 부지시키려고 애쓰면서 네 인생을 낭비하지 마."

트루디는 자기를 떠나보내주기를 간절히 바라고 있었는데, 그것은 단지 진통제가 더 이상 듣지 않거나 암으로 인한 피로 때문만은 아니었다. 그녀는 자기가 죽어야 할 때가 되었다고 생각했기 때문에 자신을 떠나보내주기를 바랐다. 그리고 자신의 죽음이 가족을 도울 수 있는 자신의 마지막 봉사가 되어야 한다고 믿었다.

나는 '봉사하다(serve)'는 울림이 있는 단어라고 생각한다. 왜냐하면 봉사는 죽음을 앞둔 마지막 나날들에까지도 이행해야 하는 필생의 임무이기 때문이다. 우리의 인생에 봉사가 부차적인 때는 없다. 심지어 우리가 죽는 순간에도, 봉사는 우리가 이 세상에 존재하는 것은 사랑하는 사람들에게 도움이 되기 위해서라는 사실을 인지하게 한다. 받는다는 느낌은 결국 우리를 완성시키지 못한다. 우리는 이 인생에서 받은 것들에 의해서가 아니라 베푼 것들에 의해 평가될 거라는 사실을 알 정도로 충분히 오래 살았다. 우리는 타인들을 어떻게 지배했는가에 의해서가 아니라, 타인들에게 어떻게 봉사했는가에 의해 가늠된다. '죽으면서 봉사하는 것'은 죽어가는 우리를 진정으로 자유롭게 해주는 집중이며, 노화의 경이로움이라는 틀 안에서 탐사할 수 있는 집중이다. 그 탐사를 통해 우리와 우리 문화는 죽음을 다른 시각으로 바라보게 될 것이다.

다시 말해, '죽음은 나쁜 것, 무시무시한 것이다'가 아니라 '죽음은 자유로 이르는 여정이다'라고 죽음을 재해석하게 될 것이다.

당신의 마지막 모습을 지켜라

자살을 생각할 정도로 극심한 고통에 시달리고 있었을 때, 나는 아내 게일이 속한 모임과 나의 친구 모임에 함께 속해 있던 로이드 할펀이라는 친구에게 연락을 취하려 했다. 마취전문의이자 의학박사인 그의 도움을 받아 척추 질환 치료와 수술을 받기 훨씬 전부터, 그와 나는 같은 유태교를 믿는 영적 친구이자 죽어가는 과정과 죽음에 관해 개인적이고도 전문적인 대화를 허물없이 나누는 사이였다. 무엇보다 우리는 장차 우리가 맞게 될 죽어가는 과정에 관해 어떤 분명한 관점을 발전시켜 왔다. 어느 날, 로이드는 거의 10년을 알츠하이머병을 앓다가 돌아가신 자기 할머니에 대한 기억들을 이야기하면서 다음과 같은 자신의 생각을 들려주었다.

할머니에 대한 나의 가장 오래된 기억은 아주 작은 어린아이였던 내 뺨에 입을 맞추면서 내 뺨을 살짝 꼬집던 모습이었어(내가 52년을 살면서 받은 키스 중에 가장 축축한 키스였지). 나는 할머니 모르게 뺨에 남아 있는 그 축축한 흔적을 손으로 마구 문질러 닦아냈지. 하지만 그 키스를 싫어했던 건 아니었어. 오히려 아주 좋아했지. 그리고 보르시치* 도 기

---

* 러시아나 동유럽 사람들이 즐겨 먹는, 비트로 만든 수프.

억나. 할머니의 이상한 영어 발음을 알아들으려 애쓰던 것도 기억나고. 할머니는 루마니아에서 박해를 피해 이곳에 오셨기 때문에 나이가 한참 들어 영어를 배우셨거든. 우리가 뉴욕을 떠난 뒤 할머니가 우리 아버지에게 서투르긴 하지만 영어로 편지를 써서 보내셨던 건 정말 감동이었지.

그런데 무엇보다도 내 기억 속에 강렬하게 남아 있는 건 할머니가 돌아가실 때의 모습이야. 나는 그 무렵 10대였어. 그때 내가 아버지와 함께 요양원으로 할머니를 만나러 갔던 날을 결코 잊지 못할 거야. 할머니는 면회실로 휠체어를 타고 들어오셨는데 휠체어에서 떨어지지 않게 몸이 묶여 있었어. 할머니는 내가 누군지 알아보지 못하셨고, 심지어 아들인 우리 아버지조차 알아보지 못하셨지. 할머니는 우리에게 그저 아이스크림을 달라고만 하셨어. 아버지가 눈물을 삼키려 애쓰면서 할머니에게 마치 어린아이한테 하듯이 말하시던 모습이 기억 나. 추운 겨울밤에 잠옷 바람으로 뉴욕 시내 거리를 헤매고 다니던 할머니를 발견한 뒤로, 아버지는 할머니를 요양원에 보내는 수밖에는 달리 선택의 여지가 없었지.

그때 나는 마음속으로 다짐했어. '나한테는 이런 일이 절대로 일어나지 않게 할 거야'라고 말이야. 나는 알츠하이머병이 우리를 완전히 딴 사람으로 만들어놓는다는 걸 그때 알게 되었어. 기억들이 없다면 우리는 껍데기에 지나지 않아. 그리고 알츠하이머병에 걸린 사람을 보살피는 건 그 가족과 사회에 경제적으로, 감정적으로 엄청난 부담이 된다는 것도 알게 되었지. 나는 내 손자들이 내 마지막 모습을 휠체어에 묶인 채 아이스크림을 달라고 떼를 쓰는 어린아이로 기억하게 하고 싶지 않아.

그래서 나는 결심했지. 만일 알츠하이머병이 나를 덮친다면, 나는 가족들에게 둘러싸인 채 미리 준비된 의식을 조용히 치르면서 현명하게 스스로 목숨을 끊을 거라고 말이야. 나는 내 가족에게 사려 깊고 의미 있는 작별 인사를 하고 그들 역시 나에게 작별의 말을 할 수 있었으면 좋겠어. 나는 내 자식들과 손자들에게 죽음은 인생의 한 부분이고, 인간의 존엄성을 지키며 죽어가는 것은 우리 모두가 할 수 있는 선택이라는 걸 가르쳐주고 싶어.

자신의 죽음을 선택할 자유를 위해 싸우기로 결심한 사람들은 일반적으로 자기 가족을 보호하고 부양하려는 의지에 이끌린다. 우리는 수십 년간의 일과 사랑을 통해 감정과 자원의 유산을 구축했다. 우리가 이 유산을 구축하고 자식들에게 물려주고 싶어 하는 것은 당연하다. 만일 우리의 병이 그 유산을 파괴하고 있다고 느끼게 된다면, 그 유산의 기억들을 파괴하고, 가족의 행복한 삶을 침해하고, 자식들이 상속받게될 자산을 파괴하고 있다고 느끼게 된다면, 우리는 가족들이 자신으로 인해 오랜 세월 동안 고통 속에 살지 않도록 해주기 위해 삶을 끝내고 싶어 하는 것이 당연하다. 로이드는 말을 이어갔다.

그래서 나는 내 가족에게 이렇게 말했다네. 내가 만약 알츠하이머병에 걸린다면, 병이 악화되기 전에, 내가 스스로 선택할 수 있는 여력이 있을 때, 생을 끝낼 거다. 내 말을 듣고 가족들은 몹시 슬퍼했지. 하지만 나는 내 할머니가 알츠하이머병 때문에 점점 분별력을 잃어가는 걸 직접 보았어. 그건 가족 모두에게 끔찍한 일이었지. 만약 할머니가 정신이 돌아와 우리를 알아보시고 우리 집안의 자산이 당신 때문에 풍비박산이 나고 있다는 걸 아셨다면 몹시 당황하고 말할 수 없는 굴욕감을 느끼셨을 거야. 그리고 당신을 사랑하는 사람들이 당신을 보살피고 간병하느라 엄청난 스트레스에 시달리고 있는 것을 아셨다면, 정말이지 끔찍해하셨을 거야. 옛날 사람들은 자기가 자식들의 짐이 된다는 걸 알게 되면 스스로 숲속 깊숙이 아무도 찾지 못하는 곳으로 들어가 죽음을 맞았다고 하지 않나. 우리 할머니도 제정신이었으면 충분히 그러고도 남을 분이었어. 나도 바로 그런 사람이 되고 싶어.

나는 워싱턴 주에 살고 있어서 의사의 도움을 받아 생을 끝내는 게 가능해. 하지만 나는 의사니까, 가능하다면 다른 의사의 도움 없이 내 인생을 내 힘으로 끝낼 생각이네. 이건 단지 의사들만이 아니라 우리 모두가 가지고 있는 권리야. 누구나 과거의 경험에서 교훈을 얻고, 내 경우에는 우리 할머니의 말년이 그랬지, 가능한 한 가장 자유롭고 가장 유익한 길을 향해 인간존재로서 발전하고 성장할 권리를 갖고 있어.

나의 희생이 다른 사람들에게 도움이 될 수 있을 때, 특히 나에게 의존하고 있는 사람들을 도울 수 있을 때, 스스로를 희생하는 게 옳아. 우리가 군인이라면 분명히 전쟁터에서 그렇게 했을 거야. 그런데 우리가 늙고 병들었다고 해서 사랑하는 사람들을 위해 희생하지 말라는 법이 있는가?

나는 로이드의 말에 동의한다. 그리고 나는 이런 종류의 죽음을 스스로 선택할 수 있도록 서로 돕자고 약속했고 그런 생각을 갖고 있던 또 다른 친구를 우리 모임에 참여시켰다. 나는 우리가 추구하는 것들을 '봉사하는 죽음'과 '자유로운 죽음'이라는 용어로 표현했다. 이 용어들 가운데 하나가 당신의 생각이나 대화에서도 유용하게 쓰이기를 바란다. 로이드, 나, 그리고 우리와 같은 사람들은 자신의 죽음이 타인을 위한 봉사인 동시에 자유로운 선택이어야 한다고 생각한다.

의사이자 정신건강상담가로서 우리는 한 사람이 자살을 위해 도움을 받고 싶어 할 때 정말 도움을 받을 준비가 되어 있는지 없는지 결정하기 위한 '3회 법칙'을 채택했다. 그 사람이 어떤 병에 걸린 초기 또는 질병을 앓는 과정 동안 심도 깊은 세 번의 대화를 그와 나누어야 한다. 이 대화들은 3개월이라는 기간 동안 시행되어야 한다. 만일 이 3회의 대화가 3개월 동안 일어난 뒤에도 그 사람이 여전히 자유롭고 봉사하는 죽음을 위해 일관되게 도움을 요청하는 것이 확실하다면, 우리는 기꺼이 그를 도와주어야 한다.

내가 이런 죽음을 전적으로 지지하는 한 가지 이유는, 여러 해에 걸쳐 극심한 고통을 겪다가 돌아가신 내 어머니를 옆에서 지켜보았기 때문이다. 어머니는 죽고 싶어 하셨지만 당신이 원하는 사회적 지원을 받을 수가 없었다. 어머니는 몇 번이고 이렇게 말했다. "내가 죽지 못하는 건 네 아버지 때문이야." (그들은 59년 동안 부부로 살았다.) 어머니는 이런 말씀도 하셨다. "네 아버지가 나 좀 죽을 수 있도록 도와주면 좋겠어. 어쩌면 내가 그렇게 해달라고 시킬 수도 있겠지만 그랬다가는 네 아버지가 혹독한 법적 대가를 치러야 하겠지." 어머니와 나는 내가 어머니가 죽을 수 있도록 도와주는 것에 관해서도 이야기를 나누었다. 하지만 또다시, 법적인 문제가 발목을 잡았다. 그건 결국 우리 가족과 나에게 이롭지 못했다.

이 고통스러운 마지막 몇 달 동안, 아버지는 어머니를 간호하느라 몸도 마음도 망가져갔다. 엄청난 스트레스로 인해 여러 번 폐렴에 걸렸고, 쓰러진 적도 몇 번이나 되었다. 게다가 아버지는 그동안 뇌 수술과 심장 수술도 받았다. 어머니는 '봉사하는 죽음'과 '자유로운 죽음'을 선택하기를 갈망했지만, 당신이 돌아가신 뒤 아버지가 겪어야 할 고초를 걱정하지 않을 수 없었다.

어머니가 돌아가신 뒤, 아버지의 건강은 좋아졌다. 아버지는 어머니가 간신히 목숨을 부지하고 있던 몇 년 동안 어머니를 원망하지는 않으셨지만, 솔직하게 이런 말씀을 하셨다.

죽는 게 더 나을 거라는 데는 우리 둘 다 수없이 동의했지. 나는 네 엄마에게 계속 살아 있어달라고 애원하지 않았어. 고통과 약물로 인해 예전의 그녀를 이미 오래전에 잃었다는 걸 나도 알고 있었지. 하지만 이 사회는 네 엄마의 의지나 우리 가족의 뜻과는 상관없이 그녀가 죽지 못하게 억지로 생명을 부지시켰어. 네 엄마가 원하는 대로 하도록 내가 도울 수 있었더라면 얼마나 좋았을까. 그녀가 원할 때 죽을 수 있도록 도와주었더라면. 그랬더라면 네 엄마는 더 행복했을 거야. 그녀의 영혼도 훨씬 더 빨리 자유로워졌을 테고.

커티스는 30년이 넘는 세월 동안 사업가이자 교육자로 왕성하게 활동하며 살아왔다. 그런 그가 느닷없이 근위축성측삭경화증, 흔히 루게릭병이라고 알려진 병에 걸렸다. 병이 발병하고 나서 몇 년 뒤 그는 팔다리를 거의 움직일 수 없게 되었고, 심지어 휴대폰을 집어들 수조차 없게 되었다. 그는 지금 한 손가락으로 자판의 키를 하나씩 누르면서 간신히 글을 쓸 수 있을 정도다. 그는 움직이지 않는 몸 안에 갇혀 있게 되었고, 주위 사람들에게 짐이 되었다.

커티스는 캘리포니아 『퍼시픽 그로브』에 제왕나비를 회상하는 글을 기고했다. 매년 2월이면 그 나비들은 퍼시픽 그로브에서 죽는다. "제왕나비들에게는 선택의 여지가 없다. 나 역시 마찬가지다." 커티스는 자신의 죽음의 순간을 스스로 선택하기로 결심했다. 그는 목숨을 부지하는 것에 대해 자유를 선택하기로 했고, 타인들에게 짐이 되지 않기 위해 워싱턴으로 가서 존엄사를 감행하기로 했다. 워싱턴에서는 존엄사가 합법적으로 인정될 뿐만 아니라 존엄사를 원하는 이들을 전문적으로 도와주는 사람들이 있었기 때문이다. 그리고 그는 이 완성의 시기 동안 자신의 장기들을 필요한 사람들에게 모두 기증함으로써 자신의 죽음을 완결 짓고 싶어 했다. "매일 18명의 사람들이 심장, 간, 신장, 췌장, 폐 또는 골수 같은 중요한 장기의 이식을 기다리다가 죽는다"고 그는 썼다. 커티스에게 있어서, 자신의 장기들을 제공하는 것은 그의 죽음을 의미 있게 만드는 행위였다.

마침내 그는 어느 시각장애자와 연락이 닿았다. 그러나 워싱턴 주에서 존엄사가 합법적으로 인정되고 있기는 했지만 병원이 아닌 곳에서의 장기 기증은 불법이었다. 뿐만 아니라 병원 내에서의 존엄사 역시 불법이었다. 그래서 커티스가 자유를 선택할 경우, 필요한 사람들에게 아무 도움도 줄 수가 없었다. 만일 그가 집에서 죽는다면 그의 장기들은 무용지물일 뿐이었고, 그렇다고 병원에서 장기를 기증할 경우 그는 존엄사를 선택할 수가 없었다.

이런 딜레마 앞에서 고민하던 커티스는 마침내 다음과 같은 결론을 내렸다. "죽는 것은 어려운 일이다. 나의 죽음으로 다른 이들을 구할 수 있다면 훨씬 쉽게 죽을 수 있을 텐데. 이제 법을 바꾸고 생명의 선물을 공유할 때가 되지 않았는가?" 내가 이 글을 쓰고 있는 지금 이 순간에도 커티스는 자신의 신념을 관철시키기 위해 투쟁하고 있다. 그의 메시지는 분명하다. 가장 순수한 완성의 시기 동안 봉사의 소명, 즉 타인들에게 도움이 되고자 하는 소명을 갖는 것은 우리에게 지극히 당연한 것이다. 그것은 인생을 통틀어 죽음을 통해 구현할 수 있는 가장 고귀한 소명이다. 우리가 자신과 가족들을 위해 할 수 있는 최선의 행위 가운데 하나는 잘 죽는 것이다. 이 소명을 따르기 위해 우리는 우리의 문화와 우리들 각자의 가정에서 앞으로 어떻게 해나가야 할까?

버렸다고 느끼거나 버림받았다고 느끼는 불안

비록 입 밖에 내어 말하지 않는다 하더라도, 대부분의 사람들은 이런 문제들에 대해 내면의 대화를 나눈다. 우리 모두는 커티스처럼 죽어가는 과정과 죽음을 경험하고 있거나, 타인의 죽어가는 과정과 죽음을 지켜보면서 우리 자신의 죽음에 관해 고민하고 있다. 많은 사람들이 자신의 조건에 따라 자기 방식대로 죽을 수 있기를 바란다. 이런 사람들의 임계 수치는 앞으로 계속 증가해나갈 것이다. 왜냐하면 우리 가운데 아주 많은 사람들이 제2의 생애 동안 심신을 쇠약하게 하는 심각한 질병들에 난타당할 것이고, '의학적 기적'은 우리를 몇 년 동안, 심지어 수십 년 동안 그 질병들의 극심한 고통 속에서, 흔히 우리 자신과 가족에게 물질적, 정신적 손상을 입히면서 계속 살아 있게 만들 것이기 때문이다.

WHO에 따르면, 2010년 한 해에 3,500만 명의 사람들이 치매로 고통받으며 살았다. 이 수치는 대략 2030년경에는 6,600만 명, 2050년경에는 1억 1,500만 명으로 증가할 것으로 예상된다. WHO 사무총장인 마거릿 챈은 최근에 이 통계들을 다음과 같이 바라보았다. "이 재앙적인 질병의 사회경제적 부담은 수백만의 가구를 빈곤선 아래로 곤두박질치게 했다." 특히 미국에서는, 2050년 무렵이면 1,600만 명의 사람들이 심각한 알츠하이머병에 걸릴 것으로 예상된다. 알츠하이머병은 미국에서 여섯 번째로 사망률이 높은 질병이다. 알츠하이머병에는 치료제가 없기 때문에 일시적인 치료로 증상을 지연 또는 완화시킬 수 있을 뿐이다. 경미한 알츠하이머병은 꾸준한 관리를 통해 효과를 볼 수 있지만, 중증의 알츠하이머병은 관련된 모든 사람들에게 엄청난 타격을 입힌다.

우리의 마지막 몇 년, 몇 달, 몇 주 또는 며칠 동안에, 우리가 맞닥뜨리는 질병이 어떤 것이건 간에, 치료비나 입원비 같은 비용 부담만으로도 가족이나 공동체를 심각한 충격에 빠뜨릴 수 있다. 아래의 내용은 『뉴스위크』 기자인 아만다 베넷이 신장암으로 남편을 잃고 쓴 책 『희망의 비용*The Cost of Hope*』에서 불과 며칠 동안 입원한 남편의 병원비로 지출한 내역을 기록한 것이다.

- 나흘간의 입원비 33,382달러
- 두 번째 입원비 43,711달러
- 생의 마지막 사흘 동안 지출된 비용 14,022달러

불과 며칠간의 입원비로 거의 십만 달러를 지출했지만, 사실상 그녀의 남편이 암 투병으로 보낸 몇 년 동안 지출된 의료비에 비하면 빙산의 일각에 지나지 않는다. 간호사, 의사, 치료사, 그 외에 병원 내의 많은 사람들은 그녀의 남편에게 아무리 추가 비용을 들인다 해도 가망이 없을 거라는 것을 알고 있었고, 그래서 그가 보다 편안하게 죽을 수 있도록 도와줄 방법이 있다고 했다. 하지만 그 당시 아만다는 오직 삶과 죽음의 기로에 있는 남편을 살리고 싶다는 간절한 바람밖에 없었기 때문에 그들의 말이 귀에 들어오지 않았다. 그 후 그들의 말뜻을 이해하게 된 그녀는 그들의 충고를 따랐다. 그런데 암 전문의와 병원 측에서 느닷없이 병원비를 청구하면서 그의 존엄사를 중단하라고 명령했다. 베넷은 이렇게 쓰고 있다.

우리는 더 나은 선택을 할 수도 있었다. 우리 모두는 의사, 병원, 보험회사의 사업 모델에 초점을 맞출 게 아니라 진정으로 환자에게 필요한 것이 무엇인지에 초점을 맞췄어야 했다. [⋯] 치료를 계속해야 할지 중

단해야 할지 선택할 수 있도록 중립적인 상담가의 도움을 받기를 원하는 사람들이 점점 늘어가고 있다.

말기 암 환자들과 치매 환자들의 간병에 관해 연구하고 있는 브라운 대학의 조앤 테노 박사는 "환자가 더 집중적인 간호를 받을수록 가족은 환자가 제대로 간호를 받지 못했다고 느꼈다"라고 말한다. 이런 결과가 발생하는 이유 가운데 하나가 『미국의학협회지』에 실린 한 논문에서 밝혀졌다. 베넷의 경우가 그랬던 것처럼, 의학계와 죽어가는 환자에 대한 사회적 압박은 봉사, 통찰, 가족 간의 대화 같은 측면들보다는 치료나 의료에 전적으로 의존하고 관심이 집중되어 있다. 『미국의학협회지』는 베넷의 사례와 보스턴 지역 병원에서 말기 환자에게 실시한 치료와 간병 사례들을 토대로 연구 결과를 발표했다. 이 연구에 따르면, 사랑하는 사람을 간병하다 사별한 사람들은 그 환자가 사망하고 6개월 뒤 삶의 질이 더 나빠진 것을 경험했고, 더 많은 회한을 느꼈으며, 심각한 우울장애로 발전할 위험이 더 높았다.

이 사례들에서, 죽어가는 말기 환자는 가족에게 도움이 되기보다는 오히려 가족을 피폐하게 만들고, 자랑스럽게 인생 유산을 물려주기보다는 그것을 망가뜨리는 사람이 된다. 죽어가는 사람과 그의 가족은 사랑, 행복, 그리고 유산의 완성을 위해 주어진 인생의 시기가 파괴, 다정한 대화의 결여, 엄청난 혼란, 깊은 회한, 그리고 그 사람과 가족들의 살아 있는 영혼을 돌보는 것보다는 죽어가는 육신에 대한 실험들에 초점을 두는 시스템에 예속되어버린 것을 보게 된다.

우리가 스스로 죽음을 선택할 자유를 갖지 못하도록 막는 것은 과연 무엇일까? 분명히 그것을 가로막는 많은 것들이 있다. 죽음에 대한 부정, 법적 책임에 대한 부담, '건전한 정신'이란 무엇인가에 대한 불분명한 정의, "우리가 늙고 병 든 사람들이 자살하도록 방조한다면, 우울증에 빠진 10대들이 그걸 보고 따라서 자살하지 않을까?"라는 주장. 이것들은 각각 그 자체로 연구할 만한 가치가 있다. 그러나 이 모든 것들의 이면에는 우리가 해결해야 할 근원적인 심리적 원인이 있다고 생각한다. 즉, 버려질지도 모른다는 두려움에 대한 성숙한 태도의 결여가 그것이다. 일반적으로 우리가 지극히 개인주의적이고 물질적으로 인생을 살아가는 것은 바로 그런 성숙함이 결여되어 있기 때문이다. 이것을 좀 더 풀어서 설명해보겠다.

우리는 살아오는 동안 내내 버려지는 문제와 씨름해왔고, 버림받을지도 모른다는 개인적인 두려움에 맞서왔다. 인생을 살면서 버림받은 것 같은 기분을 수없이 느꼈고 다른 누군가를 버렸다는 죄책감을 느꼈다. 어쩌면 우리는 실제로, 말 그대로 부모나 배우자에게 버림을 받았을 수도 있다. 그리고 중독적인 행동으로 또는 오랫동안 계속되는 혼란 속에서 정신을 잃은 채 사랑하는 사람들을 버렸을 수도 있다. 비록 우리의 인생에 비극이 일어나지 않았다 하더라도, 버리고 버려지는 행위는 우리의 일상에서 흔히 일어나는 일이다. 어떤 어머니는 성장하는 자식에게 버림받은 기분을 느낀다. 어떤 아이는 그 어머니를 버리고 죄책감을 느끼지만, 성인이 되기 위해서는 그 죄책감을 떨쳐내야만 한다. 어떤 아버지는 자식이 성숙해지기를 바라면서 자식을 밀쳐내지만, 성숙을 강요한 것 때문에 이내 죄책감을 느낀다. 어떤 장성한 자식은 부모의 지난 잘못들 때문에 화가 나서, 죽어가는 부모를 찾아가보지 않다가 자기가 그를 버렸다는 죄책감 때문에 장례식에서 울음을 터뜨린다.

카렌(62세)은 그녀의 섬세하고 깊이 있는 시각이 감동적이었던 또 다른 방식의 '버림'에 대해 말했다.

나에게는 아흔 살 된 계부가 있습니다. 그는 80대 후반에 양쪽 무릎에 인공관절을 삽입했고 관절염 때문에 척추 수술도 받았어요. 그는 플로리다에서 혼자 살고 있는데, 대단히 활동적이어서 겨울철이면 체육관에 다니면서 웨이트트레이닝을 합니다. 나이 때문에 수술을 못 받는다는 말은 그에게는 전혀 해당되지 않는 것 같아요. 그가 즐겨 말하듯이, 그는 죽어가고 있는 게 아니라 살아가고 있습니다. 그리고 그의 말대로 약발도 아주 잘 들어요. 병원만 갔다 오면 몸이 가뿐해진대요.

하지만 지금 94세인 내 친구 어머니는 건강이 썩 좋지 않고 무릎 상태도 나쁜데, 그분의 경우는 어떨까요? 무릎 수술을 받고도 제대로 활동할 수 없고 삶의 질도 나아지지 않는다면 그분이 굳이 수술을 받을 필요가 있을까요? 그분은 신체적인 연령상으로 내 계부보다 삶의 끝에 훨씬 더 가까이 가 있습니다. 그러니 세금이나 국가 예산 같은 걸 그분을 계속 살아 있게 하고 몸 이곳저곳을 수술 받게 하는 데 쓰는 건 잘못된 일일 겁니다. 그건 다른 사람들, 특히 국가의 지원이 절실하게 필요한 젊은 사람들의 몫을 강탈하는 거예요.

하지만 나를 포함해서 우리 모두는 죽음이나 죽어가는 과정, 심지어 늘어가는 것에 백기를 드는 것을 아주 두려워하기 때문에, 만약 그분에게 국가적인 지원을 하지 않는다면 우리가 그분을 버리는 것 같은 기분이 들 거예요. 네, 사실 그건 간단한 문제가 아니죠. 하지만 나는 우리 사회가 결국은 피할 수 없는 일을 계속 뒤로 미루는 느낌을 받으면서도 몸 여기저기를 고치고 유지하면서 억지로 생명을 유지하게 하는 '기만'을 통해 우리가 그들을 버리지 않았다는 자기만족을 느끼려 하는 건 아닌가 하는 생각이 듭니다.

버렸다고 느끼거나 버림받았다고 느끼는 양상들은 무한하다. 그리고 우리는 각자 자신의 삶에서 버리고 버려지는 상황들에 직간접적으로 관여될 것이다. 사실, 간단한 답이 주어지는 문제가 아니다. 그러나 죽어가는 과정이 버려지는 시간이라는 것은 분명한 진실이다. 죽어가는 과정은 오랜 기간 동안 두려움을 내적으로 폭발시키면서 버려짐에 대한 온갖 감정들을 불러일으킨다. 우리가 죽어가는 사람이든 돌보는 사람이든, 가족이든 사회이든, 이것은 우리 모두에게 적용되는 진실이다. 만약 우리가 개인적으로든 문화적으로든 생의 초기에 버려지는 것에 대한 두려움을 이해하지 못했거나 그 두려움에 맞서지 못했다면, 봉사하면서 자유롭게 죽어가는 것이 훨씬 더 어려울 것이고, 타인들이 봉사하면서 자유롭게 죽어가는 것을 허용하기도 어려울 것이다. 우리는 삶과 죽음이 무엇인지에 관해 혼란스러워질 것이다. 우리는 이기적으로 한 사람에게 매달리려 할 것이고, 죽어가는 사람들의 소망을 존중하지 못하게 될 것이다. 그들에게 자유를 주지 못할 것이다. 우리는 우리 자신이 버려지는 것에 대한 두려움 때문에 그들을 가두어둘 것이다. 그들에게 버림받는 것이 두려워서, 우리는 가능한 온갖 논리를 동원해 그들을 계속 살아 있게 만들 것이다.

개인과 문화가 죽어가는 과정과 죽음의 경이, 즉 봉사와 자유를 보게 되는 날이 오기를 바란다. 그러나 두려움과 분노에서 벗어나기 위해서는 우리 모두 자신의 과거에서 버린 또는 버려진 경험들을 되돌아볼 필요가 있다. 병들어 죽어가는 동안 또는 사랑하는 사람들이 무시무시한 병에 걸려 죽어가는 동안 그러한 버려짐에 대한 두려움들이 우리의 삶 위를 맴돌지 않도록 하기 위해 그 두려움과 화해해야 한다. 그리고 힘이 닿는 데까지 최선을 다해 속죄하고 마무리 짓자. 만일 그 경험들을 살펴보지 않는다면, 우리는 숨을 거두는 순간까지 버려짐에 대한 고통스러운 두려움에 끌려 다니게 될 수도 있다.

신과의 만남으로서의 죽음

세상의 많은 종교들은 죽음을 신과의 만남으로 여긴다. 이것은 버려짐에 대한 인간으로서의 두려움을 잠재우는 신학적인 방법인 것이다. 내가 알기로, 죽을 때 자신이 완성되었다는 충만함을 느끼기 위한 최상의 방법은 버려짐을 뛰어넘는 것이다. 그리고 지금까지 연구 조사된 가장 보편적인 성공 방법은 당신이 죽어가는 조용한 시간 또는 당신이 사랑하는 사람이 죽어가는 동안, 이제 곧 당신이 신과 만나게 될 거라는 믿음에 집중하는 것이다. 당신이 갖고 있는 그 만남이 어떤 것이 될지 가르쳐줄 수도 있지만, 그에 못지않게 당신의 인성과 인생 경험, 당신이 배우고 희망했던 그 모든 것들을 통해 당신 스스로 그것을 상상하게 될 수도 있다.

'신과의 만남'을 상상하는 것은 자유로운 행위이다. 우리의 환경이 어떠하건, 버려지는 것에 대한 두려움—실제로 우리 모두가 온갖 굴곡이 있는 인생을 살고 있는데 혼자서 비탄에 잠겨 버림받았다고 생각하고 어떤 실수들을 저질렀는지—에 집중한다면, 우리는 마지막 순간을 신의 입맞춤으로 경험할 수 있다. 만일 사랑하는 사람이 "지금은 내가 자유로워질 때야. 나는 이제 내 생을 마감하고 싶어"라고 말할 때 우리가 화를 내거나 두려워한다면, 우리는 버려지는 것에 대한 두려움을 극심하게 느끼고 있는 것이다. 그렇다면 그때 우리는 그 두려움에 지배당할 것인가, 아니면 사랑하는 사람이 자유롭고 완전하게 죽을 수 있도록 도와줄 것인가? 사랑하는 사람을 돕기 위해, 우리는 그를 기다리고 있는 사랑 이야기를 보아야 할 것이다. 그 사랑 이야기는 우리가 죽어서 그 사람과 다시 만나기 전까지는 우리와 무관하지만 그럼에도 명백한 사랑 이야기이다.

죽어가는 사람과 그 가족은 인생의 마지막 나날들을 갈등과 두려움, 심지어 외로움 속에서 보낼 수도, 아니면 가장 순수한 사랑 속에서 보낼 수도 있다. 인생은 결국 함께 살아온 우리 모두가 삶의 위대한 계획(즉 사랑)을 깨닫도록 도와주는 에너지로 가득 찬, 가족 역사의 영원히 기억될 몇몇 순간들일 수도 있다. 인생은 죽어가는 사람이 자신이 평생 동안 살면서 아주 많은 것을 베풀었다는 것을 확인할 수 있도록 허락하는 시간일 수도 있다. 이 결정은 우리의 죽음을 매우 아름답게 만들어줄 수 있다. 이 아름다운 죽음의 과정에서, 고인과 결별하고 살아남게 될 우리는 벌써 그 사람의 죽음을 슬퍼하고 있다. 그러나 그 슬픔 역시 아름답다. 애도는 자연스럽게 이루어진 강력한 치료처럼 우리의 영혼을 열어주기 때문이다.

죽어가는 사람과 돌보는 사람 양쪽 모두에게 '신과의 만남'이라는 개념은 버려지는 두려움을 잠재우는 '봉사'의 역할과 연결될 수 있다. 만약 죽어가는 사람과 돌보는 사람 모두가 신과의 만남이라는 관점에 집중하고, 그에 대해 대화를 나누고, 인생의 과정과 비전을 통해 서로에게 봉사한다면, 그들이 발전시키는 친밀함은 양쪽 모두가 가지고 있는 버려짐의 두려움을 잠재울 수 있다. 그들은 어떤 주제도 금기시하지 않고, 심지어 죽음까지도 농담의 주제로 삼는 절친한 친구가 될 수 있다. 이 비통함과 두려움, 그러나 또한 기쁨과 사랑의 시기에 그들 사이의 친밀함은 버려지는 두려움에 대한 일종의 해독제가 된다.

충분히 오래 살고, 충분히 천천히 죽어가는 기적

당신이 이 상호작용에서 어느 쪽에 해당하건—병들어 죽어가는 쪽이건 그를 돌보는 쪽이건—다음의 열 가지에 집중하기를 권한다. 이것들은 죽어가는 과정에서 친밀함이 일어나게 하고, 신과 만나는 느낌을 받아들이고, 버려짐에 대한 두려움을 잘재울 수 있도록 돕는 방법들이다.

- 당신을 도와줄 모든 사람들에게 마음의 문을 열어라. 그들이 당신의 인생에 느닷없이 등장한 것처럼 느껴질 수도 있다. 그러나 당신

의 병과 죽어가는 과정이 그들에게는 사랑의 선물이 되어줄 것이고, 당신에게는 많은 새 친구들을 만날 기회와 당신이 병이라는 기적이 아니고서는 평생 만나볼 수 없었을 많은 사람들과 '사랑하고 사랑받는' 기회를 줄 것이다.

- 타인들에게 끝까지 위안과 다정함을 베풀어라. 할 수 있는 만큼 최대한 그들을 안심시키고 보살펴라. 불평을 줄이고, 감정적 또는 신체적 고통에 처한 사람들을 보면 안부를 묻고 위로의 말을 전하라. 이것은 병원에서 당신의 권리를 주장하지 말라는 얘기도 아니고, 싸워보지도 않고 쉽게 포기하라는 말도 아니다. 타인들을 도움으로써 당신 자신을 돕는 것에 집중해야 한다는 의미이다.

- 당신이 원하는 죽음을 요구하라. 당신이 죽는 순간을 선택하라. 특히 당신의 삶의 질이 회복할 수 없을 정도로 손상된다면, 스스로 죽음의 순간을 선택해야 한다. 이것은 당신의 권리이자 자유이다. 당신의 몸이 당신을 저버리고 그래서 당신이 더 넓은 세상에서 뭔가를 베풀고 보호하기 위해 더 이상 일할 수 없게 되었다 하더라도, 죽음의 순간을 스스로 선택하는 것은 당신이 할 수 있는 '베풀고 지키는 방법'일 것이다. 죽을 시간을 스스로 선택하고 필요한 서류들을 미리 완벽하게 준비해놓음으로써 당신은 여전히 당신이 사랑하는 사람들을 위해 봉사하고, 베풀고, 지킬 수 있다. 이것은 유언과 사망선택유언(말기 환자가 안락사를 원한다는 뜻을 밝힌 유언), 그 두 가지 모두를 의미할 것이다. 사망선택유언장을 작성하기 위해서는 건강관리대리인(아마도 당신의 배우자나 성장한 자식)을 지정해야 하며, 의사,

그리고 가족과 의논하여 모호하지 않게 형식에 맞고 명확하게 만들어야 할 것이다.

- 속죄하고, 용서하고, 용서받기 위해 노력하라. 이메일, 편지, 비디오, 문서, 육성 녹음 등 어떤 방법으로든, 당신이 남기고 싶은 말들을 모두 말하라. 사람들을 모두 불러서 당신이 얼마나 그들을 사랑하며 자랑스러워하는지 말하라. 당신의 목소리 또는 글씨로 반드시 말해지게 하라.

- 남아 있는 힘을 당신의 친구와 가족을 돌보는 데 쓰도록 하라. 이제 당신의 자식들은 모두 성장했을 테지만 자식이 잘 성장하도록 돕는 것에 온힘을 기울여야 한다는 본능은 여전히 유익하다. 아직 힘이 남아 있다고 느낄 때, 그리고 당신의 가족과 친구들이 필요로 하는 힘이 약간이라도 남아 있다면, 그 힘을 그들에게 베풀어라.

- 당신의 인생을 검토하고 유산을 마무리 지어라. 할 수 있다면 그것을 글로 적어라. 혼자가 어렵다면 다른 사람들과 함께 써도 좋다. 그리고 당신이 세상을 떠났을 때 주변 사람들이 그 글을 찾아낼 수 있도록 반드시 그 글을 보관해둔 곳을 미리 말해주어야 한다.

- 당신의 생명으로 당신 가족의 자산을 보호하라. 죽음의 순간을 당신이 타인을 위해 하는 희생으로 받아들여라. 만일 당신으로 인해 가족의 자산이나 가족에게 물려줄 당신의 유산이 고갈될 위기에 처해 있다면, 그리고 당신이 정신적으로 이미 인생의 목적지를 지나쳐왔다는 것을 느낄 수 있다면, 스스로 할 수 있을 때 인생을 마감하라.

- 당신의 지혜, 유머, 살아온 이야기로 다른 사람들을 격려하고 감동

시켜라. 젊은 사람들을 당신의 침상으로 불러들여라. 힘이 남아 있는 동안 당신의 삶으로 불러들여라. 젊은 사람들은 죽어가는 과정과 죽음을 보면서 한없이 무너져내리는 인간존재를 경험할 필요가 있다. 불완전한 존재인 인간의 본모습을 목격했을 때 그들은 자신들이 올바로 성장해야 하며 인생을 어떻게 살아가야 할지 성찰할 기회를 얻을 것이다.

• 당신이 소유하고 있는 것들을 나누어주어라. 당신의 자산을 공평하게 분배한 유언장을 미리 준비하라. 당신이 소유하고 있는 것들 가운데 일부를 자선단체에 기부함으로써 의미 있는 일을 했다는 기쁨과 충족감을 느껴라.

• 다시 아기 때로 되돌아간다는 사실을 받아들여라. 당신은 다시 태어나는 과정에 있다. 당신은 본성을 되찾은 어린아이로서 신과 만나게 될 것이다. 당신은 죽음 이후에 완전히 약해질 것이고, 완전히 개방될 것이며, 다음 모험을 위한 준비가 되어 있을 것이다. 오랜 질환은 순수한 취약함인 죽음 그 자체의 취약함을 겪기 위한 예행연습이었다. 다시 완전히 취약한 존재가 되는 것을 받아들여야 한다.

죽어가는 당신이 이런 것들을 이행한다면, 우리의 사회는 '완성'이 무엇인지 더 잘 이해할 것이고, 따라서 우리를 떠나보내는 것을 두려워하지 않을 것이다. 우리의 가족과 정책 입안자들의 '죽음에 대한 두려움'이 우리의 죽어가는 과정조차 법적으로, 도덕적으로 지배하고 있다. 우리가 이런 것들을 이행하지 않는다면, 모든 것이 미완으로 남은 듯한 느낌이 들 것이다. 마지막 몇 달, 몇 년, 그리고 며칠을 잘 산다면, 자신이 진정한 연장자라고 불리는 것에 거리낌이 없을 것이다. 죽어가는 과정과 죽음은 무조건적인 사랑을 위한 기회로 생각될 수 있다. 조건 없이 사랑하는 법을 배운다는 우리의 목표를 인생에서 실현할 수 있을 만큼 충분히 오래 살고 충분히 천천히 죽어가는 것의 기적. 이를 통해 연장자들은 스스로를 완성한다. 그리고 다음 세대는 자신들의 탐구, 여행, 그다음 인생 단계를 완전하게 시작하기 위해 우리가 스스로를 완성하는 것을 필요로 한다.

그래서 우리는 죽음에 이르는 '더 나은' 방법은 가장 자유롭게 죽는 방법이라고 말한다. 노화의 경이는 곧 자유다. 죽어가는 과정과 죽음에 있어서 자유는 우리가 만드는 것이고, 우리의 세상에서 일어나도록 만들어야 할 우리의 책임이자 우리가 죽을 때 지켜야 할 우리의 선물이며, 타인들에게 불러주는 우리의 노래이기도 하다. 나의 다른 개인적인 권리들과 마찬가지로 내가 죽어가는 과정 역시 다른 누군가가 결정짓는 것이 아니라 바로 나 자신의 개인적인 권리라는 사실을 우리 사회전체가 마침내 깨달을 수 있도록 하기 위해 그들에게 불러주는 우리의 노래이다.

「캐시의 노래」

이 낭독문은 죽어가는 이가 죽음을 앞에 두고 자신의 유산, 인생철학, 그리고 '완성과 영성'을 글로 표현한 예이다. 이 글을 당신의 인생 또는 당신이 사랑하는 사람의 인생에 맞게 바꾸어 활용해도 좋다. 그리고 여

건이 된다면, 내가 캐시의 추도식에서 했던 것처럼 당신이 사랑하는 누
군가가 당신의 추도식에서 그 글을 낭독해줄 수 있을 것이다.

캐시의 노래

– 캐시 스티븐스(1949. 8. 28.~2012. 4. 1.)를 기리며

1.

나의 가족과 친구들이여,

나는 지금 모든 것이 음악인 나의 새로운 집에서,

이 다정한 노래를 그대들에게 불러줍니다.

나는 아주 진지하게 인생을 산,

의욕이 넘치는 정직한 여인이었습니다.

두 아들의 엄마로서 나는 세상을 조금이나마 변화시켰고,

남편과 나는 오직 영원으로만 측정할 수 있는 사랑을 발견했습니다.

여덟 명의 손자를 둔 할머니인 나는 경이의 신을 만났고,

마음이 너그러운 나그네인 나는

그대들 한 사람 한 사람의 내면에서

하느님의 아름다운 장미가 자라나는 것을 보았습니다.

이제 나는 나의 노래를 갖고 있습니다.

2.

나를 사랑하는 모든 이들이여,

나에게 죽음이 찾아온 것은 분명한 사실입니다.

현관 앞에 서 있던 성마른 노인,

지금까지 나를 거부해왔던 그 노인이

내가 지나가도록 옆으로 비켜섰습니다.

그리고 열린 현관문으로 비쳐 들어오는

한 자락 빛 속에서 내 손을 잡았습니다.

나의 죽음이 왔습니다.

누구의 잘못 때문도 아니라 그냥 우연히,

나의 실타래가 부엌 창밖으로 풀려나갔습니다.

고양이 한 마리가 멀어져가는 실타래를 뒤쫓아갑니다.

나는 마침내 말했습니다.

"가거라, 나의 작은 영혼아,

그곳에서 친구들을 사귀렴."

나에게 죽음이 왔습니다.

3.

내 친구들, 내 가족들이여,

그대들은 나의 죽음을 어떻게 맞아들이고 있나요?

나를 오랜 세월 돌봐주었던 그대들 모두

병들어 누워 있던 나의 침상만을 기억하게 될까요?

내 아들딸들아, 세상에 태어난 너희들은

여린 날개를 펼치고 나의 튼튼한 품안으로 날아들었지.

부디 나의 부러진 가지들을

그저 다시 이어붙이기 위해 살지 않기 바란다.

사랑하는 나의 남편 돈, 당신과 함께 나는

그 어떤 책에서보다 더 위대한 사랑을 배웠어.

당신은 알고 있었지, 내 몸 안에 성스러움이 숨겨져 있다는 걸.

돈, 현관문을 지키고 있는 노인과 너무 오래 다투지 말아요.

어머니, 저를 앞세우리라고는 생각도 하지 못하셨다는 걸 압니다.

사랑하는 어머니, 망각에서 돌아온

저의 가장 밝은 실만을 뒤쫓아 와주세요,

4.

나를 사랑하는 모든 이들이여,

그대들이 어디서 무엇을 하건,

내 노래를 잊지 말아주기를!

예순여섯 해 동안, 푸른 눈의 소녀는 그릇 속에 봄비를 모았습니다.

그리고 그 물을 바다로 가져가 부었습니다.

나의 아름다운 기억들의 보트로 내가 오를 수 있도록 도와주세요.

그대들의 슬픔 위에 내 인생의 빛나는 기쁨들을 흩뿌려주세요.

내가 병을 앓는 동안,

그대들은 인간의 생명이 차갑게 식으며

고통 속에 빠지는 것을 보았습니다.

그래서 나는 신에게 말했습니다.

"그들의 사랑스러움을 상기시키기 위해 나는 기꺼이 죽겠나이다."

부디, 친구들이여, 그대들 자신의 사랑스러움을 언제나 잊지 말기를.

그대들은 물 위에서 햇빛을 쫓는 파도들입니다.

어떤 고통에도 그대들의 몸은 바다의 울림소리를 낼 것입니다.

5.

내가 살아온 인생을 통해 나는 이 진실을 알게 되었습니다.

우리가 소명으로 갖고 태어난 노래를 세상에 불러준다면

두려움이 현관에서 사라진다는 것을.

더 이상 어린 나무도 아니고, 들숨과 날숨조차 끊어진 지금,

나는 내가 누구였는지 알고 있습니다.

살아 숨 쉬는 하느님의 육신이라는 것을.

부엌 창밖으로, 바람 속으로 나의 실타래를 던진 건 바로 나였습니다.

내 소중한 사람들이여,

한순간도 지체하지 말고

그대들의 인생을 아름답고 용감하게 만드세요.

그대들의 죽음이 찾아올지니.

당신을 드러내기로 선택하라

당신이 아무리 늙었다 해도, 할 수 있었던 건 모두 다 했다고 생각한다
하더라도, 여전히 당신에게는 날마다 한 가지씩 해야 할 일이 생길 것
이다. 생의 마지막 날조차, 당신은 계속 변화하고 성장하고 있다. 당신
이 마지막 숨을 몰아쉬게 될 그 순간에도, 당신은 다른 누군가를 변화
시키고, 그들이 변화하고 성장하도록 돕고 있기 때문이다. 우리는 죽기
전까지 살아 있다. 그리고 심지어 죽은 뒤에도 우리는 여전히 이 세상
에서 무시할 수 없는 영향력을 가지고 있다.

_짐 맥닐*

---

* 의학박사. 2008년에 세상을 떠나기 전까지 자신의 정신적 삶을 기록하면서 12권 분량
의 일기를 남겼고 그 일기들은 책으로 출간되었다.

짐 맥닐은 나처럼 글을 사랑한 친구이자 멘토였다. 우리는 몇 해
동안 몇 시간씩 함께 자리에 앉아 그의 아내 비키가 폐암으로 세상을
떠난 이후 그가 쓰기 시작한 일기들을 소리 내어 읽고 이야기를 나누었
다. 이 일기들은 거의 20년 동안 그의 정신적인 동반자였다. 일기를 쓸
때, 그는 집을 돌보거나, 산 속으로 들어가거나, 손자들과 함께 지내면
서 가치 있는 명분들을 지지하고 젊은이들을 멘토링하면서 은퇴 생활
을 즐겼다. 나는 30대 중반에 짐과 비키를 처음 만났고, 40대 초반에 비
키와 작별인사를 했다. 그리고 10년 뒤인 50대 초반에 결국 짐과도 영
원히 헤어지게 되었다. 자신의 삶의 여정을 끝내가고 있던 즈음, 짐은
자신의 생각과 경험을 나에게 나누어주면서 내가 나만의 의식적인 죽
음의 여행을 시작할 수 있도록 도와주었다.

나와 함께하는 이 책의 여정이 끝날 즈음, 노화의 경이로움을 위한
당신의 여정이 곧 시작될 것이다. 나는 책의 힘을 진심으로 믿는다. 나
는 한 권의 책이 블로그나 기사 또는 TV나 라디오를 통해 방송되는 유
명 인사들의 인상적인 말보다 훨씬 더 큰 힘을 갖고 있다고 믿는다. 책
은 오직 책만의 방식으로 영혼을 전달한다. 책은 존재의 조건들을 반갑
게 맞아들일 수 있고 이의를 제기할 수도 있는 힘을 지닌 오랜 공동의
시간이다.

50세를 넘긴 우리는 앞으로 수십 년에 걸쳐 노화 과정을 겪어가야
한다는 사실을 잘 알고 있다. 우리는 윗세대와 아랫세대 사이에 끼어
있지만 분명한 우리의 목소리를 갖고 있다. 그 사실을 자축하고 세상에
드러내기로 선택해야 한다. 우리는 많은 가치를 지닌 연장자들이다. 그

가치들 가운데 많은 것들은 정신적인 것이며, 단순한 물질적인 헤게모니보다는 세상을 유지시키는 넓고 싶은 시선의 승리이다. 연장자인 우리는 이제 성공만큼이나 베풂에도 관심을 가질 수 있다. 우리를 담고 있는 그릇인 육신은 점차 힘을 잃어가고 있지만, 전에는 결코 느끼지 못했던 풍요로운 와인이 그 그릇 안에 담겨 있는 것을 느낄 수 있다.

나는 당신이 중년의 위기를 넘어서고 나서 그 이후 죽음에 이르기까지 수십 년의 세월을 목적 없이 방황할 게 아니라 지금 이 순간부터 새로운 목적을 가지고 앞으로 나아가기를 바란다. 기적적인 노화와 노화의 경이로움은 젊음 이상의 것이며, 뚜렷한 형태도 없이 끝없이 커져 가는 공허감에서 비롯된 중년의 위기보다 훨씬 더 크고 깊은 것이다.

우리의 노화를 젊음의 마지막 순간과 이별하고 그 이후로 점점 더 늙어갈 수십 년의 세월을 앞둔 중년의 위기로 생각하지 말자는 내 의견에 당신도 동의하기를 바란다. 우리의 발길이 닿는 곳곳에서 열정적인 연장자 공동체를 만들면서 우리의 변화들을 인생과 정신의 경이로움으로 받아들이기를 바란다. 우리는 여러 통과의례들, 가족, 사랑, 상실, 질병, 고통, 기쁨, 욕망, 좌절, 죽음의 위기들로 가득한 정신적 기복을 겪으며 살고 있다. 이 통과의례들 속에서 우리의 관계들이 시험당하고 정화되며 그것을 통해 이 세상에서의 우리의 실제적인 가치가 명확해진다.

일기를 쓰거나 통찰, 사연, 기억들을 분명히 밝히는 여정에서 우리의 모습이 다양하게 드러나듯이, 현재 우리의 자아가 어떻게 전과 다르면서도 더 자유롭게 모습을 드러내는지 지켜보자. '중년의 위기'나 '노년'과 같은 어휘들은 우리가 살아온 인생 이야기를 모두 담아내기에는 부족하다. 이 어휘들은 우리가 겪어가고 있는 것들에 비추어볼 때 미흡하고 보잘것없어 보일 뿐이다.

당신과 나는 정신적인 연장자가 되어가고 있거나 이미 되어 있다. 우리는 우리들의 연장자인 어머니와 아버지 들이 바라던 사람들이 되고 있거나 이미 되었다. 늙어가는 것에 대해 변명하거나 푸념하지 말고, 자유와 사랑을 느끼자. 그것을 기쁜 마음으로 받아들이자. 마땅히 누려야 할 보다 깊이 있고 아름다운 삶을 살아가자. 죽음이 우리를 찾아올 때까지 우리가 어떤 고통, 어떤 기쁨, 어떤 즐거움을 느끼건 간에 이 인생의 보물들을 발견하자. 그리하여 자연이 우리에게 요청한 대로 깊은 내면의 영혼으로부터 그 보물들을 다음 세대에게 전해주었다는 것을 알게 되기를.

●

허물어져야 한다

이 책은 경이롭다. '젊음'이나 '동안'을 최고의 가치로 삼는 것처럼 보이는 이 시대에, 늙어가는 것을 '경이로움'으로 받아들이는 시각 자체가 경이롭기 때문이다. 우리 사회의 매체들에서는 날마다 '동안'에 대해 이야기하고 '젊음'과 '젊어 보이는 것'을 찬양하며, 남녀노소를 불문하고 사람들의 개인적인 대화에서도 빠짐없이 그 주제가 등장한다. 우리의 사고는 점점 더 거기에 세뇌되어서, 모든 것의 기준과 가치를 '젊음'과 '아름다움'에 둔다. 그래서 '늙음'은 추한 것이 되고, '늙음'과 '늙어가는 것', 그리고 '늙어 보이는 것'은 될 수 있으면 감추고 지연해야 할 수치스러운 것이 된다.

그러나 젊은이들과 나이 들어가는 사람들, 그리고 이미 늙은 사람들, 그들 모두가 늙음을 부인할 때, 우리 사회에는 결국 '연장자'들 대신 '노인'들만 남게 될 것이다. 인간의 수명이 백세를 바라보면서 노화의 첫 단계에서부터 마지막 단계인 죽음에 이르기까지 50년이라는 긴 세월을 살아야 한다는 사실을 생각할 때, 그것은 생각만 해도 암울하고 슬픈 광경이다. 마이클 거리언의 표현대로 그것은 "인생의 말년에 거두어들인 깊은 평온함과 겸허함이 깃들어 있는 인격", "초연함", "본질을 꿰뚫어보는 지혜"와 "연륜"을 찾아볼 수 없는, "마른나무처럼 완전히 고갈되고" "패배하고" "끝장이 난" "쓸모없는" "늙은이"들이 넘쳐나는 세상일 것이고, 멘토를 찾아볼 수 없는 젊은이들은 시행착오 속에서 또 그처럼 '연장자'가 아닌 '장수 노인'들이 되어갈 가능성이 농후하기 때문이다.

그 암울한 그림을 밀쳐내며 마이클 거리언은 "늙어가는 것은 젊음 이상의 것"이라고 단언한다. 그는 잘 늙어갈 수 있는 방법과 잘 죽어갈 수 있는 방법이 분명히 있으며, 그것을 알고 하나하나 준비하고 실천해 나가면 그 목적지에 도달할 수 있다고 확신한다. 그의 그런 강력한 확신은 과학과 의학, 생물학, 사회학, 철학, 통계, 임상 사례를 통한 다각적인 연구와 조사, 그리고 인류애가 바탕에 깔린 깊은 사유에서 비롯된다.

우리는 허물어져야 한다. 그것이 바로 변화다. 허물어지는 것은 50대, 60대, 그 이상의 나이에 반드시 거쳐야만 하는 통과의례다.

마이클 거리언은 릴케의 시를 인용하면서 잘 늙어가기 위해서는 노화를 회피할 게 아니라 오히려 "허물어져야 한다"고 말한다. 그는 "허물어지는 것"은 궁극의 자유와 완성을 위한 아름다운 통과의례라고 단호하게 말하면서, 젊음이라는 덫에 휘말려드는 대신, 어느 날 갑자기 혹은 서서히 우리를 찾아온 변화들과 피할 수 없는 고통과 아픔을 우리의 몫으로 받아들이고 당당히 겪어 나올 때, 그 고통은 우리의 영광스러운 완성을 위한 자양분이 된다고 우리를 격려한다. 그리고 그는 추상적인 사변이나 관념에서 그치지 않고, 우리가 어떻게 하면 잘 늙어갈 수 있는지, 어떻게 하면 진정한 연장자가 될 수 있는지, 어떻게 하면 멋진 신세계, 놀라운 노년을 발견하고 죽음을 맞이하는 순간에 인간으로서 자신을 완성할 수 있는지, 어떻게 하면 잘 죽을 수 있는지에 대해 과학적 근거들과 함께 대단히 구체적인 방법들을 제시한다. 그의 깊은 사유가 울림을 주는 시가 되고 노래가 되었다면, 그 명쾌한 팁들은 실천을 위한 안내서가 된다.

우리가 이 놀라운 책에서 그가 안내하는 길을 따라가면서 제대로 잘 늙어갈 수 있다면 더할 나위 없을 것이다. 그러나 그렇게 할 수 없다 하더라도, 늙어가는 것이 왜 경이로울 수 있는지, 노화 과정에서 불가피하게 겪어야 하는 고통과 슬픔이 우리에게 왜 필요불가결한 것인지, 죽음이 어떻게 우리를 완성하고 어떻게 우리가 세상에 건네는 고귀한 선물이 될 수 있는지, 그것을 이해하고 새로운 시각을 갖게 될 수 있다면, 그것만으로도 이 책은 그 경이로운 임무를 다한 것이라 하겠다.

2016년 가을
윤미연

●

Amen, Daniel, *Use Your Brain to Change Your Age*, New York: Bantam, 2011(『뇌는 늙지 않는다』, 브레인월드, 2015).

_____, *Sex on the Brain*, New York: Bantam, 2005(『사랑할 때 당신의 뇌가 하는 일』, 크리에디트, 2008).

Amichai, Yehuda, *Open Closed Open*, Trans. Chana Bloch, New York: Mariner Books, 2006.

_____, *Selected Poetry*, Trans. Chana Bloch and Stephen Mitchell, Los Angeles: University of California Press, 1994.

Arnot, Rovert, *The Biology of success*, Boston: Little, Brown & Company, 2001(『'조명' 하나만 바꿔도 당신은 강해진다』, 디자인하우스, 2001).

Arrien, Angeles, *The Second Half of Life*, Boulder, Co: Sound Trune, 2007(『아름답게 나이 든다는 것』, 눈과마음, 2008).

Barks, Coleman, and John Moyne, *The Essential Rumi*, Newyork: HarperOne, 2004.

Baron-Cohen, Simon, *The Essential Difference*, New York: Basic Books, 2003.

Barrows, Anita, and Joanna Marie Macy, *Rilke's Book of Hours*, New York: Riverhead Books, 2005.

Bear, Mark, Barry Connors, and Michael Paradiso, *Neuroscience*, Baltimore: Williams and Wilkins, 1996.

Bennett, Amanda, *The Cost of Hope*, New York: Penguin Books, 1998.

Brizendine, Louann, *The Female Brain*, New York: Three Rivers Press, 2007.

Bulettner, Daniel, *The Blue Zones*, Washington, C.C.: National Geographic, 2010.

Buss, David, *Dangerous Passions*, New York: Free Press, 2011.

_____, *The Evolution of Desire*, New York: Basic Books, 2003(『욕망의 진화』, 사이

언스북스, 2007).

Carter, Rita, *Mapping the Mind,* Los Angeles: University of California Press, 1988(『뇌 맵핑마인드』, 말글빛냄, 2007).

Deak, JoAnn, *Girls will be Girls,* New York: Hyperion, 2003.

Dianmond, Jered, *Guns, Germs, and Steel,* New York: W. W. Norton, 1997(『총, 균, 쇠』, 문학사상사, 2005).

_____, *The Third Chimpanzee,* New York: HarperPerennial, 1992(『제3의 침팬지』, 문학사상사, 2015).

Diamond, Jed, *Mr. Mean,* New York: Vox Novus, 2010.

_____, *Surviving Male Menopause,* New York: Sourcebooks, 2000(『남자의 아 름다운 폐경기』, 들, 2004).

Dychtwald, Ken, *Age Power,* New York: Tacher/Putnam, 2000.

Eisner, Mark, ed. and trans., *The Essential Neruda: Selected Peoms,* San Francisco: City Lights, 2004.

Faludi, S., *Stiffed: The Betrayal of the American Man,* New York: HarperPerennial, 2000.

Farrell, W., *The Myth of Male Power,* New York: Berkley Books, 2001.

Fisher, Helen, *Anatomy of Love,* New York: Ballantine Books, 2000.

Flinders, Carol, *The Values of Belonging,* San Francisco: HarperSanFrancisco, 2002.

Friedan, B., *The Second Stage,* Cambridge, MA: Harvard University Press, 1981/1998.

Gilmore, David, *Manhood in the Making,* New Haven CT: Yale University Press, 1990.

Golden, T. R., *Swallowed by a Snake,* Gaithersburg, MD: G H Publishing, LLC, 2000.

Goleman, Daniel, *Emotional Intelligence,* New York: Bantam books, 1995(『EQ 감성지 능』, 웅진지식하우스, 2008).

Gurian, J. P., and J. Gurian, *The Dependency Tendency,* New York: Rowman and Littlefield, 1983.

Gurian, Michael, *The Invisible Presence,* Boston: Shambala, 2010.

_____, *Leadership and the Sexes,* San Francisco: Jossey-Bass/John Wiley, 2008(『회사 속의 남과 여 그 차이의 심리학』, 지식노마드, 2009).

_____, *What Could He Be Thinking?* New York: St. Martin's Press, 2004(『남자는 도대체 무슨 생각을 하는 걸까』, 좋은책만들기, 2012).

Harris, Judith R., *The Nurture Assumptions,* New York: Free Press, 1998.

Jossel, David, and Anne Moir, *Brain Sex,* New York: Dell, 1989(『브레인 섹스』, 북스넛, 2009).

Johnson, Stephen, *The Sacred Path,* Los Angeles: Sacred Path Press, 2012.

Johnson, Steven, *Mind Wide Open,* New York: Scribner, 2004(『굿바이 프로이트』, 웅진 지식하우스, 2006).

Kandel, Eric, James Schwartz, and Thomas Jessell, *Essentials of Neural Science and Behavior,* Norwalk, CT: Appleton & Lange, 1995.

Kinnell, Galway, *A New Selected Poems,* New York: Mariner Books, 2001.

Kübler-Ross, Elisabeth, *Death: The Final Stage of Growth,* New York: Scribner, 1997.

_____, *On Death and Dying,* New York: Scribner, 1997(『죽음과 죽어 감』, 이레, 2008).

Ladinsky, Daniel, *Love Poems from God,* New York: Penguin Compass, 2002.

Legato, Marianne, *Why Men Die First,* New York: Macmillan, 2008(『왜 남자가 여자보 다 일찍 죽는가』, 홍익출판사, 2010).

Moir, Anne, and Bill Moir, *Why Men Don't Iron*, New York: Citadel, 1999.

Newberg, Andrew, et al., *Why God Won't Go Away,* New York: Ballantine Books, 2002(『신은 왜 우리 곁을 떠나지 않는가』, 한울림, 2001).

Northrup, Christiane, *The Wisdom of Menopause,* Rev. ed. New York: Bantam, 2011(『폐경기 여성의 몸 여성의 지혜』, 한문화, 2011).

Oliver, Mary, *New and Selected Poems,* Vols. 1 and 2. Boston: Beacon Press, 2005, 2007.

Payne, Ruby, *A Framework for Understanding Poverty*, Highlands, TX: AhaProcess, Inc., 2000(『계층이동의 사다리』, 황금사자, 2011).

Ratey, John, and Eric Hagerman, *Spark: The Revolutionary New Science of Exercise and the Brain,* New York: Little Brown, 2008.

Real, Terrence, *I Don't Want to Talk About It,* New York: Fireside, 1997(『남자가 정말 하고 싶은 말』, Y브릭로드, 2009).

Rhoads, Steven E., *Taking Sex Differences Seriously,* San Francisco: Encounter Books, 2004.

Robbins, John, *Healthy at 100,* New York: Ballantine Books, 2006.

Roizen, Michael, and Mehmet Oz, *You,* New York: Free Press, 2007.

Roizen, Michael, and Mary Jo Putney, *Real Age,* New York: William Morrow, 1999(『달력나이 건강나이』, 문학사상사, 2006).

Sewell, Marilyn, *Cries of the Spirit,* Boston: Beacon Press, 2000.

Siegel, Daniel J., *The Developing Mind,* New York: Guilford Press, 1999.

Snyderman, Nancy, *Medical Myths That can Kill You,* New York: Three Rivers Press, 2009(『의학 상식 대반전』, 랜덤하우스코리아, 2010).

Swami, Abhayanada, *A History of Mysticism,* New San Francisco: Watkins Publishing, 2002.

Sykes, Bryan, *Adam's Curse,* New York: W. W. Norton & Company, 2003(『아담의 저주』, 따님, 2004).

Tannen, Deborah, *You Just Don't Understand: Women and Men in Conversation,* New York: William Morrow, 1991.

Taylor, Shelley E., *The Tending Instinct,* New York: Times Books, 2002(『보살핌』, 사이언스북스, 2008).

Thompson, Michael, *Homesick and Happy,* New York: Ballantine Books, 2012.

Weil, Andrew, *Healthy Aging,* New York: Anchor Books, 2007.

Woody, Jane DiVita, *How Can We Talk About That?* San Francisco: Jossey-Bass, 2002.

옮긴이 **윤미연**

부산대학교 불어불문학과 및 동 대학원을 졸업하고 프랑스 캉 대학교에서 공부한 뒤 전문 번역가로 활동하고 있다. 르 클레지오의 『허기의 간주곡』『라가-보이지 않는 대륙에 가까지 다가가기』를 비롯하여 『우리는 함께 늙어갈 것이다』『마지막 숨결』『사랑을 막을 수는 없다』『첫 문장 못 쓰는 남자』『나는 왜 이 사랑을 하는가』 등을 우리말로 옮겼다.

우리는 그렇게 늙지 않는다

초판 1쇄   2016년 11월 25일

지은이   마이클 거리언
옮긴이   윤미연
펴낸이   이재현, 조소정
펴낸곳   위고
출판등록   2012년 10월 29일 제406-2012-000115호
주소   10882 경기도 파주시 산남로 157번길 203-36
전화   031-946-9276
팩스   031-946-9277

hugo@hugobooks.co.kr
hugobooks.co.kr

ISBN 979-11-86602-18-8 03190

이 도서의 국립중앙도서관 출판시도서목록(CIP)은 e-CIP 홈페이지(http://www.nl.go.kr/ecip)에서 이용하실 수 있습니다(CIP 제어번호: CIP2016027585)